访惠聚

政策对乡村妇女角色和地位的影响路径研究

李 苗 著

中国农业科学技术出版社

图书在版编目(CIP)数据

"访惠聚"政策对乡村妇女角色和地位的影响路径研究 / 李苗著. --北京:中国农业科学技术出版社,2023.6
　　ISBN 978-7-5116-6275-0

Ⅰ.①访… Ⅱ.①李… Ⅲ.①农村-基层干部-干部工作-影响-妇女地位-研究-新疆 Ⅳ.①D442.845

中国国家版本馆CIP数据核字(2023)第111835号

责任编辑　贺可香　崔改泵
责任校对　李向荣
责任印制　姜义伟　王思文

出　版　者	中国农业科学技术出版社 北京市中关村南大街12号　邮编:100081
电　　话	(010) 82106638(编辑室)　　(010) 82109702(发行部) (010) 82109709(读者服务部)
网　　址	https://castp.caas.cn
经　销　者	各地新华书店
印　刷　者	北京建宏印刷有限公司
开　　本	170 mm×240 mm　1/16
印　　张	17.25
字　　数	290千字
版　　次	2023年6月第1版　2023年6月第1次印刷
定　　价	80.00元

◆◆◆ 版权所有·翻印必究 ◆◆◆

前　言

中华人民共和国成立之后，随着民族和阶级的解放，妇女解放的思想与理论亦转化为具有约束力和权威性的法律、法规或政策，落实在经济、政治和文化领域，促成妇女这个在旧社会受压迫的群体获得解放。但是，根植于父权制基础上的男女不平等并未完全消除，联合国2030年可持续发展议程呼吁在全球范围通向性别平等的政策和各种实践路径，中国也在减贫、乡村振兴等发展战略中凸显妇女参与及男女平等相关的公共价值实现。进入21世纪之后，性别不平等的问题与贫困、气候变化等问题交织在一起，全球发展所面临的挑战日趋复杂化；在中国，新疆维吾尔自治区也是一个集中了前所未有的发展挑战的区域，尤其是受到内外各种思想和意识形态等影响，曾经一段时间现代行政架构在该区域乡村发展的作用式微，男女平等进程放缓，还弱化了妇女在维护社会稳定和社会发展中的重要角色。在长期的经济增长、扶贫实践基础上，自2014年至今，针对区域发展的特殊需求而开展的"访民情，惠民生，聚民心"减贫及发展综合策略（以下简称"访惠聚"政策），依托于拓展强化的行政体系，联合有志于和平和发展的包括妇女群体在内的多方力量，积极推进地方的民生改善、产业发展、社会文化活动创新等。

本研究以新疆"访惠聚"政策实施范围内的喀什地区的县乡为案例，在马克思主义妇女解放理论和嵌入性治理理论基础上，纳入摩塞的社会性别分析框架，采用问卷调查、半结构访谈、参与式观察等方法开展了跨度长达6年的调查研究，力求呈现在"访惠聚"政策干预下妇女角色与地位的变化，探究变化过程中政策实施的路径及所发挥的作用，并尝试用公共价值理论和"群众路线"理论对已有研究框架做补充，具有一定的创新性。研究锁定南疆农村维吾尔族妇女这一特殊群体开展研究，紧跟学界当前关注的时事热点问题，长期跟踪调查，获取了大量第一手资料，并结合性别理论、公共管理理论开展研究，对国家乡村治理的推进具有参考价值，同时能够在国际上为新疆发展相关的话语表达提供学术支持。

研究发现,"访惠聚"政策以驻村工作队为依托,通过从嵌入到融入的治理逻辑,代替原基层组织成为村级治理新的权威,政策的实施推进了生产力的发展,提高了生产资料的使用效率和效益,创建了一种新的生产关系并凸显了妇女在新的生产关系中的角色和地位,政策主体和村庄个体均在短时间内实现了经济增长,其显性的经济、效率、效益公共价值得到了充分的体现。政策的实施中纳入妇女平等参与的内容,建立了性别敏感的治理机制,始终将机会公平、规则公平、性别公平、多方参与、多主体协作的理念贯穿于治理的全过程,拓展并具体化了公平、参与、协作为核心内涵的政策的隐性公共价值。性别敏感的、公共价值导向的"访惠聚"政策很大程度促成妇女的实用性性别需求和战略性性别需求得以实现:通过性别敏感的"一家亲"对口帮扶、宣讲、培训、非农生产机会、公共文化活动、村庄治理改革等,首先是促成妇女的实用性性别需求的实现,具体表现为共享的健康饮食、改善的居住环境、日趋完善的社会保障制度、普及的生育健康保健服务以及丰富多彩的休闲娱乐活动;其次是妇女战略性性别需求在一定程度上的实现,表现为对妇女缺乏决策能力且无决策权等固化思维的挑战,妇女在婚姻、生育中有了自主选择和协商的权力;还表现为创收能力提高,个人维权意识增强,家庭暴力现象减少;还有更多的社区治理监督与参与,教育资源的获取,家庭劳动分工的多元化等。然而,即便"男主外、女主内"的传统性别观念及其塑造的性别角色已逐渐改变,公共领域(包括社区公共事务和市场活动)的女性参与仍然受到很多社会层面的障碍因素的制约,以致在就业和政治领域中男女参与依然存在不平等。

"访惠聚"政策还通过具有突出的"群众路线"特征的过程干预,纳入了妇女参与、性别平等目标等要素的政策设计以适应本土行政科层体系、公务人员理念与能力、维吾尔族家庭文化、维吾尔族妇女实际角色和地位等综合特征的方式实施。多个群体在各种"访惠聚"活动中得到充分的相互理解和重新认知,多种理念在短期的近距离的碰撞中获得融合,以政府为主导的治理目标涉及了多方现实需求的满足,治理框架激发了多方主动积极参与，并形成了以再生产领域为基础并呈现于经济、社会、政治各维度的男女平等的新理念。妇女及其对于乡村发展的意涵不再是"落后"的"被动"的，妇女因而成为性别平等的公共价值构建和实现的主动塑造者和贡献者，为可持续的乡村发展提供内生动力的同时持续维系着性别平等的需求实现的基础。

本研究进一步证实，在中国乡村的治理结构中，干预性变迁和自主性变迁是交织并行的。政策通过驻村工作队为核心的系统干预嵌入乡村治理的结构中，通过推动社会治理、脱贫攻坚、基层党建和群众工作等方式促成多主体的治理结构的变迁，对乡村社会、经济和文化产生影响。其中，妇女的生活水平得以提高、家庭地位得到提升、参与社区事务的机会增加。同时，这些变化又影响各方的包括可持续发展和性别平等的公共价值的理念，形成具有综合特征的地方实践，妇女和其他基层群体的主动贡献成为多主体的治理结构变迁的内在动力。不过，作为乡村发展的一项重要内容，南疆农村少数民族妇女的全面发展，还需要更多持续的促进战略性别需求实现的多方努力，进而从根本上打破维护妇女的附属地位的传统秩序。

著 者

2022 年 12 月

目　录

1　研究介绍 1
　1.1　研究背景 1
　1.2　文献综述 3
　1.3　研究思路 14
　1.4　研究问题与内容 14
　1.5　研究过程 15
　1.6　研究地点 19
　1.7　研究方法 20
　1.8　相关理论 27
　1.9　核心概念 29
　1.10　研究创新 34

2　"访惠聚"政策的理论探讨 35
　2.1　"访惠聚"政策设计 35
　2.2　"访惠聚"政策运行机制 41
　2.3　"访惠聚"政策：从嵌入到融入的转变 48
　2.4　"访惠聚"政策中的性别视角 53
　2.5　小结 68

3　南疆乡村少数民族妇女多维度调查分析 70
　3.1　基本生活现状分析 70
　3.2　生活满意度分析 77
　3.3　家庭和社会地位、作用 82
　3.4　婚姻家庭观念和状态 87
　3.5　生活愿景分析 91
　3.6　社区认知与参与 96
　3.7　政治认知与村务参与 104
　3.8　国家及民族认同 109

4　妇女再生产、生产和社区参与的三重角色 112
　4.1　再生产：政策影响的起点 112
　4.2　生产：延伸与超越 150

· 1 ·

4.3　社区参与：自我认知与实现 …………………………… 175
5　结论和建议 …………………………………………………… 198
　　5.1　结论 …………………………………………………… 198
　　5.2　促进南疆农村妇女平等地位改善的建议 ……………… 202
参考文献 ……………………………………………………… 208
附录1　4个村庄基本信息 …………………………………… 231
附录2　妇女调查问卷 ……………………………………… 234
附录3　村干部访谈问卷 …………………………………… 257
附录4　"访惠聚"驻村干部访谈问卷 …………………… 258
附录5　村民访谈问卷 ……………………………………… 259
附录6　半结构访谈对象一览表 …………………………… 261
附录7　村庄活动记录一览表 ……………………………… 264
致谢 …………………………………………………………… 265

1 研究介绍

1.1 研究背景

新疆是中国西部少数民族聚集区、面向中亚西亚的桥头堡、"一带一路"的核心区,维护民族团结和国家稳定的战略地位十分重要。新疆南部四地州简称南疆,是维吾尔族聚居区,维吾尔族占当地农村人口的94.37%,曾是国家层面的深度贫困地区,经济发展滞后,长期处于"贫困陷阱""社会断裂"的状态,表现在农村居民收入低,农民向非农产业和城镇转移艰难,人口大规模素质不足及"两代文盲",大量人口尚未使用国家通用语(秦中春,2017)。2014年一个中等水平的维吾尔族聚居村人均收入仅1 496元(王海霞,2015)。中华人民共和国成立以来,南疆农村少数民族妇女在维护社会稳定和社会发展中扮演重要的角色,但是,在进入21世纪之后的很长一段时期,农民的社会生活,农村妇女的思想态度、行为逻辑以及村庄对妇女的定位曾经与新时代法律规范及伦理不一致,诸如社会参与的性别隔离、教育水平的低下、早婚早育等一度成为南疆农村的普遍现象。随着2014年旨在维护社会稳定和改善民生的新疆"访惠聚"(访民情、惠民生、聚民心)重大战略的实施,农户生计和社会发展滞后的状况发生了质的变化。南疆贫困地区短时期获得了大量资源,消除了绝对贫困和区域性整体贫困问题,实现了社会稳定、经济繁荣跨越式发展,区域经济发展形势持续向好,南疆四地州地区生产总值由2015年的1 924.38亿元,增加到2020年的2 807亿元,年均增长9.90%。与2015年相比,2020年南疆四地州建档立卡贫困人口人均可支配收入增加8 462元。农村在教育、医疗、住房"三保障"等公共设施和服务方面得到了解决,到2020年底,四地州农村实现15年免费教育,普惠性幼儿园覆盖率达到91.6%。共配备乡卫生院388所,村卫生室5 371所,标准化率100%,有全科医生的乡镇卫生院比例达到100%;危房改造实现100%,农村自来水普及率为98%;乡镇和具备条件的建制村通硬化路率100%,通客车率100%。这一时期是南疆农村2 000多年以来经济社会发展最快、发展质量效益最高、人民群众得实惠最多、和平稳定形势保障最好的时期(秦中春,2017)。

农户生计水平显著提升、农村基础设施和经济总量跃升的同时，女性也获得更多的发展机会，参与到政策实施和发展进程中。一方面，扶贫与乡村建设过程中需要大量的村民参与进来，本身要求大量劳动力和人才的贡献，除了政府推动下的各种帮扶措施输送的人力资源，大量的留守妇女也成为经济建设和公共事务推进的积极的参与者。由于劳动力转移致富过程中，以男性为主的外出务工人员流动而产生的农业女性化和妇女留守现象从现实问题转化为资源条件。另一方面，作为脱贫攻坚五个一批中的"发展教育脱贫一批"，促进了技能培训和学校教育中男性和女性、男童和女童均等分享教育资源，一定程度上促进女性在自我发展认知以及发展能力方面的提升。随着参与发展机会的改变，南疆乡村原有的性别劳动分工首先产生了变化，女性不再仅仅是家务的承担者，一部分女性开始参与到村庄的公共活动中，一部分留守妇女成为家务和生计劳动的主要贡献者，一部分女性开始随丈夫外出务工，一部分女性享受教育扶贫资助已从大学毕业回到村中当起了女村干部。

在迈向现代化道路的进程中，性别平等是个绕不开的话题，中国现在正处于实现中华民族伟大复兴的关键时期，需要更加突出妇女群体的社会诉求，这不仅需要涵盖政策的指导性和理论的实践性意义，同时也会使我们的社会主体间的关系产生更良性的发展路径。男女平等是马克思妇女解放思想的本质，也是中国共产党的一贯主张。马克思（1995）指出，没有妇女的酵素就不可能有伟大的社会变革；社会的进步可以用女性的社会地位来精确地衡量。1954年男女平等就作为合法权益被写入《中华人民共和国宪法》，党的十八大将男女平等作为基本国策写入报告；《中国妇女发展纲要（2011—2020年）》提出保障妇女的主体地位，推动妇女参与社区建设并实现自身发展的重要性；2015年习近平总书记在全球妇女峰会上发表讲话指出，社会的发展离不开妇女，推动妇女参与社会经济活动，能提高生产力和经济活力；2021年7月14日，国务院新闻办公室发布《新疆各民族平等权利的保障》白皮书："新疆高度重视妇女工作，重视提高妇女地位，有力保障妇女权益，保障妇女参与国家和社会事务的权利。重视培养和选拔女干部，妇女参与公共事务管理的人数持续增长……广大妇女在各领域发挥着越来越重要的作用，社会地位、家庭地位显著提升……"白皮书的发布为提高南疆妇女的经济、社会、政治地位提供了新的历史机遇。可见，男女平等作为基本国策是党和国家一直以来追求的价值目标，南疆社会的变化与中国男女平等基本国策的价值目标完全契合。

"访惠聚"发展规划等政策制定过程中考虑了农村女性在社区治理、家庭生计发展、孩子教育中承担的重要角色，女性的参与已成为再生产、生产和社区中重要的一项力量，特别是实施过程以满足女性的现实性别需求为主要关注点，促进了女性在各项活动中的参与，女性在发展中的声音和平等地位等战略性别需求有很大程度的改善，这些变化对于特殊区域妇女群体扮演的社会角色有什么影响等问题还需要深入研究。本研究以聚焦新疆重大农村社会经济提升行动的"访惠聚"活动为例，深入剖析兼具显性和隐性公共价值的"访惠聚"政策对于南疆特殊区域的少数民族妇女所产生的影响。

1.2 文献综述

1.2.1 公共政策与乡村性别关系的研究

2001年中央党校妇女研究中心召开首次"社会性别与公共政策"研讨会之后，社会性别与公共政策的研究达到高潮，成为从事性别研究的学者关注的重点领域。目前，关于社会性别与公共政策的研究主要集中于公共政策中纳入社会性别视角的效果研究，公共政策过程中的社会性别分析，性别意识纳入决策主流的策略与途径研究三个方面。

1.2.1.1 公共政策领域内的性别研究

关于社会性别视角的政策分析，学者李慧英（2009）做了细致的分类，她把政策区分为消极公共政策、平等公共政策、差异公共政策、积极的差别对待政策、社会性别意识政策五种类型。还有学者将社会政策区分为中央或省级政府的元政策、地、厅或县级层面的一般政策和基层政府制定或实施的具体政策（刘筱红，2015）。公共政策在性别领域的划分具有重要意义，首先，在传统的社会性别研究领域，女性往往接受默认的规则，公共政策的性别视角则对传统和规则提出了挑战；其次，中性政策将男性与女性视为无差别的个体，忽视了性别之间存在的差异，新的视角主张增加社会性别意识；最后，性别视角倡导决策过程中男性与女性的共同参与，两性共同制定规则，女性有机会表达自己的声音，最终对决策形成积极的影响。

1.2.1.1.1 公共政策中纳入社会性别视角的效果研究

（1）积极的效果。公共政策纳入社会性别视角，会有一系列积极的社会效果。例如弥补传统男女平等理论的不足，逐步改变女性在社会发展中遭受的歧视（陈苇等，2009）；立法过程中纳入社会性别意识和社会性视角,可以提高政府和民众的社会性别意识观念(莫洪宪,2007);还有助于审视现行法律和公共政策中的缺陷,反思立法与司法中的不足(王丽萍,2015);减少妇女遭受的歧视(唐芳,2021)。社会性别视角还可以改善少数民族妇女的参政情况,引入社会性别的视角,才能从根本上推进政治领域的性别公正,保障妇女的政治参与权(寇佳琳,2017;韦妮妮等,2021),同时,通过灵活多样的社会性别培训,可以提升妇女的参与能力(Ndesamburo et al.,2012)。

目前,中国法律中在生育、婚姻中均明确了夫妻双方的责任,为家庭中性别平等的实现提供了条件,妇女在婚姻自主程度和家庭决策权方面均有明显提高。2000 年,新疆还将农村妇女事业纳入了《新疆维吾尔自治区妇女发展纲要(2011—2020 年)》,为农村妇女的发展提供了支撑。2015 年对该纲要实施 5 年来进行了中期监测,可量化的多项指标中有 23 个目标提前达标:如农村孕产妇系统管理率达 85%;农牧区孕产妇住院分娩率为 98.29%;幼儿园、小学、初中在校生男女比例基本持平,高等教育的女生多于男生,且比 2011 年提高了 7 个百分点;农村卫生厕所普及率为 75%;女性最低生活保障人数占全区农村居民最低生活保障人数的 46%;村民委员会中女性比例占 21% 等。5 年来新疆维吾尔自治区妇女在健康、教育、就业、参政议政等方面取得长足的进步[①]。

(2)滞后或偏移。在国家立法层面,禁止性别歧视,保护性别平等的政策得以贯彻执行。但在政策的执行过程中,受"男尊女卑"性别观念与传统性别文化的影响,性别平等的政策并未得到有效实施。首先,性别平等政策的制定与实施之间存在一定的滞后,最终导致政策执行上的偏差。以"土地承包法"为例,尽管政策规定土地承包权男女平等,但是受集体成员资格认定、根深蒂固的重男轻女思想、地方村规民约等因素的影响(易燕等,2014;张勤,2018;刘灵辉,2019),外嫁女的权益并未得到保护。在这一过程中,除外嫁女积极争取自身权益外,其他村民、村干部对外嫁女的权益均持抵触情绪(黄家亮等,2015)。具体到新疆地区,一项针对新疆妇女社会地位的研究指出,新疆农村存在相当数量的"无地的女农民",一是在土地拥有的比例上,女性比男性低了 22.1 个百分点;二是女性失去土地与婚姻有关的占 25.5%(结婚、再婚后失去的加上离婚或丧偶失去土地的),男性则为 2.5%,二者相差 23 个百分点。就是说,新疆部分农村地区

---

① 引自《新疆维吾尔自治区妇女发展纲要(2011—2020 年)》中期监测报告。

存在"无地的女农民",超过1/4的女性因为婚姻而失去土地,远高于男性。再比如,《中华人民共和国村民委员会组织法》规定至少应有"适当名额"或"至少有一名妇女"是村民委员会成员,但在各地的具体政策中,往往将其理解为只要有一名妇女干部进入村委会就满足要求(潘萍,2007),而这些妇女干部多担任"妇女主任"职务。尽管法律制度为妇女参加村民自治提供了政策依据,但妇女在村民自治中依然处于弱势地位(方金华等,2012)。正如董江爱等(2010)所言,伴随村民选举中海选制度的推广与普及,村委会选举竞争越发激烈,妇女参与村委会面临更多的困难,最终导致政策实施的结果并未达到政策设计的预期。

1.2.1.1.2 公共政策过程中的社会性别分析

社会性别穿插在公共政策的全过程中(Ndesamburo et al.,2012)。在进行社会公共政策分析时,需要综合考虑经济发展、社会现实、预期等诸多因素,并分析不同性别产生的影响,进而调整公共政策,以消除不同性别之间存在的差异和不平等(陈苇等,2009)。在对社会政策关注方面,女性公民的参与存在一系列限制性因素,其对政策的关注度明显低于男性(傅广宛,2016),男女两性在浅层上差异不大,但在深层次的政治领域方面,女性更加边缘(傅广宛等,2008)。在政策执行层面,基层的政策执行者普遍缺乏社会性别意识,导致社会性别盲视,导致女性的合法权益难以得到有效保护,未能维护女性的合法权益(鲍静,2010;汪超等,2017;张浩淼等,2021)。

还有研究对具体的公共政策进行了社会性别分析,例如教育政策。尽管从政策立法与政策实践来看,教育方针是性别平等政策,但在现实中,相比较男孩,女孩的教育歧视更加明显,辍学的比例远高于男孩(高丽娟,2010;李强,2019),尤其是留守儿童,因为父母外出务工,监护缺失,对儿童辍学产生显著影响(李强等,2020)。

1.2.1.1.3 性别意识纳入决策主流的策略与途径研究

1995年在北京召开的第四次世界妇女大会,突破性地将女性贫困化议题纳入了全球发展的主流框架(Chant,2006),大会之后,制定了社会性别主流化的原则(Moser et al.,2005)。社会性别意识主流化意味着将社会性别意识纳入社会发展和政府的公共决策主流,并进而促进男女两性的全面健康发展(Kenworthy & Malami,1999)。然而,正如Sweetman(1998)所言,影响社会性别主流化的因素非常复杂,一方面,社会性别平等进程是多重因素综合作用的结果,单一的因素很难做出解释;另一方面,因为认识和期待存在差异，导致评估标准不一致，也会影响最终的结果（Parpart，2014；Mukhopadhyay，2014）。在中国的具体情境下，将社会性别意识纳入公共政策中，意味着纳入党的政策和政府的政策（郏磊，2001）；需要强化国家和政府的责任，建立让女性群体参与相关政策制定、执行、评估全过程的机制（沈智，2004）；还需要全社会的共同参与（周美珍，2004），既关注参与的过程，也关注参与的结果（王瑞，2019）。

实现社会性别主流化的工具包括社会性别统计、社会性别分析、社会性别预算等，其中社会性别预算是实现社会性别主流化的重要途径（朱春奎，2015；刘伯红，2015）；社会性别预算的推广需要通过宣传和倡导提升社会性别预算的认知、构建完整的社会性别预算管理体系、培训专业化的队伍，加强对现实社会性别问题的调查研究，最终提高性别分类数据的质量（尹旦萍，2008；山雪艳等，2016；张再生等，2018）。

1.2.1.2 乡村公共政策中的性别研究

公共政策中的性别研究多是针对某一领域或社会问题开展的研究，在农村公共政策中涉及性别的研究较少，主要集中在教育、土地、医疗保障等政策方面。

在教育方面，因为长期以来的重男轻女思想，与男性相比较，女性的教育机会相对处于弱势地位，存在教育机会不平等现象（徐文俊，2017），导致受教育年限明显低于男性（许文娟等，2005），限制妇女的进一步发展。因为农村妇女总体来说存在农业知识缺乏、经营能力差、素质技能低等问题，需要开展专门的技术培训，提升妇女素质，促进农村经济发展（赵静，2015；吕莉敏，2017；吕小强，2021）。

在土地制度方面，中国的土地制度还存在不完善的地方，现行土地制度并不能有效保障妇女的土地权益（闵杰等，2020）。2018年修订的《中华人民共和国农村土地承包法》，确立了"三权分置"的原则，但是这一新的土地制度仍以"户"为单位，并没有对女性的土地权益做出明确的说明，因为民间习俗、传统思想、村庄规范等原因，对女性的土地权益提出了新的挑战（荣振华，2019），农村"外嫁女"的土地权益仍然不能得到保障（刘灵辉，2019）。

在医疗保健政策方面，中国农村实施新型农村合作医疗政策，这一政策的实施有利于为妇女提供更好的医疗服务，改善妇女的健康状况（许庆等，2015），并一定程度上降低了妇女"养儿防老"的意愿（王天宇等，2015）。然而，这一政策执行过程中也存在性别差异，尤其是女性高参合率和低就诊率并存的矛盾现象（王财玉等，2009）。

1.2.1.3 公共政策对乡村性别关系的影响研究

作为一种干预手段，公共政策的执行可以改变两性在资源分配、权益保障等方面的差异，从而对经济、社会、文化、政治等多方面性别关系产生影响，促进男女两性的平等发展（陈方，2011；傅广宛，2016）。同时，公共政策完善，有助于实现性别红利，促进经济发展和社会进步（杨菊华等，2021）。

在扶贫政策的实施过程中，制定农业发展政策和农村反贫困政策，需要关注性别平等（王爱君，2013），对于女性贫困的关注有助于减缓农村扶贫促进妇女发展。如精准扶贫政策实施过程中的扶贫车间模式，就是就业扶贫与产业扶贫相结合的产物，激发了妇女发展的内生动力，重构了妇女的升级策略，既有助于妇女减贫，也有助乡村振兴（陆继霞等，2020；吴丽娟等，2021；苏海，2021）；针对妇女的产业扶贫项目，例如"瑶族妈妈的客房"（李小云等，2019）、鲁锦项目（胡玉福，2020）、"锦绣计划"项目（刘继文等，2021）等，重塑了亲缘、业缘关系，逐渐形成扶贫的长效管理机制。还有研究指出，通过为妇女提供技术培训、成立社会组织、互助储金会建立等方式逐步实现妇女赋权，将性别平等意识内化为乡村社会行为规范（聂常虹等，2020）。

作为一项基本国策，计划生育政策的实施对中国的人口结构产生深远影响。这一政策的实施导致人口性别比例失衡，很多农村大龄青年面临结婚难的问题，产生了跨境婚姻现象（何菲菲，2021）和拐卖妇女现象（何林泓，2020；荣维毅，2020）。计划生育政策对妇女安全也有显著影响，例如导致妇女流产，影响妇女生殖健康等（肖迪，1997；方菁，2020）二孩政策、三孩政策的实施，有助于提高妇女生育意愿，促进人口性别比例均衡，但同时会导致婚姻不稳定、妇女家务劳动和照料劳动负担加重等问题，对妇女的发展会形成新的挑战（乔晓春，2014；胡桂香，2022）。

妇女参政是公共政策关注的热点。中国实施了一系列保障妇女政治权利的法律制度，如1953年颁布的《中华人民共和国全国人民代表大会及地方各级人民代表大会选举法》、1992年《中华人民共和国妇女权益保障法》均对"妇女的政治权利"进行了专门的说明；2013年的《村民委员会选举规程》也对保障妇女参与村民选举做出专门规定（李文，2019）。但是，与男性相比，因为各种原因，妇女在参政方面依然存在劣势。各地也有一系列实验示范措施，以提升妇女参政的能力，例如"塘沽模式"提高妇女当选村委会成员比例（刘筱红，2005）；梨树模式，妇女直接参加海选（李琴等，2010）；"广水模式"，提倡性别两票制（肖军飞，2012）；"美丽家园"建设项目提升妇女骨干组织化（陈义媛等，2020）；等等。尽管出台了一系列政策，各地也开展了诸多的尝试，但妇女参政还有很长的路要走。

1.2.2 乡村性别角色与地位变化研究

1.2.2.1 乡村传统性别角色的定位及变化研究

性别角色的定位会随着不同的历史时期和社会制度的变化而变化，深入剖析中国传统的性别制度与性别结构，是开展性别研究的基础。中国的性别角色变化明显的几个分水岭分别是封建社会时期—新民主主义革命时期—中华人民共和国成立的社会主义建设时期—20世纪80年代后改革开放时期几个阶段。

在中国的古代社会，是以家族而不是个人为社会的建构基础，与西方社会不同的是，家族制度在中国一直保持至今，构成了中国社会基本单位。中国的家族是以父系血缘为依托来划分的（瞿同祖，1998），这种惧死向生的生命观，形成具有宗教色彩的祖先信仰（陈彦余，2020）。对农业文明而言，父权制构成整个家庭的基础（赵丁琪，2021）。具体到中国，受儒家文化的影响，"男主外，女主内""男耕女织"成为传统的家庭性别分工模式（许琪，2016；王莉莉等，2020），并形成中国独特的"华夏性别制度"（杜芳琴，1998）。这种制度在劳动分工方面，表现为男主女从；在婚姻家庭关系方面，表现为双重标准；在社会身份和地位方面，表现为女性的依附性地位（李娟，2013）。

新民主主义革命时期，中国共产党在建之初就关注妇女工作，实施了一系列政策保障妇女权益（苏映宇等，2021），推进妇女解放。例如颁布婚姻政策法规，确立了以个人自愿为婚姻成立的基本原则，昭示了"婚姻自由""男女平等"的婚姻观念（岳谦厚等，2015）；成立妇女组织，通过在根据地成立妇女自卫队，动员妇女开展革命斗争，很多妇女第一次走出家门，接触政治生活（刘建民，2022）；开展妇女教育，如平民夜校、短期培训、扫盲运动等方式，提高妇女的文化水平，实现其思想意识转变（张晓京等，2021）；通过组织集体劳动、生产合作、工农互助运动，推动妇女承担经济职能，广大妇女在此过程中积极参与农业生产，做到经济上独立（贺金林，2018；程文侠，2020）。通过一系列运动，妇女权益得到保护，一定程度上解除了封建制度对妇女的束缚（程文侠等，2019）。

社会主义建设前期，伴随席卷全国的土地改革运动，妇女地位与权益有进一步提升。社会主义建设后期，因为众所周知的原因，妇女的婚姻、经济、社会等各项权益因政治运动而遭遇退步。首先，妇女的土地权益得到保障，各地实施的政策都在保障妇女像男性一样平等地分到土地（杨亚娟，2019；郭玉静，2020）；其次，伴随以申纪兰为代表的山西西沟妇女的努力，农村男女同工同酬取得重大进展（宋少鹏，2020）；再次，妇女的婚姻自主权得到保障（孙浩，2016；袁博，2020），传统的包办婚姻逐渐转化为自主婚姻；最后，妇女的社会地位得到改善，并参与到村庄的政治生活中（唐丹丹，2017）。

改革开放以后，伴随现代化、城市化进程的加快，农村女性的婚姻、家庭、经济、政治等都发生了一系列变化。在婚姻方面，女性的自主性显著加强，"父母之命媒妁之言"逐渐消失，"找对象"成为年轻女性的选择（杨华等，2017；卢青青，2020），且女性主导的离婚现象逐渐增多（卢飞等，2018）；在家庭方面，核心家庭逐渐成为主流（翁堂梅等，2019），且年轻女性在家庭中地位提高（石伟，2021）；在经济方面，伴随男性劳动力的外出与女性劳动力的留守，农业女性化的现象出现，"男工女耕"成为新的生计模式（蔡弘，2019；蒋燕等，2021）。"农业女性化"成为一种理性选择的结果；在政治方面，总体来说，女性的参政意识逐渐提高，但是与男性相比仍处于弱势低位（郭夏娟等，2019）。

性别角色固化的原因，一是父权制是性别角色固化的重要的原因，父权制分别作用于家庭（私人领域）和市场（公共领域），"无酬家务劳动"和"再生产方式"对女性造成了"性别"和"阶级"的双重压迫（陆薇薇，2021）。男性与女性进行了公与私的分工，妇女被限制在私人领域（杜芳琴等，2004）。二是宗教的原因，如基督教等宗教中有性别建构的踪迹，圣经阐释的性别带有强烈的古代父权制痕迹（舒也，2011）。三是教育，教育能强化人们对性别角色的认知，并影响行为，建立性别秩序。（安东尼·吉登斯，2003；余秀兰，2013；张韬等，2021）。此外，大众传媒如广告、电视、电影、微博、快手等也在性别建构上发挥了主要作用（杜玉洁等，2021；黄馨茹，2021）。

1.2.2.2 乡村性别关系变化研究：权利、分工与资源分配

恩格斯（2018）指出，经济地位决定妇女的家庭和社会地位，而经济地位受生产关系的制约。妇女处于屈从地位的主要原因是受经济地位的制约。

布拉德（Blood）和沃尔夫（Wolfe）在20世纪60年代创造性地提出了家庭内部权力关系的"资源论"，并成为解释性别权力的主流理论之一，即家庭内部的性别权力与婚姻资源存在正相关关系。此后，研究者发现这一理论在很多非西方国家并不适用，"资源论"并不清晰和完善。社会学家罗德曼（1967）提出了"文化资源理论"。该理论认为，夫妻权力分配的影响因素是多元的，该区域的文化与亚文化也是重要的影响因素。因此，传统习俗、宗教、社会规范等都会产生一定的影响（张丽梅，2008）。梅森（Mason K）研究了影响性别权力的因素，如人口、就业、收入、生育偏好、婚居制度等。对中国乡村社会研究来说，文化背景也是需要考虑的一个重要因素（徐安琪，2004）。这是因为，与城市社会相比，农村的传统文化对人们行为的影响更深刻。正如费孝通（2001）所言，受小农生产方式的影响，父权制作为一种基本家庭制度，男性在家庭内部扮演权威角色，导致女性性格特征"带有男权社会所赋予的浓厚色彩"。

关于女性的家庭权力的研究，国内主要集中在家庭事务决定权方面。在私人领域，男性主外，处于支配地位；女性主内，处于辅佐和服从地位的角色（田雨，2006）。在这一过程中，妇女的诸多工作，如子女养育、老人照料等，都被视而不见（杜芳琴，2011），父权对女性的统治似乎成为一件合情合理的事情（肖巍，2000）。有学者通过建立指标、收集数据分析妇女参与决策权、自主权、支配权、财产权等分析女性家庭地位（徐安琪，2005；宋健等，2019），但这一方式也存在不足。一方面，在测量指标的选择方面，学界尚未形成统一的标准（冯爱红，2018），另一方面，许多研究都基于大数据分析形成结论，缺少细致的案例支撑。

此外，赋权理论与情感需求理论也是分析农村家庭权力的重要理论。赋权理论认为，认可女性在农村的主体性对家庭权力至关重要（西爱琴等，2020）；情感需求理论提出，在农村家庭内部，女性对男性依附感更强烈，影响家庭权力（狄金华等，2013；袁明宝，2021）。

影响农村家庭性别关系的原因还涉及其他因素，如妇女的自身素质，妇女素质越高，其家庭地位越高（陶涛，2012）；乡村文化衰落等导致妇女获取资源有限，地位可能会更低（胡玉坤，2012）；妇女照顾家庭与孩子、赡养老人及家务劳动等分工模式，使妇女选择机会受到限制（姚德超等，2012；许琪，2021；张翠娥等，2021）；娘家的权力甚至产生了两头婚的新习俗（班涛，2016）。总体而言，农村女性家庭有所提升，但是仍有局限，父权制的隐性影响依然存在（王宇等，2016）。

近代以来，女性形象与社会地位都显著提升，这一变化既表现在政府、社会与媒体，也表现在家庭内部。在主流叙事中，父权制的衰落似乎不可避免，传统血缘地缘关系的弱化、女性在家庭内部经济贡献的提升、传统社会价值遭受的挑战等，都在冲击男性的权威。"男工女耕"成为很多农村地区主要的性别分工模式，农业呈现女性化的趋势（蔡弘等，2019），是一种基于家庭利益最大化做出的理性选择（陈会广，2010）。与传统的"男耕女织"模式相比较，这一新的分工模式更有利于女性的发展（张凤华，2006）。

在人情、非农就业等方面依然呈现男性主导的格局。在农村人情活动方面，男性主导女性辅助的性别分工模式依然普遍存在。其核心依然是农村的父系格局（高修娟，2016）。男性的人情更多地呈现工具性，女性则呈现为情感性。女性的非农就业获得的现金收入有助于巩固女性在家庭中的地位与权利。在非农就业方面，因为遵循"先男后女、先长后幼"原则，男性比女性有更多的机会进入企业务工（金一虹，2001），农村妇女则因为种种原因而被"被抛弃"。近年来，就业机会的增多为越来越多的女性在城市从事非农就业提供了可能，同时，扶贫车间的出现也为女性在本地就业提供了机会（吴丽娟等，2021）。

伴随城市化进程的加快，人口的城乡外流在一定程度上冲击着父权制家庭（金一虹，2010），然而夫妻间的性别关系并未发生根本性改变，农民工夫妻基于各自的能力进行分工，夫妻间能力的差距不仅没有缩减反而有扩大趋势（罗小锋，2011）。在城市化和个体化的过程中，传统依然是影响性别关系的主要因素（沈奕斐，2010），父权制的意识形态削弱了女性的自我认知（潘萍，2015），如果想实现妇女解放，必需妇女参与社会公共劳动和家务劳动的社会化（赵丁琪，2021）。只有这样，才可能实现后现代女权主义者设想的后父权制社会，在这一社会中，女性的权力和地位均得以提高（杨明光，2004）。

1.2.2.3 乡村妇女公共参与变化研究

在性别活动领域，男性与女性进行了公与私的分工，妇女被限制在私人领域（杜芳琴等，2004）。所以，在参政领域，女性一直被排除在政治结构之外。男女之间的政治参与不平等现象一直被认为是正常且无意义的，直至女权政治参与理论关于女性可以是政治分析中心理论的提出，西方学者们开始将视线转至妇女参政。起初西方学者的理论对象主要针对中产阶级的妇女，未涉及中下层妇女，20世纪80年代以后，部分研究者将研究对象扩展至第三世界或有色女性的政治参与现状。与国外相比,国内对女性参政研究起步较晚且相对落后。尽管相关研究虽已经出现,但一直处于发展初期,自1994年起中国关于妇女政治参与的研究才开始增加,且多关注女性政治参与的状况、困境与解决路径等内容,研究领域、研究视角、研究方法趋向于多元。

在当今的工业化时代,乡村的本土文化遭遇来自全球文化和城市文化的双重冲击。在非西方国家,妇女参与在不同区域呈现不同特点,如拉美妇女经过长期斗争和现代化进程的推动,获得了与男子平等的政治权利和法律地位(袁东振,1994);在印度尼西亚,女性政治参与因受到男权至上观念和社会文化背景的制约,加之女性能力等限制,妇女政治参与意识和政治素质都不高(潘玥等,2020);在印度,女性在基层组织担任主要职务比例较高,但在家庭中地位较低(刘筱红,2021)。

改革开放以来,少数民族聚居区妇女政治参与存在四种模式,主要分为"保护人—依附者"模式、"中间阶层参与"模式、"代理人"模式和大众参与模式(谭三桃,2010),从民族构成来看,女村干部以汉族和壮族为主;从年龄结构与学历来看,40~50岁的女村干部数量较多,且以初中、高中文化水平为主;从职务来看,妇女参与政治的任职状况呈现"副职多、正职少"的特点(陆海霞,2012)。迪丽努尔·麦麦提阿卜杜拉(2019)在新疆和田地区的调查则显示,少数民族女性干部面临总体比例低、福利待遇水平较低、培训机会少等问题。

影响农村妇女参与村庄治理的因素主要包括个人、家庭和社会层面。在个人层面,文化程度、健康状况、职业类型、政治面貌和家庭收入等影响妇女参与村庄政治(李春梅等,2019)。农村妇女整体存在受教育水平偏低、入党比例低、社会关系网络弱、经济收入低等问题(于芳,2009;魏甜鑫,2019;郭夏娟等,2019)。在家庭层面,存在妇女对家庭经济贡献较弱、家务劳动负担重、照料工作时间长、丈夫外出后带来的农事活动负担加重等问题(吕芳,2013;郭君平等,2016;裴志军等,2017)。在社会层面,农村妇女参与乡村治理的困境在于缺乏相应的载体和平台(吉志强,2013)、政策制度宣传过程中的"输出—输入"之间的误差(李春梅等,2019)、而某些政策制度的制定与实施显著促进了农村女性群体的政治觉醒(高明等,2020)。在文化层面来看,主要是指传统性别角色的认知和传统的政治文化,传统的性别分工、男尊女卑的传统思想、束缚农村妇女的参政行为(宋瑜,2017)。正如金一虹(2000)所言,即使是"村民自治"这样一个现代民主治理制度，也要落到乡土文化和传统的基础上，父权制的观念早已深入人心，她们的政治觉醒尚有待提高。

政策制定与出台对妇女的公共参与具有重要意义。2021年8月，《"十四五"时期妇联事业发展规划》出台，对推动妇女参与社会事务工作做了详细的说明（杜洁，2021），这一政策的实施对妇女参与社会治理具有重要的社会意义。在推进国家治理体系和治理能力现代化的进程中，妇女参与决策和管理的渠道不断拓展，参与水平进一步提高（李文，2021），会逐步改善妇女的参政现状。同时，一些其他积极的变化也有助于改善妇女参与的现实。有研究指出，农村女性经济资本和社会资本的积累是其获得参政合法性、成功转变为治理精英的根基，并通过弱化私人领域的家庭角色分工和解构公共领域中的性别刻板印象，确保其处于村庄公共权力中心（海莉娟，2019）；还有研究发现，有妇女通过参与全国妇联发起的"美丽家园"等公共政治活动，进入村庄治理（陈义媛等，2020）。在乡村振兴过程中，提升妇女参与乡村振兴的自我效能感是促进其参与乡村振兴的关键（张欢欢等，2020）。

总体而言，父权制是影响性别角色的主要因素，如果想实现妇女解放，必须要实现妇女参与社会公共劳动和家务劳动的社会化（赵丁琪，2021）。只有这样，才可能实现后现代女权主义者设想的后父权制社会，在这一社会中，女性的权力和地位均得以提高（杨明光，2004），妇女在公共领域的社会参与才能真正提高。

1.2.3 研究评述

近年来，学界关于公共政策变化对性别关系影响的研究日渐增多，主要集中在以下方面。

首先是历史研究。这些研究主要通过文献资料和口述史等方法对中国历史上新旧民主革命时期，中华人民共和国成立初期和改革开放初期这几个阶段政策的巨变对性别关系的影响，尤其是历史巨变对土地权利、政治权利、生计策略、家庭及社会地位等均产生深远影响。

其次是经验研究。相关研究多结合具体政策对特定历史时期的具体事务给予细致的阐述，既有公共生活方面的受教育、婚姻法、就业机会、政治参与等具体研究，也有私人领域方面的婚姻状况、子女养育、家庭角色分工、生计收入、素质提升、家庭决策等的专门研究。这些研究呈现妇女群体城市多于农村，汉族多于少数民族，普遍现象多于特殊现象、沿海发达地区多于边疆贫困少数民族地区的特点。

综上所述，社会性别的研究一直以来都与政策紧密相连的，已有研究为理解少数民族地区的社会性别关系的研究提供了借鉴，但是针对南疆农村地区在政策干预下的妇女角色和地位变化的研究尚需完善。

1.3 研究思路

在南疆全面开展"访惠聚"驻村活动的背景下，针对南疆农村少数民族妇女，通过入户调查、个人访谈，了解不同社会地位、不同阶层妇女的生活现状和状态、生活意愿和价值观、国家认同和宗教认识、自我认知和子女教育、个人发展和思想动态、脱贫致富和家庭期望、对国家和自治区党委开展的"访惠聚"活动的认识和态度等实际情况，把握其价值观、人生观、社会观和宗教观以及对国家和党的认知，基于文献回顾和概念界定，结合问卷调查、深度访谈、参与式观察发现的现实问题，采用统计分析、个案分析、文本分析等方法，力求厘清政策嵌入对性别关系产生的影响。同时，将"访惠聚"政策的实施和妇女发生的变化视作是公共价值的生产及创造，回应了在政策实践过程中，各行动者（主体）之间是怎样形成协同关系，促成社会公共价值的共同实现（图1-1）。

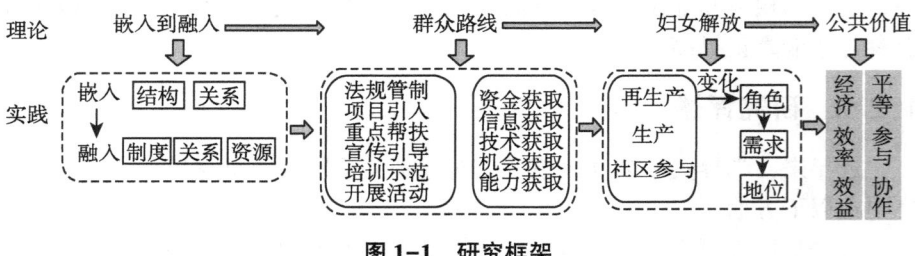

图1-1 研究框架

1.4 研究问题与内容

农村的传统制度和习俗，如宗法制度、婚育习俗、劳动分工等，都是以维护男权为中心（李慧英，2014）。然而正如前文所描述，"访惠聚"政策的嵌入，使父权制思想尤为突出的南疆妇女获得了更多的发展机会，妇女成为经济建设和公共事务推进的积极参与者，妇女的角色和地位发生了积极的变化，在一定程度显示出父权制结构的松动。那么，为什么政策的实施能撼动父权制结构，从而促进妇女的全面发展？在这一问题的引导下，从以下几个方面展开研究。

第一，开展问卷调查研究，了解南疆农村少数民族妇女不同年龄、不同教育背景、不同职业、不同收入、不同婚姻背景和不同宗教信仰程度下妇女的生活现状、思想动态、个人意愿、国家认同、子女教育、国家政策认知、宗教认知等实际情况。基本把握南疆农村少数民族妇女普遍的价值观、人生观、社会观和宗教观以及对国家和党的认知状态，发现存在的问题。

第二，2016—2021年每年开展3~4次半结构访谈、参与式观察，对妇女的生活状态、思想动态等开展持续跟踪调查，为"访惠聚"政策影响下妇女发生的变化提供案例支撑。

第三，"访惠聚"政策的实施，对社会性别关系产生的影响。这一部分内容涵盖了妇女在再生产、生产与社区参与中的角色发生的变化；以及角色的变化对妇女地位变化的助推作用。这部分基于马克思主义妇女解放理论，将妇女的角色和地位作为社会性别关系的主要衡量指标，采用摩塞的现实和战略性别需求的分析框架来进行分析。

第四，"访惠聚"政策如何影响到社会性别关系的内在变化，即对父权制结构产生撼动。这一部分内容包括政策实施的具体措施，对妇女角色和地位的影响的内在逻辑。这部分在嵌入式治理理论的基础上开展论述，并通过归纳分析，在公共价值创建（参与、协作、平等的隐性价值和"经济、效率、效益"的显性价值）、中国特色的"群众路线"等方面拓展了分析框架。

第五，边疆贫困地区少数民族妇女发展的实践措施。基于以上分析，这一部分内容侧重讨论"访惠聚"政策的社会性别关系影响路径对妇女发展理论的启示，进而提出边疆贫困地区少数民族妇女发展的具体建议。

1.5 研究过程

田野调查的地点选择在南疆喀什地区S县K乡的a村、b村、c村、d村。喀什地区是南疆四地州中最典型的地区，农村的社会形态、生活习俗、价值观和经济模式具有代表性。4个调查点是笔者所在单位"访惠聚"驻村的工作点，也是笔者与当地少数民族家庭"结亲"同吃同住同劳动的村庄，使笔者有机会深入接触当地的村民的生活和生产，并进一步将研究对象锁定在妇女群体，也因此对跨度长达 6 年之久的实地调研提供了便利条件（表 1-1）。4 个村的本名很长，本研究中对 4 个村的村名进行了编号。

表 1-1　调研过程汇总

时间安排	调研方式
2016 年 1 月 18 日至 2 月 5 日	参与式观察，半结构访谈
2016 年 7 月 3—29 日	参与式观察，问卷调查
2017 年 4 次 20 天	"结亲"活动的参与式观察，半结构访谈
2018 年 4 次 20 天	"结亲"活动的参与式观察，半结构访谈
2019 年 4 次 20 天	"结亲"活动的参与式观察，半结构访谈
2021 年 4 月 26 日—5 月 8 日	参与式观察，半结构访谈

2015 年底，一次偶然的机会在与"访惠聚"驻村工作队领队电话中了解到，南疆农村少数民族妇女作为妻子和母亲，在农村基层领域无论是发展生产还是维护社会稳定方面都发挥着非常重要的作用，妇女群体成为当时"访惠聚"驻村工作重点关注的群体。生活在南疆农村的少数民族妇女一生在养育孩子、操持家务和农业劳动中度过。她们与外界接触少，受教育程度低、经济能力弱导致自主意识弱，形成了少时服从父兄，婚后服从丈夫的失我意识，使笔者更加关注南疆少数民族妇女的社会角色和地位的问题。

出于对女性的关怀，笔者开始计划充分利用本单位有固定驻村点的便利条件，通过对扶贫政策中南疆少数民族妇女变化的研究，探究复杂的个人行为的社会逻辑，更好地理解和把握性别这个话题。因此，研究主题最早确定为南疆农村少数民族妇女的社会角色和地位，而且希望所开展的实证研究能够真实全面且深入地展现出南疆农村少数民族女性的面貌和内心世界。在此背景下，笔者查阅了资料，拟定了半结构访谈提纲，联系了"访惠聚"驻村工作队，组成了研究小组，于 2016 年 1 月 18 日—2 月 5 日，踏上了第一次的田野调查之旅。在驻村总领队的安排下，聘请了当地的少数民族大学生和懂双语人员作为翻译，采用半结构访谈的方式采访了 30 名年龄在 18~60 岁的女性，对当地女性的思想观念和生活状况做了初步的了解。

通过调研，反映出当地村民的整体状态是村民淳朴善良热情；生活不富裕，满足于温饱，对当前生活满意；房屋建筑具有浓郁的少数民族风格，主体结构坚固，但外观陈旧；村民家房间功能单一，喜欢使用面积大的土炕，除炕桌外，其他家具很少；院落较凌乱，多数家庭人畜共生；国家通用语的普及率低，只有少数内高班①和寄宿制上学的孩子会说国家通用语；妇女衣着不鲜亮也不整洁，与城市少数民族女性酷爱穿着打扮和时髦靓丽的外表形成强烈反差；少数民族妇女能歌善舞的特点没有表现出来，村中举办的麦西来普②活动，只有男性上场跳舞，女性总是旁观者，照顾孩子和老人。在舞场上，都是男男对跳，这和城市的少数民族宴会中的现象大相径庭，但多数妇女对于当前的生活表示满意。

2016年，笔者以《南疆妇女社会观念调查研究》为题申请了新疆科技厅自然科学基金软科学研究项目，获得7万元经费资助。2016年7月3—29日，课题组一行12人，采用问卷调查的方式在四个村以随机抽样的方式，针对村民生计、生活观念、婚姻、宗教信仰、社区参与、价值取向等方面的104个问题（其中宗教信仰的调查结果未纳入本书），调查了230位女性和120位男性。由于调查对象95%以上都是小学以下文化程度，且100%的妇女不懂国家通用语，无法采取自填问卷的方式进行调查。调查组分成6个小组，采用"一对一"访谈的方式开展调查，即每个调查小组由3人组成，2名课题组成员，聘请1名翻译，对1名妇女进行独立问卷调查，其中1名课题组成员负责填写问卷，1名课题组成员与翻译共同负责询问和交谈。调查中采用当地翻译人员与被调查妇女相识回避制度，以打消被调查妇女的顾虑，提高问卷的真实性。调查组进行了调查前的专业培训。每位村民需一个半小时以上才能完成问卷调查，最终完成有效问卷334份，其中妇女219份，男性115份。同时，对驻村工作队员、当地干部和有关专家开展了半结构访谈。这次调研让笔者对南疆农村妇女的基本情况有了更加清晰的认识。但是，研究的切入点何在？理论对话点何在？笔者还需要进一步厘清研究思路。

2017年、2018年、2019年随着"民族团结一家亲"活动的开展，笔者平均每年有4次，每次有5天吃住在"亲戚"家的机会，笔者所在单位的每一位科技人员与村里的一个农民家庭结为亲戚，4个村的800多位农民与我单位800多名科技人员结为亲戚。笔者与村民的关系已转变为"亲戚"，每年有20天的时间与亲戚"同吃同住同劳动"。笔者的亲戚是c村的村民，是一户具有当地民族特点的典型农村家庭，祖孙三代有8口人的大家庭，近距离更真切的接触得以让笔者观察南疆农民和妇女的生活。笔者通过前往各

---

① 指内地新疆高中班。
② 维吾尔族的一种自由舞。

亲戚家串门，聊家常，谈生活，重点宣传党的惠民政策、了解亲戚的实际困难，用心用情感染引导亲戚凝心聚力发展生产。通过同亲戚一起整理庭院、盖房子、修院墙、建厕所；出资帮他们添置新床、书桌和家用暖气；教他们修大棚、种蔬菜、烹饪蔬菜；给他们发种子、牲畜、化肥、煤炭；带着她们一起洗澡、化妆、添新衣、从城里带去她们从未吃过的海鲜和食品等让他们品尝，通过生活细节的感染，让南疆农村少数民族农民，特别是妇女切实感受到党和政府的温暖。2018年和2019年，笔者在村里度过了难忘的春节，和亲戚们一同包饺子、贴春联、发压岁钱、搞联欢活动……让维吾尔族亲戚第一次体会到了中华民族传统春节的文化底蕴，加深了对中华民族文化的认识和认同。"结亲"活动让笔者对于南疆农村、村民和妇女的了解更加深入、具体、完整。

三年的亲身经历，每次入村，都能感受到"访惠聚"工作的不断推进，村里在基础设施、亲戚生活质量、家庭收入等方面发生了明显变化，生产生活环境不断改善，生活水平不断提高。同时，农村少数民族妇女的角色也在发生变化，肩上的担子也越来越重。随着社会稳定和经济发展，加之政策扶持和国家通用语水平的提高，南疆村民外出务工人员增多，留守妇女担起了更重的责任。这些变化对妇女哪些方面影响更大？妇女的地位是否得到了根本提升？这些变化能通过哪些理论对话来解释这一变化的逻辑？很多政策是党和政府对新疆的特殊关怀，村民是否了解？祖国其他地方的人是否了解神秘的南疆村落发生的日新月异、翻天覆地的变化？围绕着这些问题笔者不断思索，不断观察，不断地随机访谈，看到工作队为村民们做的实事好事，村民们发生的真切变化，笔者进而锁定了研究主题，即政策干预对妇女角色和地位带来的影响。由于疫情的影响，2020年调研停滞，2021年再次启动田野调查，笔者第15次来到村中开展补充调研。2021年4月26日—5月8日，笔者在4个村开展田野工作，主要针对政策的帮扶、补助及效果，对40名村民、5名关键驻村干部、6名村干部和卫生院医生开展了半结构访谈。

笔者通过6年的实地调查研究，积累了丰富的第一手资料，既有以a村、b村、c村、d村为中心开展的半结构访谈资料，也有调查问卷获得的第一手数据资料，还有来自村委会、驻村工作队及扶贫部门的二手资料。采用的案例不仅来自笔者自己的观察和参与所得，也有其他同事、驻村工作队员的故事分享。笔者丈夫2017—2020年的驻村工作经历也为本研究提供了大量南疆农村少数民族妇女的有关信息和资料。很多朋友同事都有驻村工作的经历,在茶余饭后的聊天中经常涉及南疆农村发生的故事,这些信息经过编码处理,均成为笔者研究的宝贵数据。

1.6 研究地点

研究地点在新疆南部的喀什地区 S 县 K 乡的 a 村、b 村、c 村、d 村(图 2-1,图 2-2)。S 县地处塔里木盆地西缘喀什噶尔绿洲中部,具有典型的南疆的社会特征和干旱绿洲生态区的特点。曾经是国家级深度贫困县,2019 年完成贫困县摘帽。K 乡位于县城东南 35 千米处,地区特征明显,全乡维吾尔族占 99% 以上,基础产业以农业为主,南疆干旱灌溉农业的特点突出。4 个村距离乡政府 1~3 千米。

K 乡四季分明,光照充足,白杨树整齐排列在田地和道路两边,体现出沙漠绿洲最典型的自然景观。每年沙尘天气 150 天以上,白杨树是当地的土生树种,种植树木是防止沙漠化最好的措施。K 乡以种植业为主,青壮年外出务工的人数逐年增多,以男性为主,务工地主要集中在喀什地区或新疆境内其他地区,主要从事餐饮、家政、建筑、交通运输等行业。女性外出务工人员很少,一般会随丈夫一起外出打工,待生育子女后多数妇女返回村庄。前往附近乡村摘棉花是村里妇女务工的主要方式,每年 9—11 月棉花成熟后,多数妇女都会通过摘棉花获取 3 000~10 000 元的收入,这是当地妇女的主要收入来源。但是,由于棉花生产普遍推广机械化种植和采收,农村妇女摘棉花收入不断减少,收入逐渐转向以提高作物产量、种植大棚蔬菜、规模养殖和经商获取收入。政府的补贴政策保证了农户的基本生活需要。

4 个村绝大部分村民不会说国家通用语。村庄以核心家庭为主,年轻人成家后独立居住,老人会选择小儿子为自己养老。除公职人员、党员和在校学生外普遍信仰伊斯兰教。村民人均受教育水平为小学及以下,公共信息相对闭塞,公共文化活动缺乏,基础设施建设滞后。经过政府的持续投入、建设和帮扶,四个村的生活生产环境和文化氛围今非昔比,乡级公路村村通,照明电和自来水户户通,柏油路通到家门口,富民安居房宽敞明亮,路边花池中的花竞相开放。每个村民小组有一个活动小广场,村民公共文化生活不断丰富。庭院种植蔬菜、葡萄等经济作物,实现了生活区、养殖区、种植区"三区分离"……农业生产机械化程度不断提高,村民年人均收入连续年增长 1 000 元以上。乡村治理水平不断提升,法治意识不断增强,宗教管理依法规范,基层组织统领乡村社会经济发展,到处呈现出一派乡村振兴的繁荣景象。村庄详细数据见附录中附表 1 至附表 7（社会基本情况，种植业情况，人口结构，年龄结构，学历结构，就业情况，婚育现状，在校大学生、女党员、女干部人数）。

1.7 研究方法

本研究采用的是案例研究的方法，聚焦政策实施对农村少数民族妇女的角色和地位的影响，开展了历时 6 年的调查研究。数据收集主要采用问卷调查、半结构访谈、参与式观察、二手资料收集的方法。分析过程主要采用了统计分析、文本分析、个案分析的方法。数据采用 SPSS 软件经过编码量化录入，进行了系统处理，作为问题分析的基础。

1.7.1 问卷调查

1.7.1.1 问卷设计

本研究利用 4 个村"访惠聚"驻村工作平台，针对南疆农村维吾尔族妇女和男性，问卷设计在突出妇女乡村角色和作用主题的基础上，强调了调查问题的系统性、逻辑性、针对性和实用性，力求用简单直白的语言和多问题选择回答的方式，尽量符合维吾尔族的思维理解和认识。问卷参考和借鉴了已有相关研究成果，在"访惠聚"驻村工作背景下，妇女生活现实情况的基础上形成一整套调查问卷。随机抽取样本村 30 个农户进行了预调查，通过修改形成最终的调查问卷。调查问卷分女性村民调查问卷和男性村民调查问卷。

基于村民主观评价视角，调查问卷的内容涉及 9 个方面 104 个问题，其中：①基本生活状态 15 个问题；②生活意愿 6 个问题；③社会、家庭地位及作用 12 个问题；④婚姻观念 8 个问题；⑤生活愿景 14 个问题；⑥宗教认知 14 个问题（未纳入本书）；⑦社会认知与参与 13 个问题；⑧政治认知与村务参与 15 个问题；⑨国家和民族认同感 7 个问题。选取依据及具体说明如下。

1.7.1.1.1 基本生活情况

从妇女日常劳动、闲暇时间分配，吃穿住行用及娱乐活动几个方面反应妇女的基本生活，主要指标有：对妇女生活基本条件的了解（家庭电器和通信设备拥有情况，家庭做饭、取暖燃料，家中是否通电、是否有自来水，家中厕所情况，是否参与医疗保险、养老保险）、日常时间分配的了解（日常都做什么，日常喜欢做什么）、闲暇时间分配的了解（喜欢什么娱乐活动，是否看电视、爱看什么节目，是否看书、爱看什么书）和对吃穿住行方面的了解（日常饮食中肉、蛋、菜、禽、水果、茶的消费情况，最远去过哪里）。

1.7.1.1.2 生活满意度

了解和掌握妇女对现有生活的满意程度，主要指标有：对现在生活的满意（询问妇女对现有生活是否满意、对哪些方面比较满意）、不满意（不满意的主要方面、经济压力最大的方面、目前最担心的事情）和需要的帮助（目前最需要帮助的地方）。

1.7.1.1.3 家庭和社会地位、作用

从家庭决策权、家务和农业劳动分工、家庭经济贡献、自我定位等几个方面反映妇女的家庭和社会地位，主要指标有：家庭决策权（在家是否有决策权，哪些事有决策权）、家务和农业劳动分工（家务劳动的第一贡献者是谁，丈夫是否做家务）、家庭经济贡献（妇女在家中的经济贡献是多少，妇女在家中农业生产中的贡献，是否出去打过工，打工的工种，出去打工的意愿强烈程度，影响外出打工的主要因素）和自我定位（妇女的理想职业，妇女挣钱养家的观念）。

1.7.1.1.4 婚姻和家庭观念

从结婚途径、对婚姻的满意程度、家庭关系以及对丈夫的期望等方面反映妇女的婚姻现状和家庭观念，主要指标有：妇女个人婚姻史、认识配偶的途径、满意程度（对丈夫、对婚姻、对家庭模式，不满意的主要方面）、对婚姻的认知（对丈夫的满意程度，对丈夫的期望，对离婚的态度）。

1.7.1.1.5 生活愿景

从妇女对自己、子女、丈夫未来的期望等方面反应妇女生活愿景，主要指标有：对学习的愿景（是否想学习各种技能，有机会想读到什么学历，怎样看待女性的学校教育，好和不好的原因）、对人生的期望（对女儿的期望，对儿子的期望，是否渴望去城市生活，对城市生活的认知，人生最大的愿望，没有实现的主要原因）、对独立女性的认知（对于女性一生的责任的认知，怎样看待女性的独立思想，是否有重男轻女的思想，影响自己思想观念主要方面）。

1.7.1.1.6 社区认知与参与

从妇女对集体活动参与的积极性、妇女喜欢参与的活动、妇女参与村民竞选的积极性和认知等方面反映妇女对社区认知与参与，主要指标有：妇女

对村庄活动的认知（是否举办，举办的活动列举，是否知道驻村工作队的帮扶活动）、对村庄社会状况的认知（知道什么不良风气）、参与村庄活动的态度（是否喜欢村庄活动，举办活动的好处，是否愿意担任妇女主任，最关心的事务，对妇联的诉求）、参与村庄活动的行为（参与什么活动，邻里关系）。

1.7.1.1.7　政治认知与村务参与

从对共产党的认知、对本村党员的认知、入党的意愿、对村妇女主任的认知、村务参与等方面反映妇女的政治认知与参与，主要指标有：对党的认知和对党员的了解（是否是党员，是否愿意入党，是否知道村中有哪些党员，党员发挥的示范带头作用怎么样，对党是否有信心）、对女村干部的认知（对妇女主任的工作是否认可，是否支持女性当村干部）、对自己参与村务活动的认知（是否参加过妇女主任的选举活动，如果自己当选妇女主任是否有信心干好，是否给村中提过建议，是否与其他人一起组织过村中的活动，是否做过草根宣讲员，是否参与到村中重大事务决策中，是否学习过村中文件，是否上访过）。

1.7.1.1.8　国家认知与参与

从对国家和民族的认可度等方面反映妇女对国家的认知与参与，主要指标有：对国家的认知（国家对自己是否重要，国家对自己的生活帮助大吗，是否知道对口援疆工作）、对伊斯兰教和民族的认知（对世界上其他的信仰伊斯兰教的国家了解吗？对中国信仰伊斯兰教的其他民族的认知，对于维吾尔族的认知，对于其他民族的认知）。

1.7.1.2　问卷调查方式

选取喀什地区 S 县 K 乡的 a 村、b 村、c 村、d 村为调查区域，以等距抽样的方式抽取了 230 位妇女和 120 位男性村民，采用"一对一""背对背"问卷访谈的调查方法，由于受访妇女不懂国家通用语，加大了问卷访谈的工作难度。聘请了回乡大学生与调查组成员联合担任调查人员，回乡大学生担任翻译，每个小组由 3 人组成，1 人记录，1 人访谈，1 人翻译。受访妇女之间采用"背对背"的方式，调查和翻译人员与受访对象采取相识回避原则，以求获得真实的答案和信息。每一份问卷访谈不受时间的限制，1 个妇女大概需要 1 个半小时才能完成。通过对调查问卷逐一筛查、录入、审核，获取女性村民有效问卷 219 份，男性村民有效问卷 115 份。另外，辅助于专家座谈、驻村工作队员访谈和当地官员走访的方式开展调查和综合分析。

1.7.1.3 问卷调查对象的统计性描述

等距抽样调查了230名妇女，获得有效问卷219份。

妇女年龄分布：18~30岁妇女有45人，占20.5%；31~45岁的妇女有104人，占47.5%；46~60岁的妇女有58人，占26.5%；61岁以上的妇女有12人，占5.5%（图1-2）。

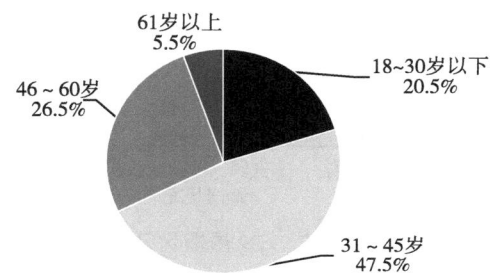

图1-2 受访妇女年龄结构

妇女初婚年龄分布：初婚年龄为15岁及以下的有26人，占17.59%；16~18岁的有128人，占59.26%；19岁以上的有50人，占23.15%（图1-3）。

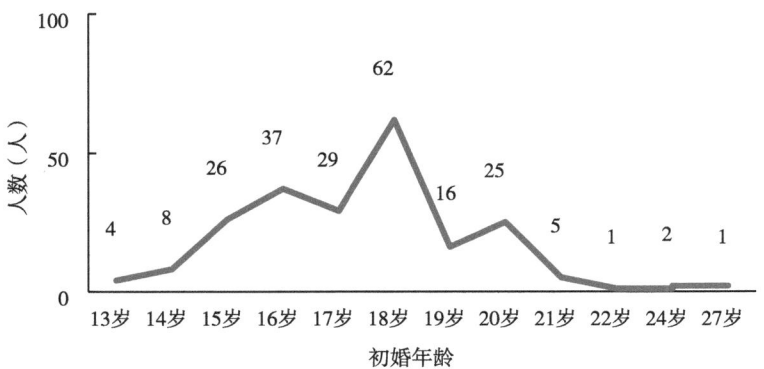

图1-3 受访妇女初婚年龄分布

妇女婚姻状况：初婚的妇女有141人，占64.38%；一次再婚的妇女有34人，占15.53%；二次再婚的妇女有26人，占11.87%（图1-4）。

妇女生育情况：大部分生育3个孩子，占比27%；孩子数量为4个的49人，占比23%；孩子数量为5个的26人，占比12%；孩子数量为6个的

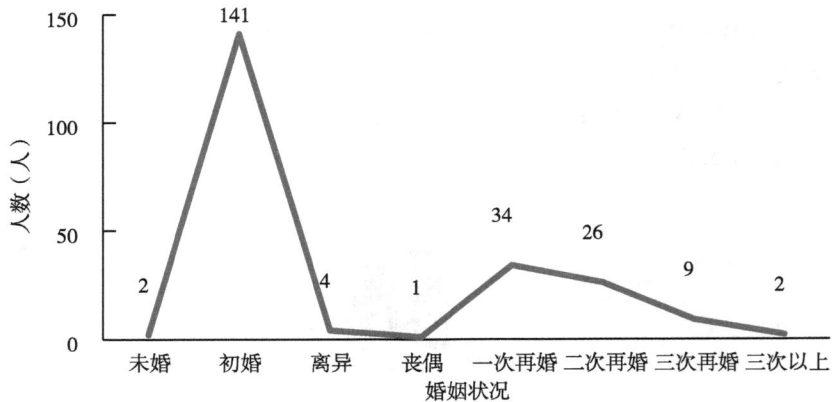

图 1-4 妇女婚姻状况

4 人，占比 2%；孩子数量为 7 个的 7 人，占 3%（图 1-5）。

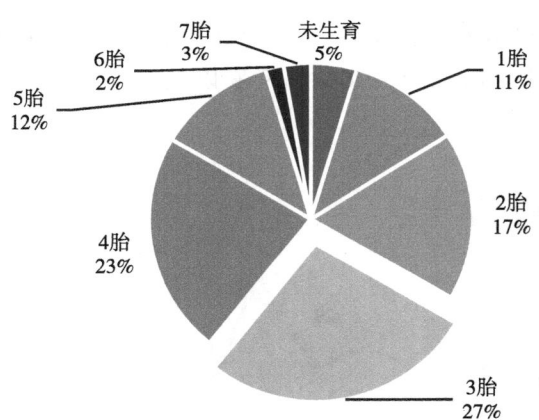

图 1-5 妇女生育胎数

受教育程度：小学未毕业及以下 110 人，占 50.23%；小学毕业的 99 人，占 45.21%；初中毕业的 6 人，占 2.74%；高中毕业的 4 人，占 1.83%（图 1-6）。

家庭收入情况：人均年收入 2 800 元以下的 114 人，占 55.07%；收入在 2 801~5 000 元的 49 人，占 23.67%；收入为 5 001~8 000 元的 22 人，占 10.63%；收入 8 001 元以上的 22 人，占比 10.63%（图 1-7）。

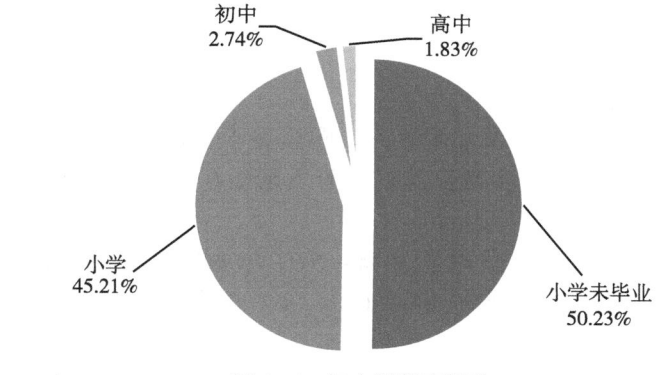

图1-6 妇女受教育程度

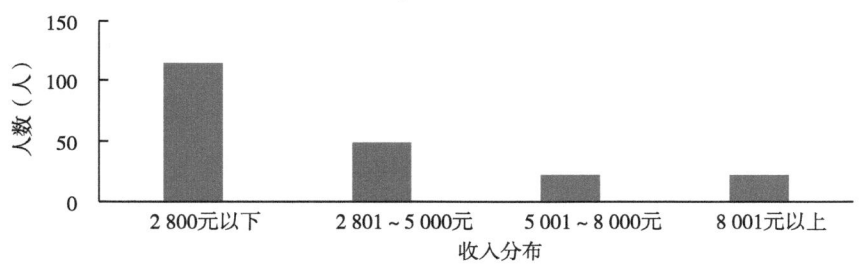

图1-7 受访妇女家庭收入分布

1.7.2 半结构访谈

针对不同类型的妇女、男性、村干部、驻村工作队员、村医、乡医、县妇联干部、扶贫干部开展了半结构访谈,既收集了一般群体的资料,也专门针对妇女参与脱贫攻坚的典型做法和典型事例,收集了鲜活事例、感人事迹的材料。最终收集完成了妇女小组访谈1份、男性小组访谈1份、妇女深度访谈84份、男性深度访谈65份、驻村干部访谈10份、村干部访谈8份。

1.7.3 参与式观察

参与式观察妇女的家庭和社会地位以及变化。笔者在6年的时间里先后赴田野地15次,因"民族团结一家亲"活动提供的便利条件,与村民同吃同住同劳动,并与村民结为了"亲戚",这几年里一直互通往来,笔者去村民家,村民和家人来笔者家。同时笔者单位48位职工的亲戚是我们共同的亲戚。我们一起做饭就餐,一起聊天搞联欢,一起种地摆家具(新购置的)……,让笔者真切参与感受了村民的生活。

1.7.4 二手资料收集

(1)学术期刊论文以及学术著作。阅读关于乡村性别、妇女地位、性别理论、公共治理理论、少数民族妇女等文献 200 余篇;翻阅相关书籍 20 余部。

(2)政策法规文本。整理了 2014—2021 年自治区"访惠聚"政策 32 份、"访惠聚"工作通知 100 余份、2014—2021 年自治区惠民政策明白册 8 本(自治区"访惠聚"驻村工作领导小组办公室编)、新疆妇联妇女发展纲要等。

(3)年终总结及个人手记。2014—2021 年 4 个村历年年终总结;"访惠聚"驻村工作队队员个人工作手记 10 本;2014—2021 年自治区妇联年终总结;所在村扶贫工厂介绍等相关资料。

(4)新闻媒体报道。新疆"天山网"官方网站,自治区"访惠聚""最后一千米"等微信公众号,关注实时动态(表1-2)。

表1-2 资料收取结果一览表

资料收集	次数	时长(天)	结果
问卷访谈	1	40	调查内容涉及 9 个方面的 104 个问题,每份问卷都是一对一访谈,需 1 个半小时问答时间,最终获取女性村民有效问卷 219 份,男性村民有效问卷 115 份
半结构访谈	8	32	妇女小组访谈 1 份、男性小组访谈 1 份、妇女深度访谈 84 份、男性深度访谈 65 份、驻村干部访谈 10 份、村干部访谈 8 份
参与式观察	15	147	笔者与村民同吃同住同劳动,与村民结为了"亲戚"
二手资料收集	—	—	①"访惠聚"政策文本及工作通知;②4 个村及妇联历年年终总结;③网络文献资料、书籍和报告等

1.7.5 资料分析方法

(1)统计分析。统计分析通过应用相关统计软件,测定、收集、整理、归纳和分析反映客观现象总体数量的数据(风笑天,2001)。本研究运用 SPSS 软件和统计分析法,对 350 份调查问卷进行了筛选、录入和分析,得出了相对量化的数据,使本来不好衡量的现象以相对量化的数据呈现出来,使分析数据具有可比性,使研究结论更精确。

(2)个案分析。个案分析是以实地调研获得的典型做法、事例和人物为单元,进行深入全面研究的一种方法(风笑天,2001)。本研究开展了长期的调查,获取了大量的一手数据和观察手记,在分析政策执行过程、发挥的作用,妇女角色和地位的变化上均用到了大量的个案对所产生的现象进行印证和分析。

(3)文本分析法。文本分析主要应用于政策话语分析中,它不仅关注文本内容本身,也揭示其背后的政策含义,对所观察的社会现象进行深刻的理解(Marston et al., 2000),本研究主要体现在对"访惠聚"政策文本内涵的理解和分析上。

1.8 相关理论

1.8.1 马克思主义妇女解放理论

男女平等是马克思主义妇女解放理论的核心内容(李晓东,2013)。马克思主义妇女解放理论集中代表了无产阶级妇女的利益,是为广大劳动妇女解放服务的,具有鲜明的阶级性(李进超,2019)。

首先,马克思主义妇女理论考察了妇女被压迫、被奴役的历史原因。在人类社会早期的氏族社会,是以自然属性分工的,男女两性是平等的,随着生产力的发展,剩余价值的产生催生了私有制,凭借生理上的强势、身强力壮的男子成为生活资料的主要获得者和占有者。女性则主要从事家务劳动和人口生产(再生产),没有生产资料或只有很少的生产资料,男人自然掌管了家庭财产,拥有支配权,妇女缺乏经济来源,需要依附男性维持生活,处于从属地位,两性关系由平等转变为支配和从属的关系,由此产生了男女不平等。马克思关注了人类的两种生产,一种是人口生产(再生产),另一种是物质生产(生产),人类的解放与物质生产的丰富直接相关,女性的解放也蕴含在物质生产中,决定和制约着妇女的社会地位(姬丽萍等,2022)。

其次,马克思提出了差异权利的问题:"权利就不应当是平等的,而应当是不平等的"。在这里应当考虑男女的自然差异,而不是以同样的角度去对待他们,根据这种差异赋予不同的权利,否则就是不平等,是形式上的平等,实质上的不平等。中国学者对马克思主义妇女理论中妇女如何实现解放、获得男女平等的当代价值进行了研究。姬丽萍等(2022)研究指出,从马克思主义妇女理论来看，男女地位上的不平等是经济意义上的物竞天择决定的，要实现男女平等，妇女必须参与生产，才能实现解放；至于男女差异，一方面需在就业权、劳动报酬权等方面主张男女权利的平等，另一方面，在生育、哺育、家庭等性别差异较大的领域有条件地实行差异权利（李晓东，2013）。

本研究选择再生产、生产和社区参与3个方面对妇女的角色和地位的变化开展分析，基于两个方面的原因。一是正如马克思主义妇女解放理论的内涵，它明确了妇女解放的先决条件是把妇女从繁重的家庭劳动中解救出来（再生产），投入社会劳动中去（生产），提高妇女的经济参与水平和能力。而且并不局限于此，其更大的目标是提高政治体系中政治权力（齐顾波，2000）。二是借鉴了摩塞的三重角色性别分析框架，摩塞认为多数低收入妇女有三重角色，即再生产、生产及社区参与。"访惠聚"工作在南疆的开展，家庭就是变化的基础，又是核心，研究发现南疆妇女的"解放"很大程度始于家庭内部，因此选择再生产作为政策影响的起点，妇女只有从家庭中解放出来（再生产），才能投身到社会劳动（生产）和政治参与中，最终形成了再生产、生产和社区参与的研究逻辑。但实际，"访惠聚"工作对妇女再生产、生产和社区参与的推进是同步的，再生产、生产和社区参与角色和地位的变化也是相辅相成、相互促进的关系。

1.8.2 "嵌入性"治理理论

"嵌入性"理论是新经济社会学研究中的一个核心理论概念，由波兰尼（Polanyi，2007）在《大转型》一书中首次提出。格兰诺维特（Granovetter，1985）丰富了"嵌入性"的内涵并引入社会学领域。此后，很多学者根据研究需要对嵌入性概念进行分类，形成了较多分析框架，如关系嵌入性与结构嵌入性框架（Granovetter，1985）；结构嵌入性、认知嵌入性、文化嵌入性和政治嵌入性框架（Zukin et al.，1990）；业务嵌入性与技术嵌入性分析框架（Andersson et al.，2002）等。本研究中，主要采纳了结构嵌入性和关系嵌入性的分析框架。

人类的行为和选择是嵌入在特定的社会结构和社会关系中的，嵌入主要分为结构嵌入和关系嵌入。"结构嵌入"指社会的制度设计、资源分配规则等嵌于整个社会的关系网络；"关系嵌入"指个体的经济行为嵌入与他人互动所形成的关系网络（Granovetter，1985）。

驻村机制表现出明显的嵌入性（王维等，2020）。一是结构嵌入表现在工作队以外部力量参与村庄的事务管理，形成新的治理组织结构；二是关系嵌入表现在工作队员与村两委、村民发生互动关系（杨芳，2016）。驻村机制打破了村庄原治理结构，可以更好地实现资源的合理分配，避免精英俘获现象的发生（王卓等，2018）；还有利于激发村民参与乡村建设的内生动力，实现从"输血"到"造血"的转变（张义祯，2015）。

1.9 核心概念

1.9.1 社会性别

20世纪60年代末，美国女权主义者为了冲击当时的"生物决定论"，提出了生理性别（sex）和社会性别（gender）两个概念。生理性别指婴儿出生后从解剖学辨别的性别，社会性别则是在社会文化中形成的对男女有别的期望、行为方式的综合体现。不同的民族、文化、组织对男女有不同的期望和行为规范（王政，1997）。

1.9.2 社会性别关系

社会性别关系有时被定义为性别关系（林志斌等，2001），在本研究中也采纳"性别关系"的说法。性别关系关注两性之间的权力分配、地位差异、责任以及赋予其价值的方式。两性在占有生产资料和劳动成果方面的不平等关系揭示了两性关系对生产关系的反映，由此衍生出劳动的性别分工和资源的使用与支配的概念。

1.9.2.1 劳动的性别分工

依照性别分配劳动是人类最早的劳动分工方式，性别分工因社会和文化的不同而不同，在同一文化中，分工也随外部环境和时间的转变而变化。

1.9.2.2 资源的使用与支配

资源的使用与支配两者之间是有区别的。使用权，即使用资源的机会。支配权，决定如何来使用一项资源以及谁可以使用资源。妇女通常能使用资源但没有支配资源的权利。

1.9.3 摩塞框架

卡罗琳·摩塞（Moser，1989）在20世纪80年代将摩塞框架发展成为一种分析社会性别的工具（坎迪达·马奇，2004），该框架的目标是使妇女争取平等、公平及赋权，从附属地位中解放出来。摩塞框架有六个分析工具，本研究借鉴了其中的两个分析工具：妇女的三重角色和实用性及战略性社会性别需求（林志斌等，2001）。

1.9.3.1 妇女的三重角色

该工具通过"谁做什么"来描绘劳动的性别分工。摩塞认为，多数社会的低收入妇女有三重角色，它们包括再生产、生产及社区参与。

1.9.3.1.1 再生产

"再生产"是性别研究的核心概念之一。按照卡洛琳·摩塞（2004）的定义，再生产主要包括生育、照料和无酬的家务劳动。马克思认为："人类历史的第一个前提就是有生命的个人的存在，而人的自身生命的产生、维持和发展就是人的再生产"（于佳等，2019）。对于当代许多性别研究的学者而言，再生产不仅仅是关于一种劳动性质的表述，而是"谁在做，做什么"的问题。由于在贫穷的社区，再生产的工作绝大部分是劳动密集型的，并且非常耗费时间，这些工作往往由女性来承担。这样，"再生产"就不仅是道德意涵，也是理解女性处境、批判现实社会的重要概念。在新时代，妇女生活及在家庭中的地位与角色都将重新定义。

1.9.3.1.2 生产

指受雇于他人、个体经营、农业劳动等创造经济、商品或服务的行业。男女都可参加，但是不同的文化背景会导致不同的分工和责任。

1.9.3.1.3 社区参与

集体组织、社会性活动及服务（如庆祝活动、改善社区的活动、参与各类小组和政治活动等）。此类工作在经济分析中很少被考虑到，但是它需要大量的志愿工作时间，而且它对社区的精神及文化发展至关重要，它也是组织社区和促进社区自治的一种途径。男女都参加社区活动，但也基于性别的劳动分工。

1.9.3.2 社会性别需求

摩塞认为，妇女作为一个群体有着与男人不同的特殊的需求，这不仅是由于她们的三重角色，更是由于在多数社会中，女性地位从属于男性。与莫利纽克斯的现实性和战略性的性别利益概念一样，摩塞也划分了两种社会性别需求（林志斌等，2001）。

1.9.3.2.1 现实性社会性别需求

包括水的供应、保健、挣钱养家的机会、住房及基本服务的提供、食物的分配。满足现实性社会性别需求不会对现存的性别分工或者妇女在社会中的从属地位构成威胁。本来家庭中所有成员都有这些需求，但是因为妇女承担着满足家庭成员的需求的责任，因此她们经常把这些当作她们的特殊需求。

本研究中涉及的现实性性别需求包括食物、住房、保健、基本娱乐、挣钱养家的机会。通过问卷调查、半结构访谈和参与式观察获取的第一手资料，开展政策实施前后的定性比较和分析，来判断妇女的现实性性别需求是否变化或得到一定程度的满足（提升）。如南疆农村居民饮食日益丰富、居住环境得到改善、社会保障制度日趋完善、生育健康保健服务开始普及，妇女开始有机会挣钱养家，则判断妇女的现实性性别需求得到一定程度的满足（提升）。

1.9.3.2.2 战略性社会性别需求

战略性社会性别需求是由于妇女在社会中所处的附属地位而出现的，与性别分工、权力与控制有关，涉及的问题包括权力、家庭暴力、平等工资及妇女对自己身体的支配等。可以包括：①挑战基于社会性别的劳动分工减轻家务劳动和照顾孩子的负担；②取消各种制度化的歧视，比如偏袒男子的法律条文及法律制度；③提供生育保健，给妇女生育选择权；④反对男性暴力的措施。战略性社会性别需要将帮助妇女实现更大程度上的平等并且挑战妇女在社会中的从属地位，包括她们的社会角色。

本研究通过问卷调查、半结构访谈和参与式观察获取的第一手资料，从婚姻、生育、家务劳动分工、家暴、教育等方面的决策权，开展政策实施前后变化的定性比较，如妇女决定权、参与深度或广度得到提升，即可判断妇女的战略性性别需求的变化（提升）（表1-3）。

表1-3 妇女现实性别需求与战略性别需求的比较

妇女的性别需求	妇女的现实性别需求	妇女的战略性别需求
为什么会产生	生产条件下的压力	从属条件下的压力
衡量指标	与日常的需求有关：如食物、住房、卫生、收入等	与妇女的不利地位有关：如资源的使用和获取的权利，表达意见的权力、决策的权力
可识别程度	容易被识别	不易被确认
实现途径	认知提升、政治权力、家庭地位的提升	生产、生活条件的改善
实现后果	既有社会结构和机制下生存条件的改善	利益、权力分配机制的改善
实现后对妇女的影响	基础层次的改变，不能改变妇女的从属地位	高层次的改变，改变妇女的从属地位、长期的影响。

注：参考齐顾波，2000. 扶贫实践中妇女性别需求变化的研究 [J]. 妇女研究论丛（4）：64-68。

1.9.4 父权制

作为人类社会的基础制度，父权制与奴隶制、封建制等制度一样，已经影响人类社会几千年，并继续影响着人类的生活。这种两性之间的关系，成为一种支配和从属的关系，并且根深蒂固地渗透在所有的观念、制度和行为之中，成为构成人类文明的一个基点（上野千鹤子，2020）。对父权制而言，共有三大要素，一是从夫居的婚居制度，二是父子相承的财产继承制度，三是父子相传的姓氏继承制度（杜芳琴，1998）。而在婚姻制度方面，从婚姻形态而言，早在周代，受祭祖和继嗣的影响，从夫居的制度便已经逐渐形成。此后，这一制度被不断强化，已经成为一个社会体系，男性高于女性，女性需要被男性控制，并成为男性财产的一部分（满珂，2013）。

梅因是最早提出"父权制"的学者，他在1861年出版的《古代法》一书中，从法律角度把"父"或其他祖先对于亲属的人身和财产拥有的终身权利定义为"家父权"。"父权制"就是"家父长"使用"家父制"对整个家族实施统治的制度（金一虹，2015）。其实，早在原始公社后期，就已经形成了男子在经济上及社会关系上占支配地位的制度（潘萍，2015）。父权制意识形态不仅是一种思想观念体系，同时也是一种行为动力体系，一直物质地、真实地发挥着改造性别主体的功能（潘萍，2015），这一制度会产生一系列影响，成为一种权力等级结构体系（梁理文，2013）。

长期以来，学者对中国家庭成员关系的研究或多或少都受到父权制理论的影响，父权制家庭也成为学界的主流判断。本研究中"访惠聚"政策的干预很大程度上是在与父权制做斗争，在进入21世纪之后的很长一段时期内，南疆的一些农村地区，宗教极端化思想向政治、教育、生活渗透（秦中春，2017），现代行政结构在农村的影响式微，村庄曾经出现只认阿訇不认村民委员会主任的局面，强化父权制是宗教极端化思想的主要表现之一，如在婚姻关系中妇女无权决定自己的婚配人选和婚姻关系，父权"父母包办"和夫权"塔拉克"制主导着南疆农村一些地区的婚姻模式；在生育上，妇女无计划、无节制的超生，严重影响妇女生存质量；妇女负责家务劳动，在经济上依附男性，沦为男性的附属品等。本书将父权制作为研究的基调和贯穿始终的概念，妇女的角色和地位的变化即是对父权制的撼动。

1.9.5 公共价值

公共价值的概念最早出现在《创造公共价值：政府战略管理》（穆尔，2016）[①] 一书。这一概念吸引了众多学者的关注，自20世纪90年代以来，公共价值理论成为公共行政与公共管理研究的热点领域之一（施生旭等，2020）。公共价值是相对私域价值而存在的，其显著特征是公共性，是由政府或社会团体向公共事务提供公共产品或公共服务（胡敏中，2008），从而实现公众需求和认可。为了实现公共价值，应该不断发展公共行为，其决策过程需要吸纳更广泛的参与者。因此，公共价值是"主体的公共表达、客体的公共效用和导向的公益性等普遍规范"（汪辉勇，2008）。公共价值既包含经济、效率和效益"显性"价值，更强调公平、民主和参与"隐性"价值（陈华平等，2020）。

"访惠聚"政策的实施，在短时间内实现了村庄和个体经济水平的显著提高，特别是越来越多的女性实现了经济独立，该政策显性的经济、效率、效益公共价值得到了充分的体现。此外，"访惠聚"政策的实施纳入了女性平等参与的内容，建立了性别敏感的治理机制，始终将机会公平、规则公平、性别公平、多方参与、多主体协作的价值理念贯穿于治理的全过程，这也是该政策对公平、参与、协作"隐性"公共价值的拓展。因此，"访惠聚"政策实施既有显性价值的特征，更强调了隐性价值的特征。公共价值也是贯穿本书，用于评价、解释"访惠聚"政策成效的一根隐线。

1.9.6 群众路线

1943年，毛泽东首次系统阐述了群众路线的含义："在我党的一切实际工作中，凡属正确的领导，必须是从群众中来，到群众中去。这就是说，将群众的意见（分散的无系统的意见）集中起来（经过研究，化为集中的系统的意见），又到群众中去宣传解释，化为群众的意见，使群众坚持下去，见之于行动，并在群众行动中考验这些意见是否正确。然后再从群众中集中起来，再到群众中坚持下去。"毛泽东关于群众路线的论述，是马克思主义与中国革命实践相结合的一项创举。1945年，刘少奇在中共七大正式将群众路线归纳为群众观点和群众工作方法两个有机联系的部分："一切为了群

[①] 马克·H.穆尔，2016. 创造公共价值——政府战略管理 [M]. 伍满桂，译. 北京：商务印书馆.

众，一切依靠群众""从群众中来到群众中去"。刘少奇的表述，成为群众路线的经典表述。群众路线是中国特色国家治理体系的重要源泉，是政府与群众有效互动的重要制度资源，在实现国家治理能力现代化过程中扮演重要角色。党的十八大以来，习近平总书记在党和国家的各项工作中都十分重视贯彻群众路线和群众工作方法，习近平总书记针对坚持党的群众观点、群众路线、群众工作方法、密切党同人民群众的血肉联系等方面进行了一系列深入论述，一切以人民为中心的发展思想，是习近平总书记在新时代对马克思主义群众观的重大创新。

"访惠聚"这一举措，是新疆维吾尔自治区针对当前区情和形势提出的密切联系群众，融入群众，服务群众，践行党的群众路线的具体体现，是自治区党的群众路线教育实践活动的重要组成部分。首先，"访惠聚"政策的实施发动了自治区各级部门单位、中央驻疆单位、兵团几十万名干部；其次，下派的几十万名干部以驻村工作队的形式驻扎，深入天山南北，以"访民情、惠民生、聚民心"的形式开展工作，惠及成千上万寻常百姓家；再次，"访惠聚"工作的开展，如宣讲引导、培训示范、重点帮扶、活动开展、项目实施等工作路径，均采用了从群众中来，到群众中去的指导思想以达到最佳效果。因此，"访惠聚"政策的实施，无论是公共政策主体还是客体，以及政策的行动路径，均离不开"群众路线"的指导方针。

1.10 研究创新

第一，研究的思路和理论框架具有一定创新性。本研究在马克思主义妇女解放理论和嵌入性治理理论基础上，纳入摩塞的社会性别分析框架，阐释了"访惠聚"政策对性别平等产生的影响，并尝试用公共价值理论和"群众路线"理论对已有研究框架做补充，具有一定的创新性。

第二，研究选题具有时代性和应用价值。本研究锁定的边疆农村贫困少数民族妇女这一特殊群体开展研究，紧跟学界当前关注的时事热点问题，长期跟踪调查、获取了大量第一手资料，并结合性别理论，公共管理理论开展研究，对国家乡村治理具有参考价值，同时能够为新疆发展相关的话语表达提供学术支持。

2 "访惠聚"政策的理论探讨

为深入贯彻落实以习近平同志为核心的党中央治疆方略,实现新疆社会稳定和长治久安总目标,新疆维吾尔自治区党委持续推进"访惠聚"政策。"访惠聚"政策的制定与实施有非常突出的战略性与创新性,它在经济维度体现出高度密集的资源集中投入,在行政维度体现出充分聚合的部门参与,在社会维度体现出群众需求的多样化表达,为促成当地社会经济稳定发展构建了坚实的基础和持续动力的平台。自2014年3月在新疆正式启动,经过8年的有效运行和实践探索,在推进脱贫攻坚、加强民族团结、密切干群关系、夯实基层基础和维护社会稳定等方面发挥了重要的作用。本章从理论层面探讨"访惠聚"政策的运行机制、运行逻辑、政策运行中的女性视角及基层工作路径。

2.1 "访惠聚"政策设计

2.1.1 政策缘起:直面社会稳定

2.1.1.1 基层治理面临失序风险

进入21世纪,在国际反华势力、宗教极端势力和民族分裂势力"三股势力"的影响下,部分乡村的基层党组织软弱涣散、干部认识问题、发现问题、解决问题的能力弱化,基层党员的模范带头作用失效等问题交织凸显。政策落实、村情、民情、社情、舆情一度上传下达不通畅;群众的贫困、教育、就业、社会保障等生活问题与社会问题交织陈杂,社会治理形势十分严峻,整治软弱涣散基层党组织、调整优化基层治理结构、提升基层治理能力水平等迫在眉睫(丁守庆等,2018)。

2.1.1.2 脱贫任务艰巨,攻坚难度大

新疆有306.49万贫困人口,南疆四地州是国家重点贫困地区,贫困人口占全疆的84%、贫困发生率32.4%。南疆四地州自然条件恶劣、发展环境不友好、资源禀赋不丰富、人口素质不高、产业发展滞后等制约因素成为脱贫攻坚面临的卡点问题,必须举全国和全疆之力,创造条件破难题,迎难而上脱贫困。新疆的主要贫困地区又是维护社会稳定的主战场。实现新疆脱

贫攻坚目标，特别是南疆脱贫攻坚任务必须具有稳定的社会环境做保障。加强基层治理与脱贫攻坚交织在一起，形成了新疆发展的基本背景和基本要求。

2014年，新疆维吾尔自治区党委适应国际、国内和疆内的新形势，针对中央新疆工作座谈会提出的新任务，紧扣新疆的区情、社情和民情，做出了重大战略决策，决定开展"访民情、惠民生、聚民心"活动，组织自治区、地区和县市的20多万名党员干部派驻到8 668个行政村和1 985个社区，开展嵌入式的社会治理和促进经济发展的各项活动。同时聚焦社会稳定长治久安总目标，按期完成脱贫攻坚任务，大力发展经济，促进社会进步，与全国同步进入小康社会。

2.1.2 政策目的：社会稳定与长治久安

新疆努力实现社会稳定与长治久安总目标，是结合新疆实际全面落实中央新疆工作会议精神，如期完成脱贫攻坚任务，与全国同步实现全面小康社会的战略部署；是制定"访惠聚"政策、部署推进工作的背景和要求。

2.1.2.1 从基层抓好社会稳定

基层工作是落实各项工作的基本点和基础面，上面千条线，下面一根针，实现社会稳定和长治久安的关键是打牢基层社会面。一是全力做好群众工作，不断改善民生，解决群众"急难长问题"，让广大人民群众感受到党的关怀，凝聚民心跟党走。二是把各族群众团结在党和政府的周围，增进民族团结进步，共建祖国大业。三是抓好党的建设，强化基层组织和党员干部队伍，解决基层组织软弱涣散问题、维稳措施不到位问题、政策执行不实问题、解决群众关心问题不积极等问题，全面推进社会稳定各项基础工作的落实。

2.1.2.2 从基层落实脱贫攻坚任务

全面落实脱贫攻坚任务，西部民族地区、边远贫困山区、牧区和农村特困地区是重点和难点。新疆是国家重点脱贫地区，特别是南疆四地州贫困人口集中，贫困程度较深，致贫原因复杂，产业基础薄弱，基础设施和公共服务滞后，义务教育、基本医疗和住房安全保障的难度较大。需要集全国、全疆之力，挖掘基层原生动力、激发基层创造活力，实现脱贫攻坚目标。

2.1.2.3 从基层推进小康社会建设

全面建成小康社会，关键在农村、在西部、在少数民族地区。新疆全面推进小康社会建设，就是要落实长治久安的战略目标，必须处理好社会稳定与经济发展的关系、城市发展与乡村建设的关系、北疆发展与南疆跟进的关系、基层建设与全面发展的关系，关键在农村基层。新疆特别是南疆农村的发展条件和环境建设任重而道远，社会环境建设的重要性体现在社会稳定的紧迫性，经济环境的现实性体现在社会环境的稳定性。紧紧依靠新疆自身的能力难于如期实现小康目标，需要借助全国全疆的外力从基层建设入手予以整体推进。

2.1.3 战略部署：布局与工作要旨

"访惠聚"政策是举全疆之力，以推进社会稳定和长治久安为目标的战略布局，针对的重点在农村和边远地区，重点对象是农民和贫困户。"访惠聚"以派驻驻村工作队的方式全覆盖深入乡村，嵌入到基层社会结构和关系结构中，落实各项措施，实现战略目标。维护社会稳定、加强群众工作、建强基层组织、抓好脱贫攻坚是"访惠聚"政策的四项重点任务，推动社会治理现代化和经济全面发展是"访惠聚"最终需达到的效果。

2.1.3.1 维护社会稳定是"访惠聚"的落脚点

新疆稳定关系国家稳定和安全。"访惠聚"驻村工作队始终把维护社会稳定作为中心任务，通过强化宗教事务管理与意识形态教育、文化引领、民族团结活动和民生建设相结合，贯彻"保护合法、制止非法、遏制极端、抵御渗透、打击犯罪"的基本原则，确保社会稳定，人民安居乐业。

2.1.3.2 做好群众工作是"访惠聚"的支撑点

从群众中来，到群众中去，为民谋利、赢得拥护是中国共产党的力量源泉和制胜法宝。"访惠聚"始终将一切为了群众作为一切工作的座右铭，带领"村两委"班子通过"访民情"的入户家访、扶贫包联和民族团结一家亲融入农民中，知民情、懂民心；通过"惠民生"为群众办实事、解难题，推动各族干部群众手足相亲、守望相助，像石榴籽一样紧紧抱在一起。通过驻村实践改进干部的工作作风，带动基层实现做好群众工作和转变工作作风双重效果，厚植党在新疆执政的群众基础。

2.1.3.3 建强基层组织是"访惠聚"的切入点

新疆乡村社会暴露出来的治理问题，归根到底是基层组织软弱涣散、干部能力羸弱、党员作用有限、为民服务意识淡漠等问题所致。通过"访惠聚"的嵌入机制，发挥工作队"传帮带"作用，以培养"四有干部"[①]为

---

① 心中有党、心中有民、心中有责、心中有戒。

目标，优化"村两委"的知识结构、年龄结构和性别结构，配强基层组织，发展党员队伍，提高业务能力，打造一支永不走的工作队。

2.1.3.4　抓好脱贫攻坚是"访惠聚"的聚焦点

南疆四地州属于"三区三州"中的"三区"深度贫困区，脱贫攻坚难度大，任务重。打赢脱贫攻坚战是我们党的庄严承诺，因此，新疆必须全力以赴，以抓好脱贫攻坚为聚焦点，在理念思路、方式方法、体制机制、保障落实等方面开展工作，切实扶到点上，扶到根上，帮助贫困地区和贫困群众尽快脱贫、扎实脱贫、如期脱贫，与全国一道进入全面小康社会。

2.1.4　工作内容：访、惠、聚

"访惠聚"集中于访民情、惠民生、聚民心三大核心内容，三大内容之间具有内在的行为逻辑和递进目标。访民情是基础，惠民生是重点，聚民心是目标。访民情就是要了解人民群众在想什么？做什么？盼什么？惠民生就是要从民情中汇集出民生之急、民生之需、民生之盼并加以解决，让人民群众满意。聚民心就是要通过访民情和惠民生，形成牢固的爱国、爱党、爱民的思想观念，聚民心于党的领导、民族团结和长治久安。

"访民情"的关键是知民情。通过驻村工作队融入村庄和农户，深入农民家融入农民生活，了解和掌握每一位村民的真情、真愿和真心。建立"包村包户"制度，每一位驻村工作队员都对应于一个自然村的农户或若干个农户，做到对每一户每一位农民的四清四知四掌握①。

"惠民生"的关键是解难题。力争通过"访民情"列出问题清单，从清单中梳理出人民群众最关心的焦点问题、热点问题、难点问题、久拖不决问题，落实从居住、饮水、交通、增收等生活生产到孩子教育、老人养老、医疗保障等社会服务的民生建设，解决群众生活之所需、生产之所急的大小问题，让群众感受到党的温暖和政府的关怀。自治区针对"访惠聚"活动配套了相应的政策，对于农民住房问题，启动了富民安居工程；对于行路难问题，实施了村内公路硬化工程；对于用电难问题，实施了农村电网改造工程；对于生活难问题，针对农村学龄前儿童入托难的普遍问题，启动了乡村幼儿园村村建工程，新疆农村实现了从幼儿园到高中的 15 年免费义务教育

---

① 四清：就业情况清、重点人员情况清、流动人口情况清、贫困群体情况清。

四知：知每个家庭成员基本情况、经济状况、政治表现、遵纪守法情况。

四掌握：掌握基本情况及社情动态、宗教活动情况，居民热点难点问题，各类积极分子情况。

制度;对于大病住院难问题,最初通过建立村级大病互助制度,在深化农村医保制度改革中,将大病列入了农村医保范围予以解决。对于致富难问题,实施了便民服务中心建设工程、就业培训工程、农业科技巡回服务和林果业提质增效工程等一系列工程建设。开展了农田水利设施、养殖小区、卫星工厂建设、组织农民劳动力转移等一系列行动,把党的富民政策送到农民家,让基层人民群众享受到政策的实惠和改革开放的红利。

"聚民心"的关键是凝聚向党之心、民族团结之心、反分裂之心、脱贫攻坚之心。通过"访民情、惠民生"的具体行动,通过开展针对性的文化润疆行动,以文化为引领,广泛开展爱国主义、政策、法律、生活健康等宣讲活动,铸牢人民群众的国家意识、中华民族大家庭意识。

文本框 2-1　K 乡"访惠聚"工作内容

> c 村是 K 乡的下游村,由于缺少防渗的输水渠道,每年农业灌溉时有 20 多户农户的耕地长年无法保证正常用水,农业生产受到严重影响。通过"访民情"了解到农民的多年诉求,"访惠聚"驻村工作队通过自治区级科研单位的影响和自治区项目管理部门的关系,会同县水利部门共同与自治区有关部门对接,申请了以工代赈项目,获得国家专项资金 100 万元,对关键卡脖子的 2 千米输水渠进行了防渗建设,解决了农民急切盼望解决的问题,得到了广大村民的信任,体现了党的关怀,凝聚了人心。活动记录 HD201602。
>
> K 乡 b 村是贫困村,村中道路为土路,夏天一身土,雨天两脚泥,本村硬化路面不到 20%。农民渴望柏油路家家通已是多年的愿望。驻村工作队会同村两委申请自治区交通部门的专项资金 160 万元,完成了 8 千米的村内道路硬化。村民们欢天喜地,慰问驻村工作队,增进了农民与驻村工作队的关系,增强了南疆少数民族农民对党和国家的信任,国家观念不断牢固。活动记录 HD201605。
>
> K 乡 a 村 71 岁的维吾尔族孤寡老人,一个人种植 10 亩(1 亩约为 667 平方米,全书同)土地,养殖了一头驴、一头骆驼。无人照顾和帮助生产养殖。村两委多次要求老人入住养老院。但是,老人放心不下土地和牲畜,一直都不愿去养老院。"访惠聚"活动开展后,驻村工作队和村两委主动与本村的种田能手和养殖专业户对接,将老人的土地由种田能手承包种植,牲畜由养殖专业户代养,每年有 3 000~5 000 元的收入,老人高兴地前往养老院颐养天年。村民们看到了驻村工作队切切实实为民办实事,加深了对"访惠聚"活动的认识,对驻村工作队和村两委更加信任,有问题都愿意找工作队和村两委诉说和解决。活动记录 HD201617。
>
> K 乡 c 村是一个有两个孩子的母亲,丈夫艾尼瓦尔·吐尔逊有一技之长,从事机械修理,收入较好。但是,丈夫的大男子主义强,常因为琐事打骂妻子。驻村工作队入户了解到情况后,一方面安排村委会干部以组织的形式找丈夫谈话,一是指出随意打骂妻子的错误和危害并提出严厉的批评和改正要求。二是安排丈夫参加妇女讲座和

> 法律宣讲等活动，提高自身的认识，知道自己的错误所在，自加压力改正。另一方面，由村妇女小组长做好妻子的思想工作，一是引导妇女认识到不应该承受家暴，家暴是一种违法行为。二是引导妇女敢于指出丈夫的错误，不要忍受家暴，要及时向村两委和驻村工作队反映情况，及时制止家暴的发生。三是鼓励妇女多走进社会，参加各类妇女活动，增长知识，懂得自信、自立、自强。驻村工作队将此户列为重点关注对象，加大了入户调查和交谈的频度和工作力度。经过近半年的关注和协调，丈夫认识到了家暴的违法性和危害性，认识到尊重妻子、尊重他人就是尊重自己，彻底改正了错误。工作队将此事件作为典型加强全村的教育，提高广大村民的思想认识，杜绝家暴的发生。活动记录 HD201618。

数据来源：2016年"访惠聚"总领队 D 队长工作手记。

2.1.5 政策变迁：聚焦主题，突出阶段重点

"访惠聚"始终围绕社会稳定和长治久安总目标，提出了不同阶段的工作重点和要求，固化了政策的群众路线基本导向，体现出政策的针对性和实效性。

第一，政策的发展期（2014—2016年）。这一阶段在探索实践的基础上，以做好群众工作、加强基层组织建设为工作重点，明确了六项基本任务：一是践行群众路线，转变工作作风；二是加强民族团结，增进民族互信；三是突出现代文化引领，促进民族和谐；四是落实民生建设任务，增加农牧民收入；五是强化群防群治群控，维护社会稳定；六是加强基层组织建设、夯实长治久安基础。通过"三项重点工作"结合"六项基本任务"，"访惠聚"完成了"访民情"的基本工作，做到了"四清四知四掌握"，摸清了经济社会本底，持续推进落实"惠民生"工程，开展了针对性的帮扶解困工作，去极端化工作取得明显成效，为"访惠聚"活动的开展打下了坚实的基础。同时，这一阶段自治区党委根据"访惠聚"活动推进的需求，实施调整出台相关政策，以推动"访惠聚"工作持续深入开展，如出台了《关于深入开展"访民情、惠民生、聚民心"活动健全干部驻村（社区）工作长效机制的意见》，确定了"访惠聚"驻村工作成为常态化的治疆方略；在"访惠聚"推进过程中，认识到妇女在乡村发展中的重要作用，遂联合下发了《关于在"访惠聚"活动中做好基层妇女工作的通知》进一步确定了"访惠聚"性别敏感机制。

第二，政策的发力期（2017—2020年）。这一阶段在持续推进"三项重点工作"和"六项基本任务"的基础上，"访惠聚"结合国家总体战略方

针,聚焦脱贫攻坚总目标,贯彻落实国家扶贫政策,围绕决胜脱贫攻坚中心任务持续发力,万众一心克难,集中力量攻坚,一些瓶颈性贫困问题得到历史性解决,与全国其他省市一起完成了2020年脱贫攻坚收官之年,为"访惠聚"活动的转型升级奠定了基础。

第三,政策的过渡期(2021年至今)。"访惠聚"经历了政策发展期和发力期,经过2014—2020年(截至2020年12月)7年的实践,实现了社会大局全面稳定,脱贫攻坚全面收官、软弱涣散基础党组织全面摘帽,群众工作持续深入推进的全面胜利。这一个阶段在持续巩固以上成果的同时,政策将重心转向了农民收入持续增长、治理水平不断提升、民族团结不断融合、现代理念不断融入的方向,进入了向乡村振兴和促进经济高质量发展的过渡阶段。

调查研究发现,经过"访惠聚"活动的持续深入推进,南疆农村少数民族妇女的政治觉悟、国家观念、公民意识均有根本性的正向变化。绝大多数妇女对国家和民族有着正确的认知和高度的认同感,受访的妇女均表示对党的领导充满信任,坚信党能领导人民过上好日子,认为国家对自己非常重要。所有妇女认为自己是中国公民并愿意成为中国公民。有97.8%的受访妇女认为国家服务能力强大对人民的帮助大。所有受访妇女均具有明确的国家民族观和正确的中华民族认同感,认为维吾尔族是中华民族大家庭的一员,对于多民族融合的认识明确,有91.28%的妇女认为其他民族与维吾尔族一样优秀,有99.5%的妇女认为加强民族团结十分重要。积极参与村里活动的妇女越来越多。在受访妇女中,有97.7%的妇女喜欢参加集体活动,有48.8%的妇女有参政议政的意愿。

2.2 "访惠聚"政策运行机制

"访惠聚"政策的发动主体是自治区党委、推进主体是全疆干部、参与主体是基层干部群众、力量主体是政治优势和制度优势。统筹派出机制、运行保障机制和监督考核机制保障了"访惠聚"工作的顺利运行。一是"访惠聚"政策的总体要求由生动、具体的驻村工作队贯彻落实,因此在工作队员选拔和人员构成、派出方式、工作和纪律要求等方面建立了统筹派出机制。二是在领导机制、多重管理和责任共担以及关心关爱等方面建立了运行保障机制。三是从监督、巡查、考核等方面建立了监督考核机制。

2.2.1 统筹派出机制

建立一套行之有效的体制机制是"访惠聚"政策落实的关键。统筹派出机制是对驻村工作队队员的选拔、人员构成、派出方式、工作和纪律要求的规范化的制度设计。

一是工作队员选拔和人员构成，驻村队员的人选集中在党员领导干部优先派驻的制度设计上。队员选拔的制度要求是"好人好马上一线"，这也是自治区党委对于"访惠聚"选派驻村干部的总要求，要将政策水平强、工作能力强、协调统筹能力强、具有基层工作经验的党员干部派到一线，要将具有培养条件的后备干部派到一线。制度引导使得各级各部门形成了积极踊跃报名驻村的氛围。工作队的人员构成的制度设计采用传统的层级式管理模式，以派驻单位为基本单元，设立了总领队、工作队长、工作队副队长和队员4个层级。总领队负责派驻单位的所有驻村工作队的全盘工作并兼任所驻村的工作队队长，总领队必须由地厅级领导干部担任；工作队长负责所驻村工作队的各项工作，副队长协助队长做好各项工作，工作队队长和副队长由县处级领导干部担任。采用规范统一的人员选拔组织流程，个人申报、本级组织初审、上级组织部门审核、上级党委审定、报自治区"访惠聚"活动领导小组最终确定的组织程序。随着"访惠聚"活动的不断深入，落实党中央脱贫攻坚三年行动计划，提出了向贫困村派驻扶贫第一书记的工作要求。在派驻"访惠聚"驻村工作队的基础上，又选拔优秀干部担任贫困村的扶贫第一书记，全面负责脱贫攻坚任务的完成。已派驻"访惠聚"工作队的村，工作队队长兼任扶贫第一书记。自治区本级未派驻工作队的村，由自治区"访惠聚"办公室组织选派扶贫第一书记。各地州县市根据自治区统一部署，相应的选派扶贫第一书记驻村开展脱贫攻坚各项工作。

二是工作队派出方式。"访惠聚"驻村工作队的派出方式，一种方式是根据派驻地区的不同，分为自治区本级和各地州县市工作队的"差级化派驻"，自治区工作队派驻到维稳形势严峻、扶贫难度大的南疆四地州。各地州县市工作队派驻到本地的乡村开展工作。另一种方式是根据承担任务的不同，分为"访惠聚"工作队"单独选派"的派出方式和扶贫第一书记村的"混合选派"的派出方式。"单独选派"就是驻村工作队由同一个单位独立组成团队，派驻到任务村执行"访惠聚"任务。工作队的规模由所驻村的规模决定，队员数量在6~9人。自治区"访惠聚"办公室将全疆需要派驻村进行了分类，根据村民数量分为大、中、小三类村，村民人数在2 000人以上的为大村、1 000~2 000 人的村为中村、1 000 人以下的村为小村。大村工作队配备 8~9 名队员，中村工作队配备 7~8 名队员，小村工作队配备 6~7 名队员，当然，根据各个村的具体情况和派驻人员的基本情况的不同，适当调整工作队员的数量也是通常的做法。不同规模村的工作经费也实行差异化拨付。"混合派出"的扶贫第一书记村的工作队，针对自治区本级派驻到南疆四地州第一书记村的工作队，由自治区本级单位选派 1 名干部担任扶贫第一书记，1 名队员担任书记助理，全权负责全村的各项工作，但主要负责贫困村的脱贫攻坚的各项工作。驻村工作队队长、副队长和队员均由地县当地单位派出，形成了由自治区派驻干部与当地干部联合组成的工作队。驻村工作队队长、副队长主要负责社会稳定等社会治理工作。对于南疆四地州以外的地州县市，无论是"访惠聚"工作队还是扶贫第一书记贫困村的工作队均由当地联合派驻，形成了不同派出方式下的责任分工、统一目标和行动的有效组织机制。

驻村第一书记通常兼任驻村所在乡镇党委下属党总支书记。第一书记作为村级组织的最高行政官员行使相应的行政权力，其党员领导的双重身份又代表着村级党组织的领导权威，这种特殊的机制设计构建了高层级的行政权力向基层自治体系的嵌入机制。"单独选派"的"访惠聚"驻村工作队的实际运行中，工作队长（兼任第一书记）的派出单位作为"访惠聚"工作的牵头部门，在自治区"访惠聚"领导小组的直接领导下，发挥主导作用。"混合选派"的扶贫第一书记村工作队的工作接受当地县市、乡镇的组织领导，当地派驻单位是牵头单位，发挥主导作用。无论是自治区单位选派，还是各级政府部门选派的"访惠聚"驻村工作队，均在自治区"访惠聚"领导小组的统一领导下，分层管理、推动、考核和表彰。

三是工作队的工作和纪律要求。"访惠聚"驻村工作队的工作任务始终围绕着维护社会稳定、建强基层组织、加强群众工作、促进民族团结四项工作开展。不同的阶段工作重点有所侧重，主要根据总目标的阶段性要求，经历了维护社会稳定、脱贫攻坚、脱贫巩固提升 3 个时期，重点推进了以打击暴力恐怖犯罪活动、遏制"三股势力"渗透、去宗教极端化为主的维稳工作；以促产业、扩就业、助帮扶为主的脱贫攻坚工作；以夯实产业基础、稳定就业渠道、加大社会帮扶为主的巩固脱贫成果的工作。制度要求工作队作为"访惠聚"政策的执行者嵌入到基层组织、农民群体和乡村社会中，发挥"访惠聚"活动的动员、推动、引领和促进作用。"访惠聚"工作队作为一项系统设计的组织形式，建立了规范的行动和行为规制，思想上要求牢固树立人民至上的公仆意识，为民解难的服务意识，团队合作的集体意识。工作上要求落实党中央和自治区党委的各项政策，落实"访惠聚"的各项重点工作。工作队队员实行分工负责与集中领导相结合的制度设计，工作队设有信息员、扶贫、维稳、生产、妇女和群众工作专干的岗位，在队长、副队长的统一领导下，各司其职、各负其责又相互配合，充分发挥团队的整体合力。落实工作队的组织管理规定，工作队员必须长期融入乡村、融入农民群众、融入农业生产。工作队驻村任期一年，工作队队长任期两年，每年在村中生活工作 320 天以上，每一季度每一位队员可以享受为期 10 天的休假。队员休假执行轮流休假制度，保证工作队日常工作的人员配置。当然，在自愿的情况下，工作队队员可以延长驻村时间，有一批领导干部有 2～4 年的驻村经历。驻村队员实行全脱产工作形式，原单位的工作全部交由其他同志承担，驻村期间不得参与原单位工作，全身心地投入到"访惠聚"驻村工作中，发挥自己的才能。

2.2.2 运行保障机制

运行保障机制包括领导机制、管理机制、保障机制和关爱机制的系统设计。

一是建立了一整套"一核多元"的领导机制（朱新武，2020）。"访惠聚"活动的组织运行突出了各级组织一把手抓"访惠聚"的体制设计。自治区党委是"访惠聚"活动的发动、动员、组织、统领、监督、评价的最高权力机构，成立了新疆维吾尔自治区"访惠聚"活动领导小组，负责全疆的"访惠聚"工作，"访惠聚"活动领导小组办公室（以下简称"访惠聚"办公室）设在自治区党委组织部，负责"访惠聚"活动的政策设计、工作方案和年度工作计划制定、派驻人员审定、统筹协调、监督检查和年终考核评价等日常工作。自治区地州、县市、乡镇的各级党委均成立了"访惠聚"活动领导小组，负责当地的"访惠聚"工作，形成了在自治区党委统一领导下，层层抓"访惠聚"工作的组织体制和"队员当代表、单位作后盾、一把手负总责"的组织派出工作机制。自治区本级各单位派驻工作队集中派往南疆四地州开展"访惠聚"各项工作，工作队统一接受当地党委政府的领导。各地县党政单位派驻工作队只负责当地乡村的"访惠聚"工作。村级组织是落实"访惠聚"政策传导的末梢神经，从机制上配齐村第一书记和"两委班子"，是"访惠聚"领导机制的重要一环，有利于发挥党组织在农村社会治理和乡村振兴中的领导核心作用。"访惠聚"第一书记统筹领导全村各项事务的机制设计，为派驻干部行使村级组织管理权力提供了制度依据。"访惠聚"活动"一核多元"的领导机制，为明确工作队在基层组织的领导权威提供了制度保障，形成了分工明确、责任明晰、行动统一、工作统筹的系统领导机制。

二是驻村工作的运行管理实行多重管理和责任共担的管理机制。驻村工作队既要接受当地县市、乡镇两级党委和人民政府的领导和管理，各项工作与乡镇的工作安排相一致，在乡镇党委的直接领导下开展工作，工作队又要接受派驻单位的直接领导，驻村工作队具有直接向派驻单位汇报工作和反映问题的权力，并且可以通过派驻单位向自治区"访惠聚"办公室汇报工作和反映问题。工作队队长兼任村第一书记或担任扶贫第一书记均不列入"村两委"的编制职数，采用上级党组织任命，不参加换届选举。但是，接受基层党组织的监督和管理。

自治区"访惠聚"领导小组对派出单位的派出责任、重点工作、工作队与当地组织（地州、县市、乡镇）之间的关系、管理要求和年度考核等建立了规范的制度，为"访惠聚"各项工作的有序开展提出了行为规范和管理要求。地州、县市、乡镇三级"访惠聚"领导小组在自治区制度框架内，对"访惠聚"三级目标责任、工作方法、统筹协调、组织管理和考核问责等也相应地建立了制度，做出了明确规定。

三是保障机制由制度保障、资金保障、人才保障、技术保障等组成。"访惠聚"的制度保障体现在自治区党委和各级党组织出台的各类文件和管理制度及运行机制等方面，规范了"访惠聚"活动的政策表达并为"访惠聚"工作的合法性给予了制度支撑。同时，工作队内部的制度设计，成为驻村工作队的行为规范，保证了工作队准确把握中央和自治区的政策要求、"访惠聚"的核心价值、基层群众的内心所求和开展工作的合法尺度。资金保障是"访惠聚"开展的基本要求，自治区财政设立了"访惠聚"专项资金用于驻村工作队的基本业务经费、生活补助费、民族团结一家亲的交通费用等；各派驻单位均筹措资金设立专项经费用于"访惠聚"各项工作的开展；鼓励社会捐助资金支持"访惠聚"工作；援疆资金设立"访惠聚"专项支持建设项目等，形成了多元的资金保障机制。人才保障机制主要体现在驻村工作队员的人员保障和建立人才需求机制两个方面，不同机构的组织管理、社会治理、卫生健康、农业技术、现代生活、文化文艺、体育教育等领域的新疆专家学者形成了按需调派的工作氛围和支撑"访惠聚"活动人才需求的机制，无论是哪个工作队需要人才支持，各个领域的专家及所在单位都会鼎力支持,"访惠聚"成为动员令。"访惠聚"活动涉及社会经济各个方面,特别是在农业生产发展、群众医疗健康、文化宣传等领域,需要专业技术的持续支持。为此,自治区"访惠聚"领导小组成立了农业巡回服务、文化巡回演出和健康巡回服务3个巡回工作队,面向乡村需求提供技术服务,形成了常态化的巡回服务机制。自治区各大专院校和科研机构发挥各自的专业技术优势,积极投入"访惠聚"活动中,安排专家开展经常性的技术培训、组织技术产品下乡、农业专家到田间地头指导解决生产中的技术问题等活动,从技术上全力支持"访惠聚"各项工作的推进。

四是"访惠聚"驻村工作的关爱机制体现长效与帮扶的特点。生活关爱是针对工作队员长期在基层生活工作,一方面建立了针对工作队员的定期休假制度,另一方面制定了工作队员家属定期探亲制度,队员家属每年可以带薪探亲2~3次,派出单位予以报销交通费用。出台文件要求各派出单位关心工作队员家属的日常生活,节假日慰问、平时关心问候,家属有求必应,帮助解决家庭困难等并形成了制度。政治上的关爱体现在干部培养提拔,将"访惠聚"的驻村经历作为重要的干部任用的选拔条件,同等条件下优先考察提拔具有驻村经历的干部,对于驻村2~4年的优秀干部优先提拔。各级"访惠聚"领导机构和派出单位都十分关注驻村队员长期在巨大压力和大工作量的情形下的身心健康问题,安排工作队员派驻前集体检查身体,驻村期间不定期安排体检,发现健康问题及时处理和调整人员,及时解除工作队员的后顾之忧,保证了驻村工作队员安心驻村、踏实工作。

五是建立了"访惠聚"宣传机制。每一个工作队都设有信息员,其工作主要是在参与驻村工作的同时,将本村的工作进展和落实政策效果等情况及时形成宣传材料提供到党报、政报、电视广播等传统媒体和自治区官方"最后一千米""零距离"微信公众号等"微平台"以及官方网站开通的"访惠聚"活动专栏等新媒体,将"访惠聚"的实情动态和实时成效及时地传播到天山南北、城市乡村、全国和世界,传播党的声音,树立新疆形象。

2.2.3 监督考核机制

"访惠聚"建立了监督巡查机制和考核机制。监督巡查机制实现了顶层与基层的两级监督。顶层监督巡查就是驻村工作队接受自治区、地区、县(市)党委的监督巡查和督导。在中国"向上负责"的科层体制下,上级机构派遣"工作组"本身就是一种督导信号,促使着下级机构自我规范、自我约束、自我调节(丁远朋,2018)。"访惠聚"驻村工作队由不同的人群组成，不同群体的政策理解能力、政策执行力、协调组织能力、应急处事能力等方面都存在差异，在落实"访惠聚"政策的要求和工作重点等方面，是否达到了总体要求，"访民情"是否做到了针对每一户每一人的"四清四知四掌握"；"惠民生"是否针对民之所愿、民之所想、民之所求，列出了为民办实事的工作清单并逐项解决，让农民切实得到实惠；"聚民心"是否将广大人民群众的心紧紧凝聚在党中央的周围，凝聚成维护社会稳定、实现脱贫目标、推进乡村振兴的团结之心、聚力之心、奋斗之心。监督巡查机制一方面建立了区、地、县三级组织的监督机制，以巡查、抽查、检查的方式实现上级督导的作用，另一方面"访惠聚"建立了群众监督机制，接受群众的全程监督。从工作队的访民情到惠民生的各个环节，群众是否满意，是否访出了群众关心问题，是否发现了基层社会治理的薄弱环节，是否解决了群众的现实困难，这些问题的挖掘过程就是群众全程监督的过程，群众监督的唯一标准就是群众是否满意。同时，群众的监督还贯穿于村务党务工作中，"三重一大"、民主选举、发展党员、扶贫项目确定等决策中是否听取了广大群众的意见，是否体现了群众的意愿，也是群众监督的制度要求。

"访惠聚"考核机制实行年度考核与单项工作考核相结合，考核问责与奖励机制相结合，自治区目标与地县目标考核相结合。单项工作如富民安居工程建设、社会综合治理、扶贫产业建设、卫星工厂建设等按照工作要求和时间要求，由任务下达部门验收和相应的"访惠聚"管理部门考核工作质量和效果。年度考核是对驻村工作队一年工作的总结和评价，自治区本级派出的工作队，由自治区"访惠聚"办公室组织专班进行实地考核，考核结果汇总到自治区"访惠聚"办公室，评定出优秀工作队。地州、县市派出的工作队由相应的"访惠聚"主管部门考核，考核结果经过县市和地州"访惠聚"主管部门的综合评价，推出优秀工作队报自治区"访惠聚"办公室审定。因此，"访惠聚"年度考核优秀工作队分为自治区本级派出的工作队和地州、县市派出的工作队，具有同等的荣誉和社会价值。同时，通过考核还推选出优秀工作队队长、优秀队员。每年考核结果由自治区"访惠聚"办公室以文件的形式下发到全疆各个部门和地州、县市，每年召开一次年度总结表彰大会，总结上一年度的"访惠聚"工作，表彰优秀工作队、队长和优秀队员以资鼓励。各派出单位根据自治区总结表彰结果对本单位的优秀工作队、队长和队员进行再次表彰并进行奖励。对于在"访惠聚"驻村工作中表现有问题的人员及时予以指正，责令其整改，问题严重的将召回本单位，对于工作中犯重大错误的人员予以党纪政纪处理。程序化的考核机制保证了驻村工作始终围绕中心工作开展，引领各项工作沿着同一路线推进，一定程度上提高了驻村工作队的整体工作质量，缩小了不同驻村工作队的工作差距，为顺利完成"访惠聚"重点任务和整体工作提供了机制保障。

2.3 "访惠聚"政策：从嵌入到融入的转变

"访惠聚"政策的统筹派出机制，以派出驻村工作队的形式，打破了原有的行政体制界限，结构和关系嵌入到基层组织中，并在制度、关系、资源等方面实现了从嵌入到融入的转变，完成了最有效的农村动员。

"嵌入性"理论是新经济社会学研究中的一个核心理论概念，由波兰尼（Polanyi，2007）在《大转型》一书中首次提出。格兰诺维特（Granovetter，1985）丰富了"嵌入性"的内涵并引入社会学领域。此后，很多学者根据研究需要对嵌入性概念进行分类，形成了较多分析框架，如关系嵌入性与结构嵌入性框架（Granovetter，1985）；结构嵌入性、认知嵌入性、文化嵌入性和政治嵌入性框架（Zukin et al.，1990）；业务嵌入性与技术嵌入性分析框架（Andersson et al.，2002）等。本研究中，主要采纳了结构嵌入性和关系嵌入性的分析框架。

人类的行为和选择是嵌入在特定的社会结构和社会关系中的，嵌入主要分为结构嵌入和关系嵌入。"结构嵌入"指社会的制度设计、资源分配规则等嵌于整个社会的关系网络；"关系嵌入"指个体的经济行为嵌入与他人互动所形成的关系网络（Granovetter，1985）。

驻村机制表现出明显的嵌入性（王维等，2020）。一是结构嵌入，表现在工作队以外部力量参与村庄的事务管理，形成新的治理组织结构；二是关系嵌入，表现在工作队员与村两委、村民发生互动关系（杨芳，2016）。驻村机制打破了村庄原治理结构，可以更好地实现资源的合理分配，避免精英俘获现象的发生（王卓等，2018）；还有利于激发村民参与乡村建设的内生动力，实现从"输血"到"造血"的转变（张义祯，2015）。

2.3.1 结构嵌入

"访惠聚"驻村工作队体制和制度的建立构成了"访惠聚"的结构性嵌入。驻村工作队的组织职能和岗位权责调整与配置等设计规范形成了"访惠聚"的基本体制；各级党政部门的"访惠聚"相关政策文件和驻村工作队内部的制度规范和工作流程等形成了"访惠聚"的制度安排。

第一，通过体制建构，构建党全面领导下的"共建共治共享"村级治理新格局。"党委领导"的意义就是要将党的政治、组织和宣传优势转化为引领、管理和服务优势，以达到强化党组织对社会治理的统筹谋划和组织领导的目标（朱新武等，2018）。一是"访惠聚"驻村工作队增强了基层党组织的领导核心作用，实现了组织职能和岗位责权的科学调整。通过改变村级组织的岗位分工和职责定位，驻村工作队第一书记成为村级基层党组织的权力代表，以第一书记为核心的"村两委"发挥着村级社会治理的"大脑"和"中枢"的作用，驻村工作队成为引领、促进、推动、培养基层组织全面落实中央治疆方略和各项政策的有力领行者。工作队扮演着政策解读者、机制执行者、活动策划者、行动推动者、措施落实者的重要角色。村民、社会组织和企业则成为"村两委"执政的社会力量。在"共建共治共享"的农村社会治理格局中，驻村工作队与社会力量在基层党组织统一领导下相互配合，相互作用，成为"建强基层组织"嵌入性治理机制创新的主要力量，并扮演着不同角色。针对南疆基层组织弱化，村级领导学历低、领导能力差、不懂国家通用语、年龄老化、凝聚力弱和落实政策不到位等问题，驻村工作队通过重构基层组织的功能结构，将工作队变成领导村级组织的核心力量，改变了村级组织结构，提高了南疆村级组织执政能力和治理能力。二是"访惠聚"驻村工作队成为实现总目标资源配置的内生动力。"结构性嵌入"形成了整合政府和社会各项资源、协调社会各方力量的科学有效的体制机制，使得自治区、地州、县市和乡村的资金、人才、智力、技术和政策等资源向"访惠聚"倾斜的有效配置，强化了基层组织的执行力，表现出治理体制的嵌入性。三是"访惠聚"驻村工作队成为做好群众工作的实践者和组织者，"访惠聚"制度设计中围绕做好群众工作，制定了"访民情"的"四清"工作制度和行动规范。落实"惠民生"的工作目标，制定了为民服务清单制和落实行动监督制。在组织职能的设定、岗位权责的调整与配置等方面，围绕做好群众工作不断优化组织结构，体现结构嵌入中制度治理的特点和优势。

第二，通过制度的建立和完善，实现驻村工作队机制运行效率的大幅度提升。"访惠聚"驻村工作队机制运行效率的高低，不仅取决于驻村工作队对政策文件的理解把握和贯彻落实程度，还取决于驻村工作队内部建章立制和严格执行情况，这是结构嵌入性中制度治理的真实再现。通过完善乡村制度的完整性和针对性，突出"访惠聚"制度的特殊性，强调制度执行的一致性和目标性，实现制度嵌入，保证了驻村工作队机制的高效运行。一是以基层党建为核心不断完善村党支部职责，制定驻村扶贫政策、规范驻村工作内容、注重考核与激励，严格按照驻村工作队机制和制度有序推进，保证了在基层组织建设中不断增强村党支部的引领作用，发挥基层党员的模范带头作用，筑牢基层组织的根基。二是落实精准扶贫政策和制度，为实现脱贫攻坚奠定基础。"访惠聚"的制度设计针对脱贫攻坚制定了精准识别、建档立卡、一户一策的帮扶计划等工作制度；建立了脱贫包联责任制、脱贫目标责任制、脱贫项目监督制和扶贫补贴、帮扶资金集中统一发放等制度。三是"访惠聚"群众工作的制度设计是在"访民情"和"惠民生"活动中制定了入户走访调查、"三重一大"群众议事制度等一整套制度，保证了群众工作的准确高效推进。"访惠聚"制度体系的顶层设计与驻村工作的实践探索有效结合，不断在实践中完善和优化，逐步形成"访惠聚"的有效制度，体现出"结构嵌入"治理的特点。

制度的"结构性嵌入"使得"访惠聚"驻村工作队机制获得了系统性体制和制度的强有力支持，通过制度嵌入推进村级组织对于各项政策的落实能力的不断增强，政策的效果不断显现，脱贫攻坚取得决定性胜利，社会稳定和长治久安的大局已定。"访惠聚"实践中建立起来的以党的领导为核心的依法治理机制与以政策制度为核心的保障机制相辅相成、相互衔接，构成了"访惠聚"驻村工作队的核心机制，使驻村工作队的运行得到了体制和制度的强有力支持。

2.3.2 关系嵌入

"访惠聚"驻村工作队机制的日常运行中，从个人和工作队的社会网络来挖掘、整合多方社会资源，对驻村区域内社会关系网络中的"村两委"、社会组织、当地农村居民等群体和驻村区域产生了深刻影响，使多元治理主体在价值情感、社会生态、利益关系等方面发生了改变，体现出典型的"关系嵌入性"治理的特质。

一是驻村工作队机制密切了干群关系。"访惠聚"活动中，驻村工作队参与到地、县、乡、村各级组织的社会治理和经济发展中并扮演重要的角色，特别是驻村工作队作为外部力量融入村民的生活和生产中，与村民保持着日常性的互动、交流和共建活动，从而嵌入到当地的关系网络之中，成为重要的关系主体，对所驻村的社会关系的主体结构产生深刻影响，形成了"访惠聚"的关系嵌入。驻村工作队员通过开展走访贫困户、"四老"人员和特殊群体，从相互认识—基本了解—知根知底—互相信任，使工作队队员成为乡村一员,融入当地的生产生活之中;另外,工作队开展了形式多样、丰富多彩的意识形态教育活动,以访实情、解难题、促增收等实际利民行动为引领,使广大村民切身感受到党和政府的关怀和温暖,为村民内心深处夯实"五个认同"① 基石,形成了中华民族共同体意识等核心价值。

二是驻村工作队员充分发挥自身动员社会网络资源的能力,重构了乡村资源配置结构。工作队在整个社会资源配置方面发挥了聚集社会资源的优势。一方面统筹派出机制规范了各级派出单位提供本单位的人力、物力、财力等资源,成为驻村工作队的坚强后盾。另一方面工作队成员利用特殊部门权威和社会人脉关系,发挥自身的地缘、亲缘和血缘等社会关系,争取政府和社会上的各类资金、项目、物资、智力和人力资源支持乡村建设,改变了原有的基层资源配置的渠道,形成乡村资源配置新的结构关系,打破了原有乡村的社会关系网络,重构了外部主体参与的新的社会关系,表现出"关系嵌入"的特征。

"访惠聚"驻村工作队的"关系嵌入"治理改变了乡村的利益关系,弥补了"结构嵌入"治理的有限性。南疆乡村家族势力一度成为村级利益关系的主要影响因素,党的领导力弱化,基层组织的威信被严重削弱,村民对基层组织缺乏信任和依靠。"访惠聚"重构了以人民为中心的利益关系,加强基层组织建设,强化了村两委的核心作用,提升了服务村民的能力,坚决落实党的各项政策,切实让村民公平地享受到政策的红利,构建了"村民—工作队—村两委"的利益关系链,驻村工作队成为村民最信任的组织,工作队员成为村民最信任的"卡得儿"(干部)。这种经过优化的多元治理主体利益关系为夯实基层稳定发展目标打下了坚实基础。

2.3.3 从"嵌入"到"融入"的转变逻辑

"访惠聚"驻村工作制度为乡村治理和经济发展提供了新的路径与方法,工作队队长作为村第一书记,是村域治理的实际领导者,执行者和规划的决策者,在治理实践中解决了治理目标与效果落差、资源投入与内生动力不足问题、职能定位与角色扮演差距等一系列挑战。一方面通过嵌入地方的基层治理,为基层治理工作注入新的力量,促进地方基层治理水平的提高和治理效果。另一方面通过融入当地的乡村治理和村民的生产生活之中,引导、带领、参与解决基层治理中的问题,构建新型地方基层治理网络,使国

---

① 五个认同是对伟大祖国、中华民族、中华文化、中国共产党、中国特色社会主义的认同。

家和自治区的权力直接向地、县、乡、村延伸和拓展。突破了一般性的驻村工作队"嵌入性"治理的局限，在制度、资源和关系等方面不断完善，全方位地融入乡村治理的体制中，实现了与基层社会治理的融合，保证了对国家和自治区的各项政策的深入领会、准确把握、全面落实，让广大农民感受到党的温暖，享受到政策的红利，显现出驻村工作队"融入"到乡村关系网络，形成一体化合力和综合治理的特征（王维等，2020）。

一是制度融入。驻村工作制度根据"访惠聚"工作重点的调整不断完善，积极推动驻村工作制度从自治区到地方政策的融合。另一方面注重驻村工作管理和监督制度的融合，"访惠聚"驻村工作不仅需要自上而下的管理监督机制，还实现了自下而上的村民、村干部和农业经营者等多方监督，双向监督机制。

二是资源融入。驻村工作队作为外部力量嵌入，能够充分利用政策、组织和个人关系将资金、项目、智力、技术和信息等外部资源引入乡村，将内部优势资源与外部资源融合，形成更加有效的资源配置结构，发挥资源的最大效益，资源成为激发乡村内生动力，为乡村治理和发展奠定了坚实的基础。

文本框 2-2　K 乡 a 村"访惠聚"项目引入

> K 乡 a 村是一个拥有 2 000 多亩耕地的小村，农业基础设施建设长期滞后，村中的灌溉渠道没有采取防渗处理，农业用水的输水效率很低，不能保证全村农业生产的需要。而且，耕地质量差，直接影响农业收入。由于改造建设投资大，这些问题成为村民十分关注的民生问题，也是长期没有解决的难点问题。驻村工作队在"访民情"中了解到村民之所盼，利用驻村工作队的工作关系和社会关系，争取到高标准农田建设项目资金 700 万元，完成了 3 千米渠道防渗、2 000 亩耕地的土壤改良和农田防护林的配套建设，彻底解决了农业生产灌溉难、土地质量差等问题，项目建成后，全村小麦单产提高了 20%，棉花单产提高了 15%。得到了广大村民的拥护，极大地提高了驻村工作队的威信和影响力，让村民们感受到了党的关怀和温暖。（活动记录 HD201606）
>
> 阿迪力·亚生是村里家庭养殖示范户，长期养殖 100 只左右的特色蛋鸡（鸡蛋的皮呈蓝灰色），每年收入 1 万元左右。"访惠聚"驻村工作队了解到他本人有扩大养殖规模的诉求后，利用工作关系争取到自治区畜牧养殖专项 10 万元，建立了特色蛋鸡养殖合作社，带动 3 户贫困户每户养殖 100 只，阿迪力·亚生家养殖规模扩大到 500 只，并请专家现场巡回指导，产蛋量明显提高，项目年纯收入达到 7 万多元，阿迪力·亚生家收入达到 4 万多元。3 户贫困户户均增加收入 1 万元左右，实现了共同脱贫。（活动记录 HD201619）

数据来源：2016 年 K 乡 a 村"访惠聚"工作队内部资料。

三是关系融入。一方面落实驻村工作队融入乡村社会关系网络，与村民共同成为乡村社会的主体，由外来人员变成为村里人，全面推进乡村治理和发展。另一方面开展了"民族团结一家亲"活动，使得关系融入的范围超越了驻村工作队，自治区、地、县、乡四级党委政府的数十万各级干部与贫困户、重点户、特殊户结为亲戚，每年4次5天前往天山南北的广袤农村，入驻农民千家万户，与农民亲戚同吃同住同劳动，成为"访惠聚"工作的直接参与者。"民族团结一家亲"活动涉及民族工作的方方面面，具有明确的目的性、广泛的群众性、形式的多样性、措施的针对性和鲜明的时代特征。笔者作为结亲活动的亲历者，深入农户了解、熟悉、融入南疆农村少数民族家庭，成为家庭一员，与家人交流交融，知妇女之所想、所盼、所求，使"访民情"更真更准，"惠民生"更实更久，"聚民心"更牢更强。

2.4 "访惠聚"政策中的性别视角

有学者在发展中国家的研究表明，妇女对经济的贡献非常显著，经典的女性主义理论和发展理论也表明了妇女在发展中的重要作用，因此，是否发挥了妇女的作用，对减贫的成效有很大的影响（李小云，2019）。所以，重视妇女发展是减贫的目标，也是重要手段。"访惠聚"制度设计和实施中的性别敏感机制主要体现在"访民情、惠民生、聚民心"这三项内容中。2014年、2015年"访惠聚"工作并没有出台性别敏感的政策和治理机制，随着政策的实施，"访惠聚"工作队发现社区在发展生产、组织活动、社区治理等工作中妇女的重要性。于是到2016年逐渐建立起性别敏感的政策和治理机制。2016年开始，"访惠聚"重点强调了做好两个群体的工作，即妇女群体和80后、90后年轻人群体。自此，明确了将妇女和80后、90后青年两个群体作为"访惠聚"工作的目标群体，将女性需求纳入"访惠聚"的制度设计，各项工作中妇女都成为积极的参与者，做好妇女工作成为"访惠聚"达到治理目标的路径。

"访惠聚"工作在政策话语的制定、治理机制的建立和基层工作路径等方面均体现了性别敏感性。

2.4.1 政策话语中的女性参与

"访惠聚"活动的政策设计中将女性参与作为政策话语中的一项十分重要的内容。2016年3月8日由自治区妇女联合会、自治区"访惠聚"办公室专门就做好妇女工作联合下发了《关于在"访惠聚"活动中做好基层妇女工作的通知》新民办发〔2016〕3号（表2-1）。从弘扬社会主义核心价值观；开展"民族团结进步年"活动，加强民族团结；加大妇女技能培训，提高各族妇女创业脱贫致富能力；加强组织领导，强化基层妇女组织建设四个方面明确了"访惠聚"妇女工作的重点。

表2-1 《关于在"访惠聚"活动中做好基层妇女工作的通知》主要内容

工作方式	政策内容
宣传	形式：采取读书分享会、专家讲座、民间弹唱、知识竞赛等寓教于乐的形式，组织巾帼宣讲员、爱心妈妈、"我能行"代表、最美家庭及爱国感恩教育优秀代表，深入田间地头、街头巷尾和居民家中，运用维汉双语丛书内容，用大众化、通俗化的语言在基层妇女群众中开展"大宣讲"，吸引群众主动参与；采用光荣榜、宣传栏宣传展示"好家风好家训""最美家庭"。 内容：重点对《美丽女性·幸福家庭》《中华人民共和国婚姻法》《中华人民共和国妇女权益保障法》《中华人民共和国未成年人保护法》《中华人民共和国反家庭暴力法》等涉及妇女儿童合法权益的法律法规进行宣传活动。 目的：培养妇女法治观念、法治意识。调动各族妇女和家庭的积极性，培养各族妇女和家庭相信科学、崇尚文明的习惯，促进全疆各族妇女和家庭积极形成健康科学文明的生活方式
培训项目引入重点帮扶	形式：积极创办村级小工厂，组织妇女走出家门、走进厂门；重点扶持有创业能力的妇女、妇女专业合作社、特色产业发展基地，帮助实施切合实际的短平快项目；培养女创客、女电商。对妇女群众喜爱的编织刺绣、家政服务、美容美发、缝纫裁剪、种植养殖等技能技术提供培训服务。 目的：帮助她们掌握一门技能，提高其创业就业的能力；通过特色产业发展促进基层妇女群众创业就业增收；把她们培养成女经纪人、致富带头人，带领更多的女性在就业中脱贫致富、实现自我价值，让妇女群众在参与中改变，在改变中融入现代文明生活
基层组织建设	内容：加强妇女在村两委的数量，将妇女工作延伸到妇女小组，建立妇女小组长，给予一定补助。 目的：激活妇女在参与村级事务管理、促进乡风文明建设、主导家庭邻里和谐的重要作用；要立足"妇女之家"开展综合维权、文化体育、婚姻家庭、帮扶救助等教育培训工作；让"妇女之家"带领妇女群众唱起来、跳起来、富起来，成为妇女愿意去的地方

"访惠聚"活动开展的全过程始终将政策话语中的女性参与作为"访惠聚"政策制定、政策宣传和政策落实的重要方面，在加强基层组织建设、开展宣讲活动、组织学法学政策和技能培训等方面，女性的话语权得到尊重，女性的意见成为制定政策的主要依据，妇女工作纳入了"访惠聚"驻村工作的总体计划。K乡a村、b村、c村和d村的四个工作队通过结构嵌入和关系嵌入，不仅强化了村"两委"及村党支部书记、村委会主任、治保主任和会计等组织和个人的领导和带动作用，同时也注重发挥妇女在社区治理、发展生产和去极端化方面的重要作用，妇女积极参与的热情被激发。

2.4.2 性别敏感的治理机制

南疆农村少数民族聚居区由于受政治、经济、文化的长期影响，妇女无论在政治参与、经济活动、家庭生活和享有社会资本与服务、人类福祉与尊严以及机会与权力的分配等方面处于弱势。同时，由于社会性别机制和传统父权思想的影响，妇女更多地承担以家庭为主的琐碎、繁重、重复而又不被认可有价值的劳动，使妇女在就业、社会参与和决策话语权等方面被排斥，在各类危机、灾害和冲突等发生时更为脆弱。现实中，南疆农村少数民族妇女在维持家庭生计、维护家庭和谐、应对贫困问题和社会影响等方面发挥着重要的作用，具有潜在的能动性。"访惠聚"政策和措施将尊重妇女的经验和重视妇女的主体性始终作为工作的重要内容之一，在村"两委"选举、基层治理体系构建、基层组织建设中，以强化村"两委"班子建设为突破口，在班子年轻化、知识化、时代化建设的同时，加大了妇女参与的工作力度。

一是在村"两委"班子中增加妇女村委会成员数量，将有知识、见识广、年轻化、有威信的妇女选为妇女主任。如在 K 乡的 d 村，原有的 7 名村两委成员中只有一位女性，担任村妇女主任，这名妇女已 53 岁，小学学历，不懂国家通用语，工作积极性不高，在工作能力、学习能力等方面均不能胜任妇女主任的工作，难于发挥组织妇女、服务妇女、帮扶妇女和为妇女撑腰的娘家作用。"访惠聚"工作队充分发动妇女民主选举，选出了一位 27 岁的女性担任村妇女主任，这位女性是中专毕业，和老公去广州打过工，能说国家通用语，生了孩子后回乡种地带孩子，这位女性平时就勤俭持家，勤劳能干，在村中属于收入较好的，爱助人为乐，上任后没多久，协助驻村工作队在村中开展了多次公共文化活动，得到了驻村工作队的一致好评，也得到了村民和妇女的支持。随着"访惠聚"工作的推进，村两委中的成员普遍年轻化，特别是很多受过教育的女性村民愿意回村工作，截至 2021 年在 d 村村两委班子的配备中，13 名村两委成员中有 3 位妇女，其中两位大学生村官，一位高中毕业回村女学生，平均年龄 27 岁。

二是将妇女工作机制延伸到自然村（村民小组），每一个自然村设立妇女小队长，形成两级管理的妇女基层组织构架。2018 年驻村工作队在 d 村的 9 个自然村设立了妇女小队长，并给予一定的生活补助，妇女两级基层组织的构架建成，不断完善和增强基层妇女组织，对调动女性参与的积极性产生了关键的促进作用。女性参与村务活动的状况有了很大的改观，2016 年调查只有 53% 的女性参加妇女主任的投票选举。到 2021 年，参加妇女主任选举的女性投票率达到了98%。自然村的妇女小队长作为妇女工作的基本单元，成为村妇女活动和公共事务开展的主体和组织者，在村庄环境整治和卫生评比、文艺表演和文化体育活动组织、妇女技能培训与现代生活理念宣讲等活动中赋予妇女小队长一定的组织任务和决策权力，激发了其参与村级公共事务的积极性，也增强了其他女性的参与意识，带动了广大妇女积极参与社会活动，妇女们大胆上台表演才艺，积极参加妇女模特队、文艺宣传队，外出打工妇女宣讲其所见所感，宣传党的政策。妇女政治参与的积极性增强，参加投票选举村"两委"、积极要求入党、争做草根宣讲员等现象不断涌现。

三是建立了包联机制、调查户访机制、特殊关爱机制和群众活动机制并纳入了性别角色的机制设计。群众工作是我党执政的法宝之一，"访惠聚"群众工作包联机制实行工作队员和乡村干部包联农户的制度，一般是一名工作队员包联20~30户农户，包联户主要集中在贫困户、重点户和特殊户。其他农户由县乡干部包联，每一位县乡干部包联3~5户农户，实现全覆盖干部包联。包联农户的行动路径就是工作队员和干部融入农户家成为家庭成员之一，常去包联户家住，与家庭成员聊天，帮助协调家庭问题，帮扶解决家庭困难等。包联干部关注妇女的家庭角色和针对性帮扶，将提高妇女家庭地位作为包联工作关注的内容之一，杜绝家庭暴力、督促男性更多地承担家庭责任、减轻妇女的家庭劳动强度等。

调查户访工作机制是落实访民情的具体措施，要求每一位工作队员走进农户家，详细了解村民的家庭情况、生产情况、困难需求并提出解决办法，驻村工作队员不仅是承接"访惠聚"任务的包户干部，而且要成为村民的贴心人，成为村民倾诉的倾听者和诉求的实现者。

文本框2-3 K乡b村入户走访

> K乡b村是一个重点贫困村，有驻村工作队员8名，分为4个小组对388户农户进行了为期一个月的集中入户调查并建立了"一户一策"台账，各包联干部根据台账对包联户进行对接和户访，形成长效机制，彻底摸清了全村每一户的详情，梳理出贫困户202户、重点户137户和特殊户28户，为社会治理和脱贫攻坚工作的开展打下了坚实的基础。在各方面的共同努力下，b村成功摘掉了贫困村的帽子，社会稳定安居乐业。阿塔乌拉·铁木尔是一名驻村工作队员，2015年、2016年两年驻村工作经历，他包联了15户农户，其中，7户贫困户、5户重点户和3户特殊户。他说，在驻村的两年时间里，走访包联户成为日常必做工作，时间长了就成为一种习惯，2~3天不见农户就感觉不对劲。最终，我与农户家人建立了亲情关系，赢得了信任，各项工作推进起来就十分顺利。

数据来源：2016年K乡b村"访惠聚"工作队内部资料（活动记录HD201608）。

特殊关爱机制主要针对有残疾人、孤寡老人、精神疾病患者的家庭实施的帮扶行动。入户调查和户访全面掌握了每一户的家庭情况，了解了特殊家庭生产生活的需求和困难，制订针对生产、生活、孩子教育、困难帮扶等具有针对性的帮扶计划，由村两委组织落实，工作队全程监督。阿孜古丽·达吾提是K乡c村的妇女，30岁，小儿麻痹下肢瘫痪者，家中有2个小孩，分别是9岁和7岁，丈夫为农民，家中有9亩地，是村里的贫困户。工作队入户调查，掌握了阿孜古丽家的实际情况，经过研究将其列入特殊帮扶对象中，在落实脱贫帮扶计划时予以重点帮扶。

阿孜古丽说："为了解决我们家的困难，工作队和村两委干部多次来家里访问，根据我的情况，在自治区残疾人联合会那个地方争取了赞助的轮椅、上厕所用的板凳，解决了我生活中的大问题，现在我可以坐着轮椅出门看朋友、看演出、听讲座了，也可以去'巴扎'自己逛了。工作队还安排我孩子的爸爸在村里担任协警，有了一个月2 000元的固定收入。还让我们家的孩子住校和上幼儿园，大孩子一个星期回来一次，减少了我的家务劳动。我和我老公有信心脱贫过上好日子。"（访谈记录20180721，阿孜古丽·达吾提）

结合新疆民族团结促稳定，社会稳定促发展的实际，在"访惠聚"政策深入推进的关键时期，2016年10月，新疆维吾尔自治区党委部署开展了"民族团结一家亲"活动。新疆维吾尔自治区各级干部7万多人，深入乡村，与农户结为亲戚，每一名干部每年进村入户看望农村亲戚4次，每次在亲戚家住3天，与亲戚同吃同住同劳动，访民情、惠民生、聚民心依然是活动的目的。本调查研究的4个村，由新疆农业科学院对口开展"民族团结一家亲"活动，新疆农业科学院858位科技干部与村里的858家农户结为亲戚，68位县处级以上党员领导干部与特困户、重点关注户和特殊困难户等特殊家庭对口结亲，一般人员与贫困户和特殊户家庭对口结亲，女同志安排在适合的结亲户家庭，方便女同志活动的家庭，或者与男同志组成结亲小组一起活动。亲戚中有什么困难可以直接交流，干部职工帮村里的亲戚直接解决了很多问题，家中的事、生产的事、生病的事，孩子上学的事，很多都一一解决，只要是亲戚的事，干部职工都很上心，想办法托关系出钱出力地积极解决。每次去村中，我们都带礼物给亲戚，关键是共同做家务、聊家常、干农活，增进了感情和相互的认同感。K乡c村的卡德尔·买买提是一位70岁的老党员，老伴多病，孩子分户生活，其结亲对象是一位党员领导干部。

卡德尔老人说："我的亲戚是一个有文化的人，也是一个大领导。他每次来家里看望我和老婆子都买羊肉、大米、清油和鸡蛋等东西，年年都是这样。看到我家里的厕所简陋不安全，还出 2 000 元给我们家盖了一个新厕所。老伴有肺结核病，帮助我们联系喀什肺病医院住院，20 天的治疗病情好转了，吃了一年药，现在全好了。老伴腿疼就买了烤电的机器送到家，教我们用。还给我和老婆子送衣服鞋子等东西。来家里多数时间他还亲自做饭给我们吃，给我们讲国家的政策。我们信任他，已经是我们的家人一样。"（访谈记录201900505，卡德尔·买买提）

　　通过干部队员融入农户家庭，与村民建立亲密的人际关系，一方面帮助农户解决生产生活中实际问题，另一方面不断宣传党的政策和国家观念，强化了农民正确的思想意识，解决了农户的众多长期未解决的问题，得到了群众的拥护。在"访民情"注重性别视角下的入户调查研究，全面了解了南疆农村妇女的生活现状、生活所想、国家观念、宗教信仰、政治态度等民情，作为做好群众工作的切入点和工作重点。

2.4.3 实现女性需求的基层工作路径

2.4.3.1 生活中的性别帮扶

　　人类生活的核心是家庭生活，"访惠聚"政策对于农民的帮扶集中在生活生产帮扶和思想帮扶两个方面，生活帮扶以改善生活环境，提高生活水平，促进家庭和谐为目标，一是思想解放，培育现代生活理念，适应现代生活的节奏；二是解决生活中的具体问题，切实提高生活质量。

　　培育现代生活理念与解决生活中的实际问题相结合是"访惠聚"改善当地农民生活状况的主要路径，也体现在性别角色的关注。南疆农村长期的落后环境和条件，使得妇女的生活理念仍然停留在以家庭为主、丈夫为主的思想约束之中，以家族为主的封闭社会关系，妇女外出的机会很少，2016年调查的 217 位妇女中，到过乌鲁木齐市的仅有 46 位，占 25.8%。广大农村妇女生活的见识少，生活理念落后。"访惠聚"驻村工作队一方面邀请专家传授家庭经营和妇女爱惜自身的理念和知识；邀请美容专家传授妇女美容理念和知识；邀请心理专家讲授妇女心态心理健康知识；邀请自治区的少数民族妇女干部介绍她们自己的生活和家庭关系等，引导农村妇女树立现代生活理念。另一方面，"民族团结一家亲"活动组织了"走进城市"行动，结亲的干部邀请村里的亲戚前往乌鲁木齐市的家里做客，工作队制定了组团式访问计划，一组 30～40 人，其中要求妇女占 50%、80 后年轻人占 50%。村里的妇女到乌鲁木齐走亲戚，到亲戚家做客，认识家庭成员、了解城市家庭生活以及妇女的家庭的性别角色，组织妇女乘坐高铁、参观现代农场、市容观光、品尝自助餐等，开阔农村妇女的视野，增长妇女的见识，培养农村妇女的现代生活理念。

K乡b村的阿依古丽·买买提明是一位有三个孩子的中年妇女，初中毕业的她在村里算是有文化的妇女，然而受村中整体文化氛围影响，她与其他妇女并没有明显不同。在倾听了几次自治区维吾尔族妇女专家讲授经营家庭、健康知识和怎么做女人等专题讲座后，她认识到：讲课的专家也是女人，她可以有尊严地活着，我们作为女人也应该像城里人一样，要有自己的事情干，也要享受生活。以后我也要买上1~2件好的衣服，首先把自己收拾干净漂亮。（访谈记录20171212，阿依古丽·买买提明）

c村的妇女热依汗·卡德尔从未到过乌鲁木齐市，最远的出门就是喀什市。民族团结一家亲活动安排她前往乌鲁木齐的亲戚家，为期5天的参观市容、访问大学与本村的维吾尔族大学生见面、与亲戚一家人做饭聊天、参观农业科学实验室和试验田以及去大型商场购物等亲身体验后，热依汗无比感慨地说："乌鲁木齐是这样漂亮的城市，人多商店多汽车多高楼多，这里女人穿漂亮衣服，还有开车的美女，上班完了就逛大的商店，和朋友一起吃饭，孩子也打扮得漂漂亮亮，女人化妆漂亮。我们也应该像她们一样生活。我一定要让我的'巴郎子'（孩子）好好学习，以后到乌鲁木齐市来上班。"（访谈记录20190623，热依汗·卡德尔）

"访惠聚"工作队全面落实"富民安居工程"，组织村两委为全体农户免费修建富民安居房，4个村共修建了1 311套住房，彻底解决了农村抗震安全房问题，特别是贫困户的居住条件彻底得到改善。同时，不断解决农户做饭、取暖问题。2016年调查显示，农户的家庭用燃料以木材和煤炭燃料共用为主，用木材作为燃料的家庭占98.6%，煤炭燃料占85.2%。2018年启动了农村家庭电取暖工程，截至2020年四个村全部农户安装了电暖气。"民族团结一家亲"活动干部又带来了现代生活的气息，帮助农户改造了炉灶，修建了卫生厕所。"厕所革命"国家又投入专项资金改造旱厕，因地制宜地推广水冲式厕所。农户的居住条件得到了极大改善。

K乡c村阿孜古丽·卡德尔家有五间房子，两间安居富民房安装了电暖器和室内水冲式厕所，另外三间住房安装了集中燃煤燃木材混用的集中供热系统。阿孜古丽大娘高兴地说："国家免费给我们安了电的和烧煤的暖气，方便得很。平常用煤可以取暖也可以做饭，炉子灭了就可以用电的取暖，热得很快。我现在冬天不用天天晚上起来给炉子加火了，减少了我很多事。现

在我们和城里人一样了。感谢国家，感谢党。"（访谈记录20210504，阿孜古丽·卡德尔）

"访惠聚"工作将提高当地农业生产力水平，增加农民收入作为脱贫攻坚的有效手段和重点工作，开展了农村的农业种植结构调整优化，科技促进生产力水平提高的专项行动"农业巡回服务"。

文本框2-4　K乡a村"农业巡回服务"——村庄种植业结构变化

> K乡a村有耕地4 045亩，长期种植棉花和粮食两种作物，种植结构单一且生产水平不高。"访惠聚"工作队请来巡回服务农业专家，调整了种植结构，2 000亩地改为小麦种子繁育田，每亩收入高于一般小麦生产田200~300元，可新增收入40万~60万元。1 500亩棉花生产，工作队安排自治区棉花专家全程现场指导和培训，单产水平提高了15~25千克，增收16万~26万元。新种植蔬菜200亩，较小麦种植增加收入10万~15万元。通过种植结构优化，a村仅农业生产收入就增加了66万~101万元。"访惠聚"工作队还大力推广农业机械化，不仅提高了劳动生产率，而且，减轻了农民的负担特别是妇女的劳动强度，一定程度上减轻了妇女的家庭负担。

数据来源：2018年K乡a村"访惠聚"工作队内部资料（活动记录HD201808）。

农户的非农收入持续增加，"访惠聚"工作队就村民外出就业工作，每一个村安排1~2名专人负责，成立村两委的就业工作专班，一方面充分发挥驻村单位作为自治区机构的社会关系，广泛联系劳动就业岗位，另一方面组织外出务工人员技能培训，强化国家通用语培训，开展针对性的专业技术培训，为农村劳动力外出务工做好准备。外出务工成为家庭收入的主要增收点。

文本框2-5　K乡b村重点帮扶——非农就业

> K乡b村作为一个"巴扎"村和重点贫困村，农民具有经商的习俗，工作队鼓励非农产业就业，建立了奖励机制，为巴扎经商的农户提供启动资金5 000~10 000元，为经商的农户贷款提供担保，特别是鼓励妇女在巴扎就业。妇女热比娅·麦麦提是b村的扶贫帮扶对象，在接受美容美发培训后，希望在乡镇"巴扎"开一家美发店自主就业。因为家庭困难，难以实现就业的愿望。驻村工作队了解情况后，安排一位女性工作队员一对一帮扶，一是帮助热比娅·麦麦提申请贫困户小额贷款2万元；二是协调乡政府给予热比娅·麦麦提门面房租房优惠，并使用工作队资金先垫付租金；三是帮助设计和装修理发店，在工作队的帮助下终于办起了"热比娅·麦麦提美发店"，经营一年盈利8 000元，摘掉了贫困户的帽子。

数据来源：2018年K乡b村"访惠聚"工作队内部资料（活动记录HD201808）。

在大家的共同努力下,截至 2021 年底 b 村已有 345 人次外出务工,18 户在"巴扎"从事小商品经营、餐饮服务等。"访惠聚"政策的红利不断显现,南疆农户收入不断提高。2016 年调查,被调查的 219 位妇女的家庭人均收入不同水平的占比是 2 800 元以下的家庭占 52%、2 800~5 000 元的家庭占 22.5%、5 001~8 000 元的家庭占 10.1%、8 000 元以上的家庭占 10.1%。到 2021 年 4 个村的农民人均收入均突破万元,a 村 19 027 元、b 村 12 494 元、c 村 16 041 元、d 村 13 761 元。村民的饮食结构不断改善,肉成为日常消费品,有 76% 的家庭经常吃肉,其中 32.7% 的家庭天天吃肉;43.3% 的家庭经常吃肉。蔬菜消费成为日常饮食习惯,有 98.6% 家庭天天吃蔬菜,改变了南疆农民吃菜少的习惯,饮食结构得到了改善。

2.4.3.2 分性别的宣讲座谈

将宣讲教育与帮扶活动相结合做好村民的意识形态工作,有效地提高了农村政治思想工作的效果。在"访惠聚"驻村工作队嵌入机制的作用下开展法律法规、民族团结等宣讲教育活动,对于提高村民的国家意识、公民意识产生了积极的作用,特别是将妇女群体作为学习引导的主要对象,让妇女自愿参加宣讲教育活动,不仅鼓励妇女成为积极参与宣讲活动的受众者,而且,鼓励妇女成为宣讲活动的草根宣讲员,为广大村民宣讲,特别是为妇女姐妹们宣讲,参与到社会活动中发挥妇女的重要作用。

阿尔祖古丽·艾散在翻译的过程中给笔者解释:"本村的人并不笨,也有条件,但发展的渠道不多。这几年村里有更多人家开始让孩子上大学,有很多机会,我家妹妹现在乌鲁木齐,我在南京,现在家里好多了。"升旗仪式是"访惠聚"政策实施的一个重要组成部分,很集中地映射出如何通过群众路线的路径,在短期内将妇女参与的意义、性别平等之类的内容与最大范围的最多类型的群体进行沟通并产生影响。虽然升旗仪式是一个自上而下的要求①,但是具体的活动都是以村两委为主,在第一书记和驻村工作队其他队员的支持下做的安排,"窥一斑见全貌",a 村的这个案例,首先我们能看到来自各方的人员结构,尤其是全体村民的出席,这即使是在"一事一议"的要求下召开的全体村民大会也很难达到的数量;其次,是把村庄发展的经济、社会、文化等内容都浓缩在一个多方聚合的场景下,虽然信息量很大,不一定都能相互理解和接受。但是,由于信息都是与村民的日常息息相关的。所以,总有一些点能得到回应,在有限的时空最大程度地形成不同

---

① "访惠聚"驻村工作办公室下发的《关于扎实开展好升国旗的通知》。

信息交流、融合，与既有知识碰撞，从解决现实问题激发参与者的思考，为可能的意识和行为改变打下"伏笔"。由于"访惠聚"政策制定时，妇女群体作为一个重要的目标群体。因此，驻村工作队与村委的共同工作中进行各种活动安排时一般都会有两方面的考虑，即妇女参与活动过程，以及在活动内容纳入妇女的元素。具体安排因为各村与驻村工作队的工作风格、能力等差异会有不一样。但是，其依靠本土知识、本土力量的特性却都很一致。正如文本框3-6的案例中显示的，宣讲人选择了女性，而且是高学历、丰富经历、理解村庄内外文化的女性，这个选择本身就产生了一种"符号化"的、"模范"的、"榜样"的影响，即女性不只是如身边常见的只能局限在某些事务中，而可能有更多的身份、更多样的追求、更丰富的经历和更独立的发展能力；宣讲内容中，妇女的作用很自然地嵌入家庭和睦、家庭发展、孩子教育。同时，还有对女性的尊重的意义——所提到的要和妈妈共享好的生活，以及家里满足妻子购买衣物需求而不是吵架，与各家每天发生的事情都息息相关，而且是从一个本民族的（喀什长大的维吾尔族女孩）、很有见识（在乌鲁木齐大学毕业、到过包括深圳在内的很多地方）、很有归属和责任感（为了大家共享更美好的生活而回来）的女孩那里获得的信息，比单纯地理论讨论和说教更有说服力。这之后村支书再提到"女人是教育孩子最好的老师""初中毕业生要上高中""明天来学国家通用语"的话语就有了叠加效应，也让大家有了更具化的想象。如果不是基于本土的"群众路线"，所谓的性别平等之类的话语就成了无本之木，如之前的女权主义理论和运动在第三世界国家的"无病呻吟"，大众成了被动的、"被落后化"的群体，类似阳春白雪的理念仅仅停留在创建这些理念的人群的想象中，远离真实生活，即使通过发展项目干预有短暂交叉，地方文化也会随着项目退出和干预方式变化而"回弹"到原地。

文本框2-6　a村升旗仪式过程

> 2016年7月11日早晨，a村的升旗仪式，全村每户至少一人参加，村两委、全体驻村工作队员也都在，村委会的小广场上坐满了人。升旗之后，点名半个小时；然后，从喀什邀请过来的一位新疆大学毕业的女生开始宣讲。宣讲过程中笔者请调研小组的阿尔祖古丽·艾散（b村1组）做的翻译，这位学生的名字当时没有记录下来。宣讲内容："一个家庭、一个村庄、一个国家，如果要和睦，个人的品德很重要；品德体现在言行上，比如路上碰到一点事就吵架，这就不好。讲一下出去的最大感受：先进的城市生活，比如我到过深圳，坐了地铁，还有很多，自己不能独自享受那些，妈妈都还没有出过远门，我就回来了。我回来，希望和你们一起努力，我愿意教你们国家通用语，随时都在！从小事做起。肉孜节、古尔邦节，妻子要钱的时候，能很乐

> 意地给她买衣服，而不是吵架吗！大家都更努力一些，能让家人过上更好的生活。富裕和贫困的差别，在于思想上，让1角钱变成5角钱，1亩地变成5亩地，还要到别的地方发展；成功人士不会在地里只顾干活，要把田地、果园变得更好，一个人出去之后，能带回来好的经验。女人要穿得整齐干净，孩子教育好，让他们上学；要有自信，没有自信就说不出想法；要让孩子有信心。我讲的这些，如果你们能懂一点，我就很开心，我从喀什赶过来，就想着哪怕你们只能懂我说的百分之一，也是好的。谢谢村里给的机会。"之后，村支书发言："政府扶贫的支持所有人都拿过；现在大家变化很大，庭院都打扫得很干净。我们一个星期一次升旗仪式，村里的事情很多，村子还很落后，要发展，所以要讲很多；有时候重复讲，是启发思考，打开思路。女人是教育孩子的最好老师。现在还是有些人不听管理，不做让做的事情，让一起干活，把路旁的草除掉，有些人就不来；自己田里的草，也不及时除掉。浇水的费用，还有些人没有交。村里今年有初中毕业生22名，大家不要都想着到职业学校，要上高中！明天下午7点（北京时间晚上9点）大家再到这里来，教国家通用语。"之后，村支书请有问题的村民提问，大家就浇水、除草等事宜做了一些解释和回应。开会时间一共2个小时10分钟，全程维语。

数据来源：参与式观察。（活动记录 HD201601）

培养妇女"三自精神"与鼓励妇女参与社会和政治活动相结合是"访惠聚"性别敏感机制的一项重要措施。驻村工作队一方面多次邀请自治区公职的少数民族妇女干部下乡入村以亲身经历为农村妇女开展专题讲座，介绍妇女成功的人生历程，组织当地的妇女干部、能人和女大学生现场宣讲，召开妇女座谈会，结合自己的亲身经历谈人生、谈奋斗、谈理想、谈现实，通过参与活动、聆听讲座和亲身经历，感染自己、带动他人，营造良好的发展环境。通过组建妇女模特队、文艺宣传队、妇女国旗护卫队等组织，开展文艺体育活动、技能比赛、演讲大赛、麦西来普等活动，为妇女参与公共活动搭建舞台，营造妇女参与的氛围，鼓励妇女走出家庭投入社会。另一方面，驻村工作队在"村两委"选举、妇女主任和妇女小队长推荐、村规民约制定、"三重一大"决策等乡村治理和事务管理中，鼓励妇女表达自己的意愿，重视妇女的意见和参与，建立性别视角下的乡村治理机制。多种形式奖励积极参与社会活动的妇女，树立妇女模范典型，宣传先进事迹，弘扬性别平等理念，一定程度上提高了妇女参与社会和参与政治的积极性。

文本框2-7　K乡d村建强基层组织——增设妇女小队长

> "访惠聚"工作队进驻后，对K乡d村的治理机制进行了改革，在村两委的组织构架内成立了妇女委员会和青年委员会，并且将妇委会和青委会延伸到村民小组，每一个村民小组均设立妇女和青年小组并选举出一名组长，使得妇女和青年工作的基层

> 单元深延到了村民小组，丰富了村民小组的组织构架，形成了村民小组、妇女小组和青年小组的三方结构，强化了最基层的村民小组的组织力和执行力。也改变了村妇女主任单枪匹马抓工作的窘迫局面。d 村的妇女工作一直处于乡妇女工作的前列。

数据来源：2016 年 K 乡 d 村"访惠聚"工作队内部资料。活动记录 HD201611。

2.4.3.3 开展针对性的技能培训

技能培训在满足妇女生产生活技能需求的同时，为妇女走出家庭参加更多的社会劳动创造了条件，对于妇女外出务工起到了促进作用。调查发现，南疆很多妇女有学习技术和打工的愿望，但有 91.2% 的妇女认为影响外出务工的主要因素是没有技能。"访惠聚"驻村工作队利用自身的社会资源优势，邀请了自治区专家和技师来村里对妇女进行技能培训，组织妇女自愿报名参加缝纫、十字绣、烹饪、家政服务、保姆等行业的技能培训。K 乡的四个村仅 2017 年一年就举办妇女培训班 6 次参加人数为 135 人次，其中家政服务培训 2 次 64 人次、服装剪裁培训 1 次 13 人、手工编织培训 2 次 52 人、科技小院的农业技术培训 1 次 6 人。自 2015—2021 年参加各类技能培训的妇女人数达到 2 000 多人次，80% 的妇女都接受过培训。特别是结合"访惠聚"劳动力转移专项行动，将妇女培训作为专项培训的重点，鼓励妇女积极参加培训，一方面学到了实战性的技能技术，为外出务工打好了基础。另一方面提高妇女思想认知，鼓励她们积极参与。

文本框 2-8　K 乡 c 村技能培训——非农就业

> K 乡 c 村的贫困户阿依古丽·吐尔孙是一位有两个女儿的母亲，在"访惠聚"工作队的作用下，她和两个女儿免费参加了 20 天的烹饪技能培训，掌握了基本的食材和配料的选取、基本刀法、火候把控、家常菜烹饪等技能。在工作队的帮助下，母亲阿依古丽被 b 村驻村工作队聘为厨师，一个女儿被 d 村驻村工作队聘为厨师，母女两人每年收入 4 万多元。另一个女儿推荐到县城的餐馆工作，解决了家庭收入长期没有增收点的问题，实现了家庭脱贫。三位妇女均走出家庭参与到社会劳动之中。

数据来源：2017 年 K 乡 c 村"访惠聚"工作队内部资料。（活动记录 HD201711）

d 村妇女主任阿孜古丽·达吾提组织本村妇女参加了为期 15 天的十字绣培训班，有 20 多位妇女参加了培训。培训后驻村工作队积极组织妇女学有所用，由妇女主任牵头，10 位妇女自愿成立了十字绣合作社。驻村工作队支持合作社建设，为合作社免费提供了临街的一间铺面房作为合作社的产品销售店，经过 3 年的运行，合作社成员每年从合作社获得收入 2 000~6 000 元，并引导更多的妇女参加合作社，妇女合作社的成立一方面解决了妇女家庭收入问题；另一方面增强了妇女的凝聚力和参与社会活动的积极性。

2.4.3.4 组织妇女参与非农劳动增加收入

马克思主义妇女解放理论明确了妇女解放的先决条件是把妇女从繁重的家庭劳动中解救出来，投入到社会劳动中去。"访惠聚"政策力求通过不断提高农业生产力水平，为农户提供托儿托学和托老服务，减轻家务劳动的压力，一定程度上为妇女走向社会创造了条件。因此，"访惠聚"工作队将组织、鼓励妇女参与非农劳动作为农村家庭增加收入和妇女走出去的重要工作予以全面推广。一是组织农业合作社和鼓励土地流转，将分散的农户集中形成规模化的生产，实现自动化灌溉和机械化耕作，一方面提高了农业生产效率，另一方面将农业劳动力从繁重的人力生产中解放出来，促进劳动力转向非农产业，特别是对于从事家庭农业生产的妇女是一次革命性的变革。K乡的a村、b村、c村、d村共成立了17个各类合作社，其中，农业生产合作社11个，涉及牛羊、鸡、鸽子养殖、养蜂、小米种植、鲜食玉米种植加工、蔬菜种植、棉花种植、设施农业、西瓜种植和种子繁种等领域。还有刺绣、乐器手工制造、建筑工程、农业机械、缝纫加工等。二是建设"卫星工厂"为农业劳动力就近转移创造了有利的条件。为了适应农业劳动力转移的要求，利用扶贫专项资金为每一个村建设了一座"卫星工厂"，工作队结合本村的实际，因地制宜地引进企业、创办企业或成立合作社开展农产品加工、分选、冷链配送等产业开发，培育具有乡土气的卫星企业，使得"卫星工厂"成为延长产业链的重要环节，吸纳当地劳动力的重要平台。三是设立公益性岗位解决贫困户增收问题，聘用贫困户从事村中的警务、环境保洁、政策宣传、幼儿园帮工等工作，一方面解决了贫困家庭的收入问题，另一方面体现了国家和党中央对少数民族贫困户的关爱，特别是设立妇女公益性岗位，让贫困家庭的妇女优先走出家庭，参加社会劳动，这无疑对于推进妇女平等有积极的影响。

2.4.3.5 组织妇女参与公共文化活动

妇女的公共文化活动从一个侧面反映了妇女的参与意识、家庭地位和自由程度。工作队有计划地组织各项公共活动，一是在重要的节假日开展庆祝活动，在维吾尔族的库尔邦节、肉孜节和诺肉孜节等传统节日期间，组织村民参加麦西来普、共同制作努吾诺子饭聚餐，举办运动比赛等活动。在国庆节、建党日等政治节日，举办升国旗仪式、红歌合唱比赛、知识竞赛和妇女宣讲等活动。在春节、中秋节、端午节等中华民族的节日里，组织村民挂灯笼、贴对联、放烟花、包饺子、吃粽子和元宵，举办集体舞会。2016 年是"访惠聚"驻村工作队第一年要求在村里与村民共同欢度春节。K 乡 a 村工作队在大年三十下午就组织了开放式的包饺子活动，工作队准备了饺子馅和面粉，村民自愿参加，鼓励妇女带小孩参加。饺子包好了，村委会大院中支起了几口大锅，工作队与村民一起下饺子，共进晚餐。餐后工作队放了烟花和鞭炮，b 村、c 村和 d 村组织了烟花晚会，村民观看了烟花，亲自放了鞭炮。之后，举办了麦西来普舞会，村民们载歌载舞欢度春节。大年初一又组织全村贴春联活动，由村两委组织村民小组的妇女小组和青年小组，将工作队准备好的春联贴到每一户的大门上。

a 村的阿不来提·达吾提是一位土生土长的憨厚的 50 多岁农民，他激动地说，我长这么大第一次过春节，吃了饺子，看了烟花，还亲自放了鞭炮，高兴得很。知道了中华民族的传统节日这么热闹，以后每年我们都要过春节，我们中国人要过中华民族的节日。（访谈记录20170312，阿不来提·达吾提）

平常结合技能培训开展缝纫比赛、种田比赛、农机具使用比赛、果树修剪比赛和烹饪比赛等，烹饪比赛是村民喜闻乐见的活动，比赛往往采取妇女在家做好自己认为拿手的菜肴，聚集在村委会大院，组成由村两委、一般农民和妇女、孩子代表参加的评委会，评委会一般由 20 人左右组成，要求 50%的妇女评委。采用盲评方式，菜品不标明烹饪者，每一个菜品前放一个大碗，评委们每人手持玉米或大豆、小石头等（因地制宜选取物品），投选物的数量按照参赛菜品数量的入选比例确定，一般为参赛菜品数量的 30%~40%，菜品碗中的投选物数量的多少决定获奖的等级。

古力扎娜·麦麦提明是 b 村的中年妇女，生活在 8 口人的大家庭，是村里的重点贫困户。她说，我接受了烹饪技术培训后，总想试试自己的手艺，就报名参加了村委会组织的烹饪比赛。我杀了一只鸡，做了大盘鸡，一盘参加比赛，一盘留在家里再加一些马铃薯给老人和孩子吃。我做的大盘鸡严格按照老师教的做的，高兴的是我的大盘鸡得了二等奖，工作队给我发了 200 元奖金。我可以出去找工作当一名厨师了，多挣钱脱贫。工作队来了以后，我们的生活好了很多，活动也多了，我们愿意参加。（访谈记录20180713，古力娜扎·麦麦提明）

工作队和村两委还利用农闲时间举办拔河比赛、篮球比赛、桌球比赛、歌咏比赛、模特比赛和国家通用语演讲比赛等，特别是还组织了妇女的拔河比赛、歌咏比赛、模特比赛和国家通用语演讲比赛。通过比赛组建了村里的合唱队、模特队、篮球队,不仅在本村比赛,工作队还组织各个村之间开展篮球比赛、桌球比赛、歌咏比赛和模特表演赛等丰富多彩的活动,让村民的生活丰富起来,让农村的妇女活跃起来。调查发现,有97.7%的妇女喜欢参加集体活动,有35.3%的妇女希望经常组织活动。对于参加活动的好处的调查,妇女认为"繁忙后放松身心,愉悦快乐""可以见到朋友,加深友谊""了解国家政策、法律、现代文化和生活知识""加深村民的交流和感情"的占78.6%。

民族团结一家亲活动的开展,为南疆农村少数民族农民又打开了一扇了解国家、了解世界,融入现代生活的窗口,让那些常年生活在当地被禁锢在家庭的妇女有了一个了解世界的机会,有了一个探索妇女现代生活的通道。结亲干部为他们带去了现代生活理念、生活方式、生活习惯和新型社会关系,为南疆农村少数民族妇女追求公正、公平和参与提供了机会。结亲干部与村民们开展了家人般的聚餐活动、外出旅游活动、共度节日的家庭聚会、邀请村民亲戚前往乌鲁木齐走亲戚等活动,对村民特别是妇女开阔眼界、增加见识、向往美好生活、增强发展动力、注重培养下一代等起到了积极的引导和促进作用。访谈调查,"访惠聚"政策执行后的妇女在被问到"妇女受教育重要吗"的问题时,有99.5%的妇女认为十分重要。被问到"如果给你一次机会,你会上学上到什么程度?"有62%的妇女回答是大学,31.9%的妇女是中专以上。对于孩子的培养愿望调查,希望自己的儿子和女儿上大学的妇女分别占到75.6%和69.3%。有82.2%的受访妇女向往城市生活。

2.4.3.6 组织妇女参与村庄公共治理

"访惠聚"性别敏感机制表现在生活中,一方面是不断改善妇女的家庭性别角色,从繁重的再生产中解脱出来,成为真正的家庭主人。另一方面就是为妇女参与社会劳动营造环境、创造条件、建立制度。从社会性别主流化的视角,妇女在社会关系中不仅仅停留在生存层面的社会参与,而是社会发展决策的社会参与,性别角色在政治领域的公平是妇女解放的重要标志。"访惠聚"政策的嵌入推动了妇女参政议政权利的落实,一方面在保证参与的公平与公正上,强化了性别敏感机制的作用,使妇女合法的政治权力得到行使。在村民委员会的选举中,强调了妇女的参与,从选举的宣传和规则、流程的知晓权,注重妇女参与过程的公平和公正。在每年的村两委选举中,保证了性别角色的公平性。K乡d村有1 928位村民,其中妇女634人。村干部没有女性,妇女主任也是由一名男性村民担任,妇女从不参与村务活动。"访惠聚"实施以来,工作队坚决落实国家法律和各项政策,建立性别敏感机制，推行选举性别平等。2021年调查，村两委的11名成员中有3位妇女干部，其中90后大学生村官2人，村党支部书记由女性担任。在基层党组织建设中，妇女作为党员培养的后备力量，享有与男性同等的培养、入党申请和被考察的权力，而且，同等条件下优先考虑妇女候选人。另一方面在强调群众监督村两委时，鼓励和支持妇女发挥监督作用。对村里"三重一大"的决策程序、"三务公开"、集体经济分红、农业生产安排、妇女年度体检、孩子上幼儿园上小学以及处理家庭矛盾等事项，由"访惠聚"工作队监督，全村村民和妇女行使她们监督权和参与权。特别是"三重一大"决策中妇女发声越来越多，发表的意见采纳率越来越高。调查发现，有72%的妇女关心"三重一大"决策、55%的妇女关心村民选举、54%的妇女关心村干部素质和水平、29%的妇女关心自身健康和技能培训、22%的妇女关心"三务公开"，妇女参与权力的参与程度不断提高。

2.5 小结

一是"访惠聚"政策是举全疆之力，通过缓解贫困与乡村发展的干预活动，推进社会稳定和长治久安，针对的重点在农村和边远地区，重点对象是农民和贫困户；可理解为资源高度集中调配的扶贫与乡村振兴战略。"访惠聚"以派驻驻村工作队的方式全覆盖深入乡村，嵌入到基层社会结构和关系结构中，落实各项措施。访民情是前提、惠民生是基础，聚民心是目的。维护社会稳定、加强群众工作、建强基层组织、抓好脱贫攻坚是"访惠聚"政策的四项重点任务。统筹派出机制、运行保障机制和监督考核机制的建立保障了"访惠聚"政策的有效运行。"访惠聚"经过了政策发展期（2014—2016年）、发力期（2017—2020年）的7年实践，实现了社会大局全面稳定，脱贫攻坚全面收官、软弱涣散基础党组织全面摘帽，群众工作持续深入推进的全面胜利，政策转向乡村振兴和促进经济高质量发展的过渡阶段（2021年至今）。

二是"访惠聚"驻村工作队体制和制度的建立重构了基层组织的功能结构实现了"结构性嵌入"；驻村工作队作为外部力量参与到村民的生活和生产中，与村民保持着日常性的互动、交流和共建活动，形成乡村资源配置新的结构关系，实现了"关系嵌入"。同时，随着"访惠聚"工作的持续推进，"访惠聚"在制度设计、资源引入和关系建立的深度与广度方面都不断深化，形成了"访惠聚"从"嵌入"到"融入"的治理逻辑。

三是"访惠聚"在政策设计与实施中关注到了女性在乡村发展中的重要作用。引入社会性别视角的公共政策可分为：消极的差别对待、性别中性、性别平等对待、积极差别对待，以及社会性别意识政策（李慧英，2009）。从政策话语看，"访惠聚"政策积极推动女性参与经济和社会活动，具有性别敏感性，具备部分积极差别对待政策与社会性别意识政策的特点。该政策实施中，在村级组织架构方面一是在村"两委"班子中增加妇女村委会成员数量，二是将妇女工作机制延伸到自然村（村民小组），增设了妇女小队，建立了性别敏感的治理机制；通过包联、调查户访、特殊关爱和群众活动的方式，重点开展了生活中的性别帮扶、分性别的宣讲座谈活动、针对性的技能培训，组织妇女参与非农劳动、公共文化活动和村庄治理，明确了实现女性需求的基层工作路径。

"访惠聚"活动不仅是党的治疆方略的具体实践，也是新时期边疆少数民族地区社会治理的最新理论成果和实践经验总结。"访惠聚"政策的推动不仅极大地促进了生产力的发展和新的生产关系的建立，实现了社会治理和脱贫攻坚的成功。同时，刺激了社会结构和社会关系的变革，农村家庭的性别角色和地位发生变化，妇女社会参与的激情被激发。

3 南疆乡村少数民族妇女多维度调查分析

2016年对南疆喀什地区4个村庄开展了等距抽样调查,涉及9个方面104个指标(其中涉及宗教信仰的调查结果未纳入本书),获得了219份有效问卷。以此调查数据为基础,借助SPSS统计分析软件,用相对量化的数据,以求更准确地呈现南疆乡村妇女多维度的生活图景。

3.1 基本生活现状分析

3.1.1 妇女日常活动集中于做家务和从事农业生产,娱乐活动很少

94.93%的妇女的日常活动主要是做家务;72.35%的妇女照看孩子;19.82%的妇女照顾老人;82.95%的妇女从事农业生产;48.39%的妇女从事养殖业生产。不同年龄、不同受教育程度、不同婚姻状况、不同收入群体之间没有明显的差异性(表3-1)。

表3-1 妇女日常所做工作调查统计

项目	所有女性	
	人数(人)	占比(%)
做家务	206	94.93
照看孩子	157	72.35
照顾老人	43	19.82
种地	180	82.95
养殖	105	48.39
经商	13	5.99
打工	14	6.45
上班	9	4.15
逛巴扎	13	5.99
什么都干	0	0
什么都不干	2	0.92
其他	3	1.38

3.1.2. 妇女日常最愿意做家务，有从事农业生产的意愿但不强烈，愿意外出务工的很少

（1）愿意做家务的妇女有 188 人，占 87.04%，主要集中在第一、第二选择，意愿的趋向性强烈，第一选择有 152 人、占 70.4% 的妇女愿意做家务。其中愿意照看孩子的妇女有 131 人，占 60.7%，主要集中在第二、第一选择，第二选择有 86 人、占 42.6% 的妇女愿意做家务。愿意照顾老人的妇女有 37 人，仅占 17.1%，主要集中在第三选择，有 25 人、占 13.9%。

（2）愿意从事农业生产的妇女有 126 人，占 58.3%，主要集中在第三、第二选择，第三选择有 69 人、占 38.3%；第二选择有 48 人、占 23.8%；第一选择仅有 9 人、占 4.2%，意愿不强烈。

（3）愿意外出打工的妇女仅有 13 人，占 6%，且主要集中在第三选择，有 8 人、占 4.4%。另外，愿意经商的妇女很少，有 10 人、占 4.6%，其中第一选择有 4 人、仅占 0.9%（表 3-2）。

表 3-2　妇女日常愿意做的事情占比统计

项目	被调查妇女人数（人）	（1）愿意做家务			（2）愿意从事农业生产（%）	（3）愿意外出打工（%）
		总体（%）	照看孩子（%）	照顾老人（%）		
总体	216	87.04	60.7	17.1	58.3	6.0
第一选择	216	70.4	14.3	1.4	4.2	0.9
第二选择	202	14.9	42.6	4.5	23.8	1.5
第三选择	180	3.3	7.8	13.9	38.3	4.4

3.1.3 妇女在日常生活中表现出有限的消费娱乐需求

日常有娱乐活动的妇女有 24 人，仅占 11.1%。其中参加麦西来普等活动的妇女有 18 人，占 8.3%，且没有第一选择；逛巴扎的妇女 6 人、占 2.8%。妇女的生活以家庭活动为主，社会交流活动很少（表 3-3）。

不同年龄、不同受教育程度、不同婚姻状况、不同收入群体之间没有明显的差异性。跟踪调查发现，随着"访惠聚"工作的不断深入，妇女参加娱乐活动的意愿和积极性不断提高。参加麦西来普活动已经不再是少数人参加，成为妇女的大众活动。

表 3-3 妇女日常愿意做的事情优先序调查统计

所有女性		逛巴扎	参加各类活动如麦西来普	什么都不干	其他	小计
数据综合	人数（人）	6	18	1	5	216
	占比（%）	2.78	8.33	0.46	2.31	100.00
第一选择	人数（人）	2	0	0	1	216
	占比（%）	0.93	0	0	0.46	100.00
第二选择	人数（人）	2	5	0	2	202
	占比（%）	0.99	2.48	0	0.99	100.00
第三选择	人数（人）	2	13	1	2	180
	占比（%）	1.11	7.22	0.56	1.11	100.00

3.1.4 妇女生活的基本条件能够满足生活需求，但质量不高

3.1.4.1 家用电器基本普及

电视机家庭拥有率达到 94.47%；冰箱家庭拥有率达 91.24%；洗衣机家庭拥有率达 88.48%；热水器家庭拥有率仅为 10.6%；DVD 机家庭拥有率 16.13%；仅有 25 人有智能手机，占 11.52%（表 3-4）。

高学历，高收入，村干部、党员家用电器拥有率略高于其他妇女家庭。

表 3-4 妇女家用电器及通信设备拥有情况统计（多选）

项目		电视	洗衣机	冰箱	智能手机	DVD 机	相机	电脑	热水器	以上都没有	小计
所有妇女	人数（人）	205	192	198	25	35	1	6	23	1	217
	占比（%）	94.47	88.48	91.24	11.52	16.13	0.46	2.76	10.60	0.46	100.00

3.1.4.2 生活条件基本保证，但质量不高

自来水通达率为 99.07%（表 3-5）。使用自家旱厕的家庭有 97.24%；家庭拥有水冲厕所的仅占 2.76%（表 3-6）。

表 3-5 妇女家庭用水统计

项目		自来水	自家压井水	涝坝水	渠水	小计
所有妇女	人数（人）	214	2	0	1	216
	占比（%）	99.07	0.93	0.00	0.46	100.00

3 南疆乡村少数民族妇女多维度调查分析

表3-6 妇女家庭厕所情况统计

项目		自家旱厕	自家水冲式	公共厕所	没有厕所	小计
所有妇女	人数（人）	211	6	0	0	217
	占比（%）	97.24	2.76	0.00	0.00	100.00

冬季取暖的主要方式仍然是炉子，有95.13%的家庭使用；使用火墙的仅有3.98%，使用自烧暖气的仅有0.44%（表3-7）。

表3-7 妇女家庭冬季取暖方式统计（多选）

项目		炉子	火墙	自烧暖气	集中供暖	小计
所有妇女	人数（人）	215	9	1	1	226
	占比（%）	95.13	3.98	0.44	0.44	100.00

家庭燃料主要是木柴和煤炭，有98.62%的家庭使用木材；有85.25%的家庭使用煤炭；使用煤气的家庭仅占4.15%；使用沼气的有3.23%的家庭（表3-8）。

表3-8 妇女家庭做饭燃料使用情况统计（多选）

项目		木柴	煤气	沼气	煤	其他	小计
所有妇女	人数（人）	214	9	7	185	1	217
	占比（%）	98.62	4.15	3.23	85.25	0.46	100.00

3.1.4.3 主要社会保障全覆盖

拥有农村合作医疗保险和养老保险的妇女占99.54%。

3.1.5 家庭饮食发生了一定的向好变化

肉、蛋、菜、禽、水果、茶等日常消费普遍化，但肉、蛋、禽、菜的消费量不大，生活水平仍有待进一步提高。

（1）肉成为日常消费品，有76%的家庭经常吃肉，其中有71个家庭天天吃肉，占32.7%；94个家庭经常吃肉，占43.3%；51个家庭偶尔吃肉，占23.5%。没有不吃肉的家庭。其中，禽肉（鸡肉和鸽子肉）成为多数家庭的调节性食物，占56.1%；有20.2%家庭经常吃；天天吃的占2.8%；不吃的占23.4%。

（2）鸡蛋成为日常消费品，有75.9%的家庭经常吃鸡蛋；其中，有65个家庭天天吃，占30.1%；有99个家庭经常吃，占45.8%。另外，有38个家庭偶尔吃，占 17.6%。仅有 14 个家庭不吃，占 6.5%。

（3）蔬菜消费成为日常饮食习惯，天天吃蔬菜的家庭占 98.6%。

（4）水果是南疆少数民族的主要食物之一，吃水果是一种饮食习惯。有 92.6% 的家庭经常吃水果；其中天天吃的占 67.3%，经常吃的占 25.4%。偶尔吃的仅有 16 个家庭，占 7.4%，没有不吃水果的家庭。

（5）喝茶是当地家庭的日常习惯，所有被调查妇女的家庭均天天喝茶。

（6）酸奶是日常调节性食物之一。68.8% 的家庭偶尔吃；15.4% 的家庭经常吃。天天吃的家庭有 15 个，占 7.2%。

（7）主食以馕和拉面为主，98.6% 的家庭天天吃馕，66.2% 的家庭天天吃拉面。另外，抓饭是大部分家庭节日和待客的主要食物，少部分家庭的日常食物：35.4% 的家庭经常吃抓饭，7.4% 的家庭天天吃；59.5% 的家庭偶尔吃，5.1% 的家庭一年里没有吃抓饭（表 3-9）。

表 3-9 家庭饮食内容消费情况占比统计

项目	被调查妇女人数（人）	天天食用（%）	经常食用（%）	偶尔食用（%）	不食用（%）
（1）食用肉	217	32.7	43.3	23.5	0
其中禽肉	217	2.8	20.1	56.1	23.4
（2）食用鸡蛋	217	30.1	45.8	17.6	6.5
（3）食用菜	217	98.6	0.9	0	0
（4）食用水果	217	67.3	25.4	7.4	0
（5）喝茶	217	100.0	0	0	0
（6）食用酸奶	217	7.2	15.4	68.8	0
（7）食用主食馕	217	98.6	—	—	—
其中拉面	217	66.2	25.9	7.9	—
抓饭	217	7.4	35.4	59.5	5.1

不同年龄、学历、婚姻史、收入和职业的妇女群体之间略有不显著差距。

3.1.6 妇女喜欢的娱乐活动，相对集中在逛巴扎、去亲戚家、参加麦西来普活动

20.4% 的妇女选择逛巴扎，其中第一选择占 37%；20.2% 的妇女选择去亲戚家玩，其中第一选择占 19.6%；19% 的妇女选择麦西来普活动，其中第一选择占 14.2%；17.7% 的妇女选择在家看电视；14.8% 的妇女选择与朋友

聚会（表3-10）。

表3-10 妇女喜欢娱乐活动占比统计

项目	被调查妇女人数（人）	（1）逛巴扎（%）	（2）走访亲戚（%）	（3）麦西来普（%）	（4）在家看电视（%）	（5）朋友聚会（%）
总体	588	20.4	20.2	19.0	17.7	14.8
第一选择	219	37.0	19.6	14.2	13.2	10.5
第二选择	203	8.4	22.2	15.8	23.6	24.6
第三选择	166	13.3	18.7	29.5	16.3	8.4

另外，有31人，占5.3%的妇女选择健身，有2人选择上网，有1人选择玩手机。

30岁以下妇女选择逛巴扎、参加麦西来普的人相对更多，60岁以上妇女选择逛巴扎的更多，单身妇女选择在家看电视的更多。

3.1.7 妇女看电视成为日常生活的一部分，喜欢看的节目主要是新闻、娱乐、电视剧

93.2%的妇女经常看电视，6.8%的妇女很少看电视。

在575人中：①有154人喜欢看新闻，占26.8%，其中第一选择有106人，占51.2%。②有114人喜欢看娱乐节目，占19.8%。其中第一选择34人，占16.4%，第二选择51人，占25.9%。③有97人喜欢看电视剧，占16.9%，其中第一选择22人，占10.6%，第二选择33人，占16.8%，第三选择42人，占24.6%（表3-11）。

表3-11 妇女喜欢观看的电视节目占比统计

项目	被调查妇女人数（人）	（1）新闻（%）	（2）娱乐节目（%）	（3）电视剧（%）	（4）生活类节目（%）
总体	575	26.8	19.8	16.9	10.4
第一选择	207	51.2	16.4	10.6	1.9
第二选择	197	17.3	25.9	16.8	10.2
第三选择	171	8.2	17.0	24.6	21.1

另外，对于法律、农业知识类节目分别有9.9%、9%的妇女喜欢观看。不同年龄、学历、婚姻史、收入和职业的妇女之间差异不显著。

3.1.8 多数妇女表示喜欢读书，相对喜欢孩子教育、农业生产和故事类的图书

有 187 人表示喜欢读书，占 85.4%；有 21 人不喜欢，占 9.9%；不看书的有 15 人，占 4.3%。

对于喜欢哪类图书的调查中，有 112 人喜欢教育孩子类的图书，占 32.45%；有 89 人喜欢农业生产类图书，占 25.7%；有 81 人喜欢故事类图书，占 23.4%；有 36 人喜欢法律类图书，占 10.4%（表 3-12）。

不同年龄、学历、婚姻史、收入和职业的妇女之间差异不显著。

表 3-12 妇女喜欢阅读的图书种类占比统计

项目	被调查妇女人数（%）	（1）教育类（%）	（2）生产类（%）	（3）故事类（%）	（4）法律类（%）
总体	346	32.4	25.7	23.4	10.4
第一选择	170	29.4	35.9	21.2	4.1
第二选择	119	42	13.4	28.6	7.6
第三选择	62	19.4	19.4	17.7	32.3

3.1.9 妇女外出多集中在当地，很少出远门

6.2% 的妇女仅到过县城；62.9% 的妇女仅到过相邻县（市）；25.8% 的妇女到过乌鲁木齐市；仅有 7 人，占 3.9% 的妇女去过内地，均是 30 岁以下的年轻人（表 3-13）。

表 3-13 妇女最远去过的地方统计

项目		本乡	本县	邻县（市）	乌鲁木齐	内地	国外	合计
所有女性	人数（人）	2	11	112	46	7	0	178
	占比（%）	1.1	6.2	62.9	25.8	3.9	0	100.0

3.1.10 当权益受侵时多数妇女采取正确的方式处理问题

当权益受侵时，85.7% 的妇女选择向村委会反映；10.6% 的妇女选择自己或家人出面解决；有 2 人，0.9% 的妇女选择采用法律途径解决（表 3-14）。

不同年龄、学历、婚姻史、收入和职业的妇女群体之间差异不显著。

表 3-14 妇女对权益受到侵害时的行为选择统计

项目		自己或家人出面解决	向村委会反映	上访	采取法律途径	其他	合计
所有女性	人数（人）	23	186	1	2	1	217
	占比（%）	10.6	85.7	0.5	0.9	0.5	100.0

3.1.11 基本生活现状小结

（1）南疆妇女在家务劳动、带孩子、农活方面承担非常重的责任。
（2）基本条件能够满足生活需求，但质量不高。
（3）吃肉、吃蛋、吃蔬菜成为常态。
（4）妇女日常生活单一，活动半径小。
（5）妇女受教育程度较低、但有强烈的求知欲。
（6）不同年龄、学历、婚姻史、收入和职业的妇女群体之间差异性较小。

3.2 生活满意度分析

3.2.1 绝大多数妇女对现有生活表示满意

对现有的生活表示满意的妇女有 198 人，占 90.4%；表示一般的妇女仅有 21 人，占 9.6%；没有妇女表示不满意。

其中表示最为满意的妇女集中在 60 岁以上、能人和女干部，以及初中和高中毕业的妇女中，这些受访者没有表示不满意的。其他群体妇女的满意度分别是：原配家庭妇女有 92.2% 的满意度，30~45 岁的妇女满意度为 85.6%，小学以下学历的妇女满意度为 87.3%、离异的妇女满意度为 87.3%。

3.2.2 对现实生活满意的主要方面集中在家庭和睦、孩子安好和国家政策好

（1）满意丈夫好、家庭和睦的有 165 人，占 76%，主要集中在第二、第一选择，其中第二选择有 97 人，占 44.9%；第一选择有 64 人，占 29.5%。

（2）满意孩子健康、学习好的有145人，占66.8%，主要集中在第一选择，有123人，占56.7%。一定程度上反映出妇女对孩子的关注度高于"丈夫好、家庭和睦"。

（3）满意国家政策好的占50.7%。其中满意于驻村工作队所做的好事有21.7%的妇女选择。

（4）对于富民安居房、自来水、免费发放电视等生活改善满意的妇女占12%。

（5）对于鼓励外出务工表示满意的妇女占1.4%（表3-15）。

高中以上学历选择"国家政策好"的人较多。

表3-15 对现实满意的主要方面选择占比统计

项目	被调查妇女人数（人）	（1）家庭和睦丈夫好（%）	（2）孩子健康学习好（%）	（3）国家政策减负担（%）	（4）驻村工作帮扶（%）	（5）生活改善（%）	（6）外出打工收入好（%）
总体	217	76.0	66.8	50.7	21.7	12.0	1.4
第一选择	217	29.5	56.7	7.4	1.4	0.5	—
第二选择	216	44.9	6.9	22.7	5.6	3.7	0.5
第三选择	208	1.9	3.4	21.6	15.4	8.2	1.0

3.2.3 妇女对现实的不满意主要集中在家庭收入不够、家人身体不好和劳动力少三个方面

（1）不满意家庭收入不够的有97人，占50.3%，主要集中在第一选择，有83人，占43%。

（2）不满意家人身体不好的有52人，占26.9%，主要集中在第三、第二选择，其中第三选择占22.2%；第二选择占18.1%。

（3）不满意劳动力少的有35人，占18.1%，主要集中在第二选择，有29人，占30.9%。

（4）不满意家务多、劳累的有18人，占9.3%。

（5）不满意没有机会上学、文化低的有15人，占7.8%。

（6）对于语言不通、外出打工难的有14人，占7.3%，这些妇女不满意。

（7）不满意丈夫对我不好的仅有10人，占5.2%。婆媳关系、邻里关系和家庭地位的好坏不是妇女不满意的方面（表3-16）。

不同年龄、学历、婚姻史、收入和职业的妇女群体之间差异不显著。

表3-16 生活中不满意方面占比统计

项目	被调查妇女人数（人）	(1)家庭收入不够（%）	(2)家人身体不好（%）	(3)劳动力少,活多（%）	(4)家务多,劳累（%）	(5)没文化没机会（%）	(6)语言不通,打工难（%）	(7)丈夫对我不好（%）	(8)妇女没地位（%）	(9)没有不满意（%）
总体	193	50.3	26.9	18.1	9.3	7.8	7.3	5.2	0.5	36.3
第一选择	193	43.0	13.0	2.1	0.5	1.6	0.5	2.6	0.5	34.2
第二选择	94	9.6	18.1	30.9	10.6	8.5	7.4	2.1	0.0	4.3
第三选择	45	11.1	22.2	4.4	15.6	8.9	13.3	6.7	0.0	0.0

3.2.4 妇女认为经济压力最大的四个方面是生产支出、日常开销、家人看病和小孩上学

（1）认为生产支出是家庭经济压力的有181人，占86.2%，其中第一选择有84人，占40%，这些妇女认为生产支出是家庭的经济压力；第二选择有69人，占35%；第三选择有28人，占20.6%。

（2）认为生活开销是经济压力的有144人，占68.6%，但主要集中在第三、第二选择，分别占43.4%、32%；第一选择仅有22人，占10.5%，这些妇女认为生活开销是家庭的经济压力。

（3）认为家人看病是家庭经济压力的有100人，占47.6%，其中第一选择有53人，占25.2%；第二选择有35人，占17.8%；第三选择有12人，占8.8%。

（4）选择小孩上学的有75人，占35.7%（表3-17）。

不同年龄、学历、婚姻史、收入和职业的妇女群体之间差异不显著。

表3-17 妇女感到经济压力大的方面占比统计

项目	被调查妇女人数（人）	生产支出（%）	生活开销（%）	家人看病（%）	孩子上学（%）
总体	210	86.2	68.6	47.6	35.7
第一选择	210	40.0	10.5	25.2	23.8
第二选择	197	35.0	32.0	17.8	7.1
第三选择	136	20.6	43.4	8.8	8.1

3.2.5 妇女认为孩子上学的经济压力不大,但对于孩子上大学和内高班的家庭有一定的经济压力

(1) 认为孩子上学没有困难的有 145 人,占 68.72%;有一点困难的有 46 人,占 21.80%;很困难的仅有 20 人,占 9.48%(表 3-18)。

表 3-18 妇女对孩子上学压力状况统计

项目		没困难	有点困难	很困难	小计
所有女性	人数(人)	145	46	20	211
	占比(%)	68.72	21.80	9.48	100.00

(2) 感受到困难较大的群体分别是:单身的妇女家庭占 28.57%,在有困难的群体中占比最高,接下来是 46~60 岁妇女家庭占 12.5%,主要原因是家庭中有孩子上大学或内高班,造成一定的经济负担。

3.2.6 妇女目前最担心的事是家人生病和家庭收入不够

(1) 担心家人生病的有 167 人,占 79.5%,集中在第一选择,有 145 人,占 69.4%。

(2) 担心家庭收入不够的妇女有 68 人,占 32.4%,其中第三选择有 8 人,占 44.4%;第二选择有 31 人,占 21.0%;第一选择有 9 人,仅占 4.3%。

(3) 担心自然灾害的有 47 人,占 22.4%,其中第三选择有 5 人,占 27.8%;第二选择有 20 人,占 13.5%;第一选择有 8 人,仅占 3.8%。

(4) 担心农产品卖不出去的有 35 人,占 16.7%,集中在第二选择,有 24 人,占 16.2%(表 3-19)。

不同年龄、学历、婚姻史、收入和职业的妇女群体之间差异不显著。

表 3-19 妇女最担心四件事的人数占比统计

项目	被调查妇女人数(人)	(1)担心生病(%)	(2)收入不够(%)	(3)自然灾害(%)	(4)农产品卖不出去(%)
总体	210	79.5	32.4	22.4	16.7
第一选择	209	69.4	4.3	3.8	1.4
第二选择	148	11.5	21.0	13.5	16.2
第三选择	18	5.6	44.4	27.8	5.6

3.2.7 妇女目前最需要的帮助是技术培训和解决治病资金，工作队帮扶和帮助发展庭院经济有一定的需要，但不强烈

（1）最需要技术和技能培训的有119人，占56.4%。主要集中在第一、第二选择，其中第一选择有63人，占29.7%；第二选择有41人，占22.5%。

（2）最需要解决治病资金的有87人，占41.2%。主要集中在第一、第二选择，其中第一选择有53人，占25%；第二选择有23人，占12.6%。

（3）工作队不走继续帮扶需求的有76人，占36.0%。主要集中在第三、第二选择，其中第三选择有50人，占33.6%；第二选择有19人，占10.4%。

（4）帮助发展庭院经济的有74人，占35.1%。主要集中在第三、第二选择，其中第三选择和第二选择均有29人，分别占19.5%和15.9%，第一选择有16人，占7.6%。

（5）最需要生产指导的有70人，占33.2%。主要集中在第二、第三选择，其中第二选择有38人，占20.9%；第三选择有22人，占14.8%，第一选择仅有10人，占4.7%。

（6）最需要组织外出打工的有50人，占23.7%。主要集中在第一、第二选择，其中第一选择有33人，占15.6%；第二选择仅有10人，占5.5%，第三选择有7人，占4.7%。跟踪调查发现，对于驻村工作队帮扶和帮助发展庭院经济的需要强烈（表3-20）。

不同年龄、学历、婚姻史、收入和职业的妇女群体之间差异不显著。

表3-20 妇女最需要帮助的占比统计

项目	被调查妇女人数（人）	（1）技术培训（%）	（2）解决治病资金（%）	（3）工作队留下帮扶（%）	（4）发展庭院经济（%）	（5）生产指导（%）	（6）组织外出打工（%）
总体	211	56.4	41.2	36.0	35.1	33.2	23.7
第一选择	212	29.7	25.0	3.3	7.6	4.7	15.6
第二选择	182	22.5	12.6	10.4	15.9	20.9	5.5
第三选择	149	10.1	7.4	33.6	19.5	14.8	4.7

3.2.8 生活满意度小结

（1）90%的女性对现在的生活状态表示满意。满意的主要方面是夫妻

关系和睦、孩子听话和国家政策好。

（2）对现实不满意的主要方面是家庭收入不够、家人身体不好和劳动力少。

（3）目前最担心的事是家人生病和家庭收入不够。

（4）经济压力最大的方面是农业生产支出、日常生活开销和家人看病。

3.3 家庭和社会地位、作用

3.3.1 妇女在家庭中的贡献大、地位不断提高

（1）家庭决策权增强。在家庭中说了算的妇女有 60 人，占 27.65%；与丈夫共同决策的妇女 146 人，占 67.28%。认为丈夫长辈说了算的仅有 5 人，占 2.3%（表 3-21）。

不同年龄、学历、婚姻史、收入和职业的妇女群体之间差异不显著。

表 3-21 妇女对自己在家庭中的地位认知统计

项目		是，有地位，丈夫、孩子和家人都听我的	不是，地位低，丈夫、长辈说了算	有一定地位，家庭生活和教育孩子方面我说了算	我和丈夫共同商量决定家庭事务	没有地位，丈夫经常打我	合计
所有女性	人数（人）	60	5	5	146	1	217
	占比（%）	27.65	2.30	2.30	67.28	0.46	100.00

（2）重大事项共同决策成为常态。购生活日用品，大件商品、农业生产经营、贷款、孩子上学、结婚、老人去世、盖房等家事的决策权，主要由夫妻共商决定，分别占 82.0%、86.5%、88.5%、90.3%、94.7%、95.7%、96.7%、92.8%（表 3-22）。

表 3-22 家庭重大事项决策占比统计 （%）

项目	日常用品	大件商品	生产经营	贷款	孩子上学	孩子结婚	老人去世	盖房
（1）共商决定	82.0	86.5	88.5	90.3	94.7	95.7	96.7	92.8
（2）妇女决定	12.1	3.4	1.9	2.4	2.9	2.4	1.9	2.9
（3）丈夫决定	5.8	10.1	9.6	7.3	2.4	1.9	1.4	4.3

(3) 在家务中占主导作用。有 210 人，占 96.77% 的妇女认为自己是家务的主要贡献者（表 3-23）。

表 3-23 妇女对家务活第一贡献者的认知统计

所有女性		我自己	丈夫	父母	公婆	子女	其他人	合计
数据综合	人数（人）	210	108	8	14	93	10	217
	占比（%）	96.77	49.77	3.69	6.45	42.86	4.61	100.00
第一选择	人数（人）	201	3	1	0	10	2	217
	占比（%）	92.63	1.38	0.46	0.00	4.61	0.92	100.00
第二选择	人数（人）	9	85	3	9	50	6	162
	占比（%）	5.56	52.47	1.85	5.56	30.86	3.70	100.00
第三选择	人数（人）	0	2	1	1	6	0	10
	占比（%）	0.00	20.00	10.00	10.00	60.00	0.00	100.00

有 204 人，占 94.44% 的妇女表示喜欢做家务带孩子，其中第一选择有 184 人、占 85.58%（表 3-24）。

表 3-24 妇女喜欢承担的家庭责任优先序选择统计

所有女性		做家务，照顾孩子	干农活	外出打工	管理庭院种植	做手工艺等	其他	合计
数据综合	人数（人）	204	116	37	81	45	6	216
	百分比（%）	94.44	53.70	17.13	37.50	20.83	2.78	100.00
第一选择	人数（人）	184	10	5	12	2	2	215
	百分比（%）	85.58	4.65	2.33	5.58	0.93	0.93	100.00
第二选择	人数（人）	15	86	15	38	17	1	172
	百分比（%）	8.72	50.00	8.72	22.09	9.88	0.58	100.00
第三选择	人数（人）	5	20	17	31	26	3	102
	百分比（%）	4.90	19.61	16.67	30.39	25.49	2.94	100.00

(4) 丈夫从事家务劳动的人越来越多。有 137 人，占 67.82% 的妇女表示其丈夫很乐意帮助做家务；很少做家务的有 55 人，占 27.23%；不做的仅有 10 人，占 4.95%（表 3-25）。

主要家务贡献的调查中，有 108 人，占 49.8% 的妇女表示丈夫做家务。但是，第一选择仅有 3 人，占 1.4%，主要集中在第二选择中 85 人，占 52.5%，表明妇女对于丈夫做家务的认可，但认可度不是十分明显。

表 3-25　妇女与丈夫一起做家务情况统计

	项目	很乐意帮助我做	很少做	不做	合计
所有女性	人数（人）	137	55	10	202
	占比（%）	67.82	27.23	4.95	100.00

（5）妇女在家庭中的经济贡献不断增大。有83人，占39.71%的妇女认为自己与丈夫共同挣钱养家；认为自己为主挣钱养家的妇女有54人，占25.84%；认为丈夫为主挣钱养家的妇女有63人，占30.14%（表3-26）。

不同年龄、学历、婚姻史、收入和职业的妇女群体之间差异不显著。

表 3-26　妇女对自己收入贡献认知情况统计

	项目	多，我干农活、外出打工、养羊养鸡	不多，丈夫挣得多	与丈夫共同挣钱	不知道	合计
所有女性	人数（人）	54	63	83	9	209
	占比（%）	25.84	30.14	39.71	4.31	100.00

（6）妇女在农业生产中发挥主要作用。表示自己在家庭农业生产中起主要作用的妇女有194人，占91.51%，其中第一选择中有134人，占63.21%。同时，在妇女是否喜欢承担家庭责任调查中（表3-27），表示喜欢干农活的妇女有116人，占53.7%；喜欢管理庭院种植81人，占37.5%。表明妇女从事农业生产多出于家庭责任而非个人意愿。

表示丈夫在农业生产中发挥主要作用的妇女有167人，占78.77%，主要集中在第二选项中占52.15%，第一选择仅占28.77%；子女承担家庭农活的有96人，占45.28%，其中主要集中在第三选项占65.5%（表3-27）。

不同年龄、学历、婚姻史、收入和职业的妇女群体之间差异不显著。

表 3-27　妇女对家庭农活的第一贡献者的认知优先序选择统计

所有女性		我自己	丈夫	长辈	子女	其他	合计
数据综合	人数（人）	194	167	16	96	8	212
	占比（%）	91.51	78.77	7.55	45.28	3.77	100.00
第一选择	人数（人）	134	61	3	12	2	212
	占比（%）	63.21	28.77	1.42	5.66	0.47	100.00
第二选择	人数（人）	50	97	5	29	5	186
	占比（%）	26.88	52.15	2.69	15.59	2.69	100.00

(续表)

所有女性		我自己	丈夫	长辈	子女	其他	合计
第三选择	人数（人）	10	9	8	55	2	84
	占比（%）	11.90	10.71	9.52	65.48	2.38	100.00

3.3.2 妇女进入社会的氛围逐渐形成，外出打工的人数不断增加。但以短期为主，外出意愿不强

（1）妇女已经具有了与男性一样挣钱养家，共同照顾家庭的观念。有213人，占99.07%妇女具有与丈夫共同养家的观念，妇女具有养家的能力。

（2）有一半妇女具有外出打工的经历。外出打过工的妇女有114人，占52.53%（表3-28）。外出打工的行业单一，以摘棉花短期打工为主，占90.38%；在工厂打工的仅占7.69%。没有妇女在餐饮或者建筑行业从事过劳动。有103人，占47.47%，这些妇女没有外出打工经历（表3-28、表3-29）。

不同年龄、学历、婚姻史和收入的妇女群体之间差异不显著。

表3-28 妇女外出打工经历统计

	项目	去过	没去过	合计
所有女性	人数（人）	114	103	217
	占比（%）	52.53	47.47	100.00

表3-29 妇女外出打工从事的职业情况统计

	项目	摘棉花	工厂打工	餐厅服务员	餐厅做饭	建筑工地打工	其他	合计
所有女性	人数（人）	94	8	0	0	0	2	104
	占比（%）	90.38	7.69	0	0	0	1.92	100.00

（3）有一半妇女有再次外出打工的意愿。有外出打工意愿和计划的妇女有109人，占56.2%。没有打工意愿的妇女有85人，占43.9%。

不同年龄、学历、婚姻史和收入的妇女群体之间差异不显著。

（4）影响妇女外出打工的主要因素是技能、家庭和习俗。表示"不懂双语和技能不足"是影响外出打工的主要因素的妇女有162人，占76.4%。其中第一选择的妇女占40.28%，第二选择的占46.54%。

表示"家庭影响"是影响外出打工的主要因素的妇女有111人,占52.4%。其中第一选项占15.2%,第二选项占32.1%。

表示"当地女性不就业的习俗和环境"是影响外出打工的主要因素的妇女有102人,占48.12%。其中,第一选项占30.33%,第二选项占15.72%,第三选项占19.12%(表3-30)。

表3-30 影响妇女外出打工的主要因素统计

所有女性		当地女性不就业的环境和习俗	不懂汉语,自身能力不足	家庭影响	政府的扶持力度不强	丈夫不愿意	不知道	其他	合计
数据综合	人数(人)	102	162	111	4	25	12	22	212
	占比(%)	48.12	76.42	52.36	1.89	11.79	5.66	10.38	100.00
第一选择	人数(人)	64	85	32	1	3	10	16	211
	占比(%)	30.33	40.28	15.17	0.47	1.42	4.74	7.58	100.00
第二选择	人数(人)	25	74	51	2	4	0	3	159
	占比(%)	15.72	46.54	32.08	1.26	2.52	0.00	1.89	100.00
第三选择	人数(人)	13	3	28	1	18	2	3	68
	占比(%)	19.12	4.41	41.18	1.47	26.47	2.94	4.41	100.00

(5)做家庭主妇仍然是相当一部分妇女的理想职业,但妇女进入社会角色的意愿加大。理想职业是"家庭主妇"和"公职人员"的妇女各有67位,各占31.02%。表示理想职业是"经商"的妇女有36人,占16.67%。仅有15人,占6.94%的妇女表示"外出打工"是理想职业(表3-31)。

不同年龄、学历、婚姻史、收入和职业的妇女群体之间差异不显著。

表3-31 妇女理想职业的认知情况统计

项目		家庭主妇	农民	经商	外出打工	国家工作人员	其他	合计
所有女性	人数(人)	67	14	36	15	67	17	216
	百分比(%)	31.02	6.48	16.67	6.94	31.02	7.87	100.00

3.3.3 妇女的现实定位与自我意愿存在差异

在妇女承担家庭责任的调查中,有94.93%的妇女日常主要承担家务劳动(表3-1);96.77%的妇女认为自己是家务劳动的第一贡献者(表3-23)。而且,在妇女喜欢做什么的调查中,有94.4%的妇女喜欢做家务带孩子。在妇女的责任调查中，有 65.2%的妇女认为做家务是妇女的责任。在"您认为自己是一名以家庭为主的好妻子吗"的调查中，有 196 人，占 89.5%的妇女认为自己是好妻子。说明南疆农村妇女的观念仍然以家庭为主，以做家务为己任。

调查中发现，妇女在做好家务的同时，有 91.5%的妇女表示自己是农活的第一贡献者（表 3-27）。在对干农活的自愿性调查时，有 95.3%的妇女表明自愿承担家庭农活。但是，在妇女喜欢为家里做什么的调查中，有 94.4%的妇女喜欢做家务带孩子，有 37.5%的妇女选择庭院种植，有 20.8%的妇女选做手工艺（表 3-24）。说明妇女从事农业生产是一种责任而非意愿。

3.3.4 家庭和社会地位、作用小结

（1）妇女在家庭中贡献很大，在家中有一定的决策权，地位不断提高。

（2）南疆农村男性不做家务的现象被打破，调查部分男性开始承担家务活。

（3）妇女进入社会的氛围逐渐形成，外出打工的人数不断增加。但以短期为主，离家长年打工意愿不强。影响妇女外出打工的主要因素是技能、家庭和习俗。

（4）妇女的现实生活与自我意愿存在差异。一边仍然以家庭为主，以做家务为己任。另一边也期望自己或子女成为现代女性，成为国家公务员。

3.4 婚姻家庭观念和状态

3.4.1 婚姻状态

3.4.1.1 本次调查对象的婚姻状态

调查的 219 名妇女中初婚妇女 141 人，占 64.4%，有离婚经历的 75 人，占 34.3%。南疆农村妇女离婚率较高。

3.4.1.2 妇女婚姻的途径主要以父母包办为主

有 176 人，占 81.11%妇女的婚姻是由父母包办；有 28 人，占 12.9%，这些妇女婚姻是自由恋爱；有 13 人，仅占 6%的妇女是朋友介绍和活动相识结婚的（表 3-32）。

初中、高中毕业的妇女父母包办的婚姻占到该群体的一半，低于初中以

下学历包办婚姻。

表 3-32　妇女认识配偶的主要途径

项目		父母包办	自由恋爱	亲朋好友介绍认识	参加活动认识	合计
所有女性	计数（人）	176	28	9	4	217
	占比（%）	81.11	12.90	4.15	1.84	100.00

3.4.1.3　对丈夫的满意程度高，不满意集中在不愿意干农活和打骂老婆

有 91 人，占 76.47%，这些妇女认为丈夫没有让她们不能忍受的行为。但是，有 44 人，占 36.96%，这些妇女对自己的丈夫表示不满。最不满意的行为是：占 10.92%，这些妇女分别表示丈夫不愿意干农活和不挣钱；占 3.36%，这些妇女表示丈夫酗酒（表 3-33）。

表 3-33　妇女对丈夫不满意的主要方面

项目		不愿意干农活	酗酒，不爱回家	打老婆	骂老婆	不管孩子，不照顾老人	不能挣钱	其他
所有女性	计数（人）	13	4	5	8	2	12	91
	占比（%）	10.92	3.36	4.20	6.72	1.68	10.08	76.47

不同年龄、学历、婚姻史和收入的妇女群体之间差异不显著。

3.4.1.4　对丈夫的期望主要集中在勤劳能干、身体好、对自己和家人好、能挣到钱和帮干家务 5 个方面

有 125 人，占 63.1%，这些妇女对丈夫的期望选择了勤劳能干；有 106 人，占 53.6%，这些妇女选择了丈夫身体好；有 73 人，占 36.9%，这些妇女选择对家人好；有 58 人，占 29.3%，这些妇女选择了能挣钱；有 37 人，占 18.7%，这些妇女选择了帮干家务（表 3-34）。

不同年龄、学历、婚姻史、职业和收入的妇女群体之间差异不显著。

表 3-34　妇女对丈夫期望选择占比统计

项目	被调查妇女人数（人）	(1) 勤劳能干（%）	(2) 身体好（%）	(3) 对家人好（%）	(4) 能挣钱（%）	(5) 帮着干家务（%）
总体	468	63.1	53.6	36.9	29.3	18.7
第一选择	198	31.8	25.3	17.7	8.6	1.5

(续表)

项目	被调查妇女人数（人）	（1）勤劳能干（%）	（2）身体好（%）	（3）对家人好（%）	（4）能挣钱（%）	（5）帮着干家务（%）
第二选择	154	31.1	24	14.9	14.3	9.1
第三选择	116	12.1	16.4	13	16.4	17.2

3.4.1.5 对离婚态度指向明确，总体符合社会道德要求

有200人，占92.17%的妇女认为离婚不是好事；有152人，占70.05%，这些妇女认为离婚对孩子不好，不主张离婚；仅有27人，占12.44%，这些妇女表示离婚是正常的事情，过不到一起就该离婚。

对于离婚主动权的调查发现，有20人，占9.22%，这些妇女表示妇女也可以提出离婚；仅占0.5%，这些妇女认为妇女无权提出离婚，男人是离婚的主导者（表3-35）。

不同年龄、学历、婚姻史、收入和职业的妇女群体之间差异不显著。

表3-35 妇女对离婚的认识

项目		离婚不是好事，不要离婚	离婚是正常的事，过不到一起就离婚	男人通常是提出离婚的主导者，女人没有决定权	女人也可以提出离婚	离婚对孩子不好	合计
所有女性	计数（人）	200	27	1	20	152	217
	占比（%）	92.17	12.44	0.46	9.22	70.05	100.00

3.4.2 妇女对现有家庭关系模式十分满意

3.4.2.1 现有婚姻状态相对稳定，与家人关系融洽

有191人，占94.09%，这些妇女表示自己与丈夫的关系融洽；有11人，占5.4%的妇女表示关系一般；只有1人，占0.49%的妇女表示关系不好（表3-36）。

表3-36 妇女与丈夫关系调查统计

项目		好	一般	不好	合计
所有女性	计数（人）	191	11	1	203
	百分比（%）	94.09	5.40	0.49	100.00

有 197 人，占 99.5%，这些妇女表示自己与儿女的关系融洽。总体反映出南疆农村少数民族妇女的现有家庭婚姻关系稳定（表 3-37）。

表 3-37 妇女与儿女相处现状的满意情况调查统计

项目		满意	不满意	合计
所有女性	计数（人）	197	1	198
	百分比（%）	99.5	0.5	100.0

3.4.2.2 家人共同维护融洽的关系

有 182 人次，占 91.9%，这些妇女与三代家人共商家庭大事，生活和睦；有 133 人次，占 67.2%，这些妇女表示自己承担更多的家务和农活，维护了家庭融洽的关系（表 3-38）。

不同年龄、学历、婚姻史和收入的妇女群体之间差异不显著。

表 3-38 妇女与"祖父子"三辈关系调查统计

项目		一起做家庭决策	承担很多家务和农活	什么都不干	不干预儿女的生活	父母说了算	合计
所有女性	计数（人）	182	133	2	18	5	340
	百分比（%）	91.90	67.20	1.00	9.10	2.50	171.7

3.4.3 婚姻家庭观念和状态小结

（1）南疆农村妇女的离婚率较高，但妇女对于幸福婚姻和离婚态度的观念明确，符合社会道德趋向。

（2）婚姻主要以父母包办为主。

（3）现有婚姻状态相对稳定，与丈夫的关系融洽，多数妇女认为丈夫没有让她们不能忍受的行为。

（4）有些妇女对丈夫有不满行为主要集中在：不愿干农活、不能挣钱、打骂老婆。

（5）对丈夫的期望主要集中在身体好，勤劳能干，对自己和家人好，能挣到钱和帮助妇女干家务等方面。

妇女在家中承担大量的家务劳动和农活，认为家务和农活是自己的责任，应当承担。希望丈夫能承担更多的农活，期望丈夫能多干家务、多挣钱，但并没有为此做出改变，也无力改变。不同年龄、学历、婚姻史、收入和职业的妇女群体之间差异不显著。

3.5 生活愿景分析

3.5.1 生活愿景呈现出多元化

（1）有152人，占33.5%，这些妇女选择了与家庭愿望有关的选项，其中过好现有的日子有55人次选择，占12.1%；帮丈夫种好地的有39人次，占8.6%；照顾好家人有58人，占12.8%。

（2）有147人，占32.5%，这些妇女选择学习技能和外出打工挣钱。其中个人技能培训75人次，占16.6%；外出打工挣钱72人次，占15.6%。

（3）有122人次，占27%，这些妇女选择了个人享受愿望，其中回娘家27人次，占6%；朋友聚会逛巴扎24人次，占5.3%；在家休息10人次，占2.2%，去乌鲁木齐市看看61人次，占13.5%（表3-39）。

不同年龄、学历、婚姻史、收入和职业的妇女群体之间差异不显著。

表3-39 "如果你有一段时间，你想干什么"选择统计

选项	女性人口	
	人数（人）	占比（%）
就像现在一样过日子	55	12.1
帮助丈夫种好地，有个好收成	39	8.6
照顾好老人孩子，做好家务	58	12.8
参加一个技术培训如缝纫、烹饪、美容美发	75	16.6
出去打工挣钱	72	15.9
回娘家看望父母	27	6
出去与朋友家人聚会，逛巴扎	24	5.3
在家休息，什么也不做	10	2.2
去乌鲁木齐市看看	61	13.5
合计	421	93

3.5.2 大多数妇女想外出打工和学习各种技能

在调查的219人中，有191人，占87.2%，这些妇女想学习技能和外出

打工。仅有 28 人，占 12.8%，这些妇女不想外出打工。

有 212 人，占 97.2%，这些妇女想学习一技之长。仅有 6 人，占 2.8%，这些妇女没有学习技能的愿望。

不同年龄、学历、婚姻史、收入和职业的妇女群体之间差异不显著。

3.5.3 没有实现愿望的主要原因"没有文化知识的基础"

有 208 人，占 95.4%，这些妇女认为没有文化是导致自己愿望难以实现的主要原因。仅有 10 人，占 4.6%，这些妇女认为有其他原因。

不同年龄、学历、婚姻史、收入和职业的妇女群体之间差异不显著。

3.5.4 对于受教育的愿望强烈、期望值高

"如果给你一次机会，你会上学到什么程度"？有 132 人选择了大学以上，占 62%；有 68 人选择了能找到工作为止，占 31.9%；选择高中和初中的仅有 11 人，占 5.2%（表 3-40）。

不同年龄、学历、婚姻史、收入和职业的妇女群体之间差异不显著。

表 3-40 妇女对求学期望值的选择统计

项目		初中	高中	大学以上	上到能找到工作	不知道	合计
所有女性	人数（人）	3	8	132	68	1	212
	占比（%）	1.4	3.8	62.0	31.9	0.5	100.0

3.5.5 对于儿女的教育期望值很高

（1）对于女儿的要求。有 131 人，占 69.3%，这些妇女希望自己的女儿能够进入大学学习；希望初高中毕业的妇女仅有 7 人，占 3.7%；选择随孩子自己的有 51 人，占 27%（表 3-41）。

表 3-41 妇女对女儿受教育期望值的选择统计

项目		初中	高中	大学以上	随他们自己	不知道	合计
所有女性	人数（人）	4	3	131	51	0	189
	占比（%）	2.1	1.6	69.3	27.0	0.0	100.0

(2) 对于儿子的要求。有 149 人，占 75.6%，这些妇女希望自己的儿子能够进入大学学习；希望初高中毕业的妇女仅有 4 人，占 2%；放任孩子的妇女有 44 人，占 22.3%（表 3-42）。

(3) 妇女对于男女孩子的期望差别不大，对男孩的要求和期望略高于女孩。

不同年龄、学历、婚姻史、收入和职业的妇女群体之间差异不显著。

表 3-42　妇女对儿子受教育期望值的选择统计

项目		初中	高中	大学以上	随他们自己	不知道	合计
所有女性	人数（人）	2	2	149	44	0	197
	占比（%）	1.0	1.0	75.6	22.3	0.0	100.0

3.5.6　对于女性一生的责任的认知集中在贤妻良母

(1) 做个贤妻良母的妇女有 218 人次，占 33.6%；做个好女儿好媳妇的妇女有 205 人次，占 31.6%；做个好公民的妇女有 135 人次，占 20.8%（表 3-43）。

表 3-43　妇女对女性一生的定位

项目	所有女性	
	人数（人）	占比（%）
生儿育女，做个好妻子、好母亲	218	33.6
赡养老人，做个好儿媳、好女儿	205	31.6
遵纪守法，做个好公民	135	20.8
协助丈夫种好地，做个好农民	26	4.0
学汉语学技术，进城务工，做个好市民	13	2.0
找个有钱的丈夫，享受荣华富贵	2	0.3
读好书，上好学，当国家干部	26	4.0
其他	2	0.3

其中有 199 人第一选择选择了"生儿育女、好妻子、好母亲"，占 90.9%；有 176 人第二选择选择了"赡养老人、好女儿、好媳妇"，占

80.4%；有 118 人第三选择选择了"遵纪守法、好公民"。

（2）对于"协助丈夫种好地，做个好农民"也集中在第三选择，有 20 人，占 9.5%；对于"找个好丈夫，荣华富贵"仅在第三选择有 2 人选择，占 1%。

不同年龄、学历、婚姻史、收入和职业的妇女群体之间差异不显著。

3.5.7 对妇女独立思想的认知"妇女有思想很重要"

有 215 人，占 98.6% 的妇女认为妇女有独立思想很重要；认为丈夫思想重要的仅有 3 人，占 1.4%。

不同年龄、学历、婚姻史、收入和职业的妇女群体之间差异不显著。

3.5.8 对妇女受教育的认知一致，认为妇女受教育重要

有 217 人，占 99.5% 的妇女认为妇女接受教育很重要。

3.5.9 认为妇女受教育的好处认知较为分散

在对此的 624 人次中：

（1）好处排前三的选项分别是：可以更好地教育孩子有 148 人，占 23.7%；有利于参加工作的有 134 人，占 21.5%；认为可以开阔眼界的有 104 人，占 16.7%。

（2）除以上前三，选择比例高于 10% 的选项分别是：可以多挣钱的有 81 人，占 13%；可以成为好妻子的有 69 人，占 11.1%。

（3）其次是：教育与种好地有关的仅 4 人，占 0.6%；教育与当乡村干部有关的仅有 14 人，占 2.2%；没有人认为妇女受教育没好处（表 3-44）。

不同年龄、学历、婚姻史、收入和职业的妇女群体之间差异不显著。

表 3-44 女性受教育好处的认识统计

项目		参加工作	到城市去生活	教育好孩子	做个好妻子	种好地	挣很多钱	开阔眼界	当乡村领导	没有好处	不知道	其他	合计
所有女性	人数（人）	134	54	148	69	4	81	104	14	0	0	16	624
	百分比（%）	21.5	8.7	23.7	11.1	0.6	13.0	16.7	2.2	0.0	0.0	2.6	100.0

3.5.10 妇女对生男生女的倾向体现出男女平等的理念，重男轻女思想不强烈

（1）有 206 人，占 94.5% 的妇女认为生男生女都一样。

（2）有 15 人，占 6.9% 的妇女认为生男孩好，其中第一选择生男孩好的仅 8 人，占 3.7%。认为生男孩"养老，传宗接代，劳动力"的有 12 人，占 80%。

（3）有 4 人，占 1.28% 的妇女认为生女孩好。生女孩好的原因是女孩懂事听话，干家务和学习好。

（4）有 186 人，占 86.5% 的妇女会让儿子干家务，不让孩子做家务的仅有 26 人，占 12.1%。

不同年龄、学历、婚姻史、收入和职业的妇女群体之间差异不显著。

3.5.11 影响南疆农村少数民族妇女思想观念的人主要是父母和丈夫

（1）有 82 人，占 29.1% 的妇女认为父母对自己影响最大。

（2）有 50 人，占 17.7% 的妇女认为丈夫对自己影响最大。

（3）有 17 人，占 6% 的妇女认为老师对自己影响最大。认为书籍影响的仅有 16 人，占 5.7%；选择不知道的 114 人，占 40.4%（表 3-45）。

表 3-45 妇女对思想观念影响人的选择统计

项目		父母	老师	丈夫	朋友	书籍	不知道	合计
所有女性	人数（人）	82	17	50	3	16	114	282
	占比（%）	29.1	6.0	17.7	1.1	5.7	40.4	100.0

3.5.12 多数农村妇女愿意并向往去城市生活

有 175 人，占 82.2% 的妇女向往城市生活，仅有 38 人，占 17.8% 的妇女没有去城市的愿望。

3.5.13 妇女向往城市生活的主要原因是改善家庭生活

（1）在调查的 487 人次妇女中，有 149 人，占 30.6%，这些妇女认为城市生活条件好是向往去城市的原因；有 94 人，占 19.3%，这些妇女认为去城市生活对孩子教育好。

（2）有 79 人，占 16.2%，这些妇女认为去城市生活可以多挣钱；有 76 人，占 15.6%，这些妇女认为可以提高生活质量；有 70 人，占 14.4%，这些妇女认为可以增加家庭收入（表 3-46）。

表 3-46　妇女想去城市生活的原因统计

项目		多挣钱	生活条件好	孩子可以受到好教育	有独立的人格	增加家庭收入	有自己的社交圈	增加生活质量	其他	合计
所有女性	人数（人）	79	149	94	5	70	6	76	8	487
	占比（%）	16.2	30.6	19.3	1.0	14.4	1.2	15.6	1.6	100.0

3.5.14　生活愿景小结

（1）妇女生活愿景多元化。选择比例高于 10% 的选项是过好现有的日子、照顾好家人、能够学习技能和外出打工挣钱、去乌鲁木齐市看看。

（2）南疆农村妇女主张男女平等，重男轻女的思想不明显。

（3）认为女性有自己独立的思想观念很重要，认为女性一生的责任主要是当好贤妻良母。

（4）对于自己人生思想观念的塑造和影响主要来自父母和丈夫。

（5）大多数妇女想外出打工和学习技能，没有实现的主要原因是没有文化知识基础。

（6）对于自身受教育的愿望强，对于儿女在学历和工作方面的期望值很高。

（7）南疆农村妇女渴望城市生活。认为城市生活可以改变她们的人生。

（8）不同年龄、学历、婚姻史、收入和职业的妇女群体之间差异不显著。

3.6　社区认知与参与

3.6.1　对集体活动的认知与参与表现出一定的积极性和愿望

（1）妇女关注村组织的集体活动。在 218 名被调查妇女中，有 107 人，占 48.9% 的妇女认为村里经常组织活动；有 33 人，占 15.1%，这些妇女认为村里偶尔组织活动；有 77 人，占 35.2%，这些妇女认为驻村队来了常组织(表3-47)。

表3-47 妇女对集体文化活动关注度调查统计

项目		经常组织	偶尔组织	从来没有组织过	住村工作组来了之后,才常组织活动	不知道	合计
所有女性	人数(人)	107	33	1	77	0	218
	占比(%)	48.9	15.1	0.5	35.2	0.0	100.0

(2)在组织了什么活动的认知中,571人次中有209人,占36.6%,这些妇女选择组织了麦西来普活动;有178人,占31.2%,这些妇女选择组织了体育活动;有165人,占28.9%,这些妇女选择组织了看电影活动(表3-48)。

表3-48 妇女对村里文体活动了解情况统计

项目		看电影	麦西来普	体育活动(摔跤、打篮球等)	其他	合计
所有女性	人数(人)	165	209	178	19	571
	占比(%)	28.9	36.6	31.2	3.3	100.0

(3)绝大多数妇女喜欢参加集体活动。有211人,占97.7%,这些妇女喜欢参加集体活动(表3-49)。

表3-49 妇女对举办文体活动的意愿调查统计

项目		喜欢	不喜欢	无所谓	有时间可以参加	合计
所有女性	人数(人)	211	1	3	1	216
	占比(%)	97.7	0.5	1.4	0.5	100.0

(4)对于举办集体活动时间的要求多元。在278人次中,有105人,占37.8%,这些妇女认为一个月一次好;有98人,占35.3%,这些妇女认为经常组织好;有71人,占25.5%,这些妇女认为节日组织好(表3-50)。

表3-50 妇女对集体文化活动关注度调查统计

项目		希望经常有	一个月一次就好	过年过节有就好	不希望	无所谓	合计
所有女性	人数（人）	98	105	71	2	2	278
	占比（%）	35.3	37.8	25.5	0.7	0.7	100.0

（5）喜欢原因明确。在732人次中，有210人，占28.7%，这些妇女认为有利于心身快乐；有133人，占18.2%，这些妇女认为见朋友加深感情；有118人，占16.1%，这些妇女认为加强村民交流；有115人，占15.7%，这些妇女认为可了解政策、知识等；有57人，占7.8%，这些妇女选择有助于传播正信；有55人，占7.5%，这些妇女认为提高妇女参与意识和社会能力；有42人，占5.7%，这些妇女认为能认识更多朋友（表3-51）。

表3-51 妇女对文体活动的认知情况统计

项目	所有女性	
	人数（人）	占比（%）
繁忙后放松身心，愉悦快乐	210	28.7
可以见到朋友，加深友谊	133	18.2
通过参加政府组织的活动可以了解国家的农村政策、法律知识和现代文化知识	115	15.7
加深与村民的交流和感情	118	16.1
传播维吾尔族的传统文化	57	7.8
提高妇女的参与意识和交际能力	55	7.5
扩大社交范围，认识更多的朋友	42	5.7
不知道	2	0.3
合计	732	100.0

（6）喜欢的活动集中在文化娱乐、文化知识、农业技术和各种技能培训。597人次中，有159人，占26.6%，这些妇女喜欢文化娱乐。分别有126人，占21.1%，这些妇女喜欢文化科学知识类和农业技术培训；有107人，占17.9%，这些妇女喜欢技能培训；仅有48人，占8%，这些妇女喜欢体育活动；对于现代文化和宣讲活动仅有10人，占1.7%，这些妇女喜欢参加；对于政策宣讲活动仅有4人，占0.7%，这些妇女喜欢参加

（表3-52）。

表3-52 妇女喜欢的活动统计

项目	所有女性	
	人数（人）	占比（%）
文化科学知识学习	126	21.1
农业技术培训	126	21.1
技能培训如缝纫、烹调、家政、刺绣等	107	17.9
体育活动	48	8.0
文娱活动如麦西来普	159	26.6
外出学习参观活动	6	1.0
茶聚会	6	1.0
同学聚会	0	0
国家政策宣传活动	4	0.7
其他	3	0.5
不知道	12	2.0
合计	597	100.0

3.6.2 参政议政

（1）妇女愿意担当村妇女主任或干部的意愿表现出两极分化，但具有一定的担当意愿。有106人，占48.8%的妇女愿意；95人，占43.8%不愿意；16人，占7.4%没想过。不同层次人群来看，年轻的人，相对学历高的人，相对收入高的人，女能人、女村干部、党员、知识女性选择愿意当妇女主任的比例越高（表3-53）。

表3-53 妇女承担社会责任（妇女主任）的态度调查统计

项目		愿意	不愿意	没有想过	合计
所有女性	人数（人）	106	95	16	217
	占比（%）	48.8	43.8	7.4	100.0

（2）不愿意当村干部的原因多集中在自身原因。有44人，占44%的妇女因为家里事多；有40人，占40%，这些妇女因为没文化，干不好；还有10人，占10%，这些妇女因为事多好处少；有3人怕得罪人。其中第一、第二选择均集中在家事多（38人，占比为53.5%）和没文化（29人，占比为40.8%）两方面（表3-54）。

表 3-54 妇女不愿意当村干部的原因

项目	所有女性	
	人数（人）	占比（%）
家里事多	44	44
管别人，容易得罪人	3	3
丈夫不同意	3	3
没有文化，干不好	40	40
事情多，好处不多	10	10
村里人会说闲话	0	0
合计	100	100

（3）对于村务的关心主要集中在村两委会班子建设。在623人次中，前两位的选项与"班子"有关，有238人选择，占38.2%。其中：有120人，占19.3%，这些人选择了选举；有118人，占18.9%，这些人选择干部素质。选择比例高于10%的选项还有：73人，占11.7%，这些妇女关心政策执行。有62人，占10%，这些妇女关心组织活动。其次是：有53人，占8.5%，这些妇女关心卫生健康和计划生育；有49人（占7.9%）关心"三务公开"；对于驻村工作队工作关心的有48人，占7.7%；对于社会治安管理关心的有26人，占4.2%；对于出义务工关心的仅有3人，占0.5%（表3-55）。

其中，第一选择集中在选举（88人，40.9%）和干部素质（47人，29.9%）；第二选择集中在干部素质（41人，19.1%）和政策执行（35人，16.3%）；第三选择集中在政策执行（31人，16,1%）和干部素质（30人，15.5%）。选择对驻村工作比较关心的集中在第三选择，有26人，占13.5%；第二选15人，占7%。第一选择7人，占3.3%。社会治安管理集中在第三选择9人，占4.7%。第二选择、第三选择均6人，占2.8%。

表 3-55 妇女对村务村事关心倾向调查统计

项目	所有女性	
	人数（人）	占比（%）
村民选举	120	19.3
三务公开（党务、政务、财务）	49	7.9
村民补助的发放	73	11.7
灌溉水分配	22	3.5

(续表)

项目	所有女性	
	人数（人）	占比（%）
村干部的素质如公心、公平、公正、公开和服务水平	118	18.9
农业生产安排	10	1.6
妇女卫生和计划生育工作	53	8.5
组织文化活动	62	10.0
调解各类纠纷	4	0.6
扶贫计划与组织实施	24	3.9
社会治安管理	26	4.2
驻村工作组的工作	48	7.7
出义务工的情况	3	0.5
组织妇女技能培训	11	1.8
不关心	0	0
合计	623	100.0

（4）对村里风气的认知中有相当一部分妇女认为没有不好的风气。在259人次中，有83人（占32%）认为没有不好风气。但有160人次的妇女认为有不好风气，主要表现在：42人认为懒怕受累，占16.2%；有27人认为等靠要思想和不尊敬老人思想严重，分别占10.4%；有15人认为不关心集体，占5.8%；有10人认为男人打老婆，占3.9%；仅有7人（占2.7%）认为村务不民主和不公开；有8人（占3.1%）认为村干部不民主。

第一选择有36人（占50.7%）认为村中有懒惰怕吃苦的不良风气；第二选择有18人（占32.73%）认为村中等靠要思想严重；第三选择有8人（占23.5%）认为村中不尊老人风气严重（表3-56）。

表3-56 妇女认为村中不好的风气的统计

项目	所有女性	
	人数（人）	占比（%）
懒惰，怕受累	42	16.2
等靠要的思想严重	27	10.4
存在不尊敬老人的现象	27	10.4
以脏、乱、差为荣，不注重个人仪表和卫生	5	1.9
男人不干家务	5	1.9

(续表)

项目	所有女性	
	人数（人）	占比（%）
男人打老婆	10	3.9
一天做5次礼拜，不好好干活	2	0.8
只关心自己，不关心集体	15	5.8
村领导不听村民意见，自己说了算	8	3.1
村里的事情不公开	7	2.7
没有不好的风气	83	32
不知道	28	10.8
合计	259	100

（5）对妇联的诉求集中在卫生保健、经常性文体活动、技能培训、减小劳动强度4个方面。

在536人次中，有109人（占20.3%）选择卫生保健；有89人（占16.6%）选择文体活动；有80人（占14.9%）选择技能培训；有25人（占4.7%）选择降劳动强度；仅有49人（占9.1%）希望维护权益，杜绝家庭暴力；解决家庭纠纷，减少妇女离婚率有20人，占3.7%（表3-57）。

第一选择集中在维护权益杜绝家暴（37人，22.2%）和卫生保健（34人，20.4%）；第二选择集中在卫生保健（43人，24.9%）和降劳动强度（39人，22.2%）；第三选择集中在文体娱乐（45人，30.8%）和卫生保健（32人，21.9%）。

表3-57　妇女对妇联的诉求

项目	所有女性	
	人数（人）	占比（%）
维护合法权益，杜绝家庭暴力	49	9.1
汉语和技能培训，提高外出打工的能力	80	14.9
开展法治教育宣传	47	8.8
减少妇女的劳动强度，提高妇女生活质量	75	14.0
组织保健知识学习和体验，提高妇女卫生保健水平	109	20.3
组织经常性的文娱活动，保证妇女的身心健康	89	16.6
及时解决家庭纠纷，减少妇女离婚率	20	3.7
提高有效的措施，解决孩子外出上学的经济困境和大病致贫的问题	25	4.7

(续表)

项目	所有女性	
	人数（人）	占比（%）
不知道	42	7.8
合计	536	100.0

3.6.3 邻里关系

所有 219 人均认为关系好，有事相互照顾。

3.6.4 对驻村工作的认识

（1）绝大多数妇女知道驻村工作。有 212 人知道，占 97.7%。

（2）基本了解驻村工作队所做的工作（表3-58）。在 1 223 人次中，有 198 人了解提供生产资料，占 16.2%；有 194 人了解庭院经济，占 15.9%；有 193 人了解项目建设，占 15.8%；有 166 人了解解决困难，占 13.6%；有 121 人了解组织活动，占 9.9%；有 108 人了解技术培训，占 8.8%；有 97 人了解监督执政，占 7.9%；有 42 人了解组织妇女活动，占 3.4%；跟踪调查发现，妇女对于驻村工作队的工作更加了解。

表3-58 妇女知道驻村工作队做的好事

项目	所有女性	
	人数（人）	占比（%）
争取项目修建防渗渠、修路、打井或安装路灯等	193	15.8
免费提供良种、良苗、肥料等	198	16.2
支持发展庭院经济，庭院种植葡萄、蔬菜和养羊、牛、鸡等	194	15.9
组织各类宣讲和文化活动，丰富村民文化生活	121	9.9
帮扶老、弱、病、残，帮助解决日常生活的实际困难	166	13.6
开展农业技术培训，提高农业生产水平	108	8.8
帮助和监督村两委班子为村民服务，提高他们的思想意识和服务水平	97	7.9
搞活动请大家吃饭	61	5.0
组织妇女参加各项活动	42	3.4
鼓励妇女学知识、技术、技能，外出打工，脱贫致富	43	3.5
不知道	0	0
合计	1 223	100.0

(3) 绝大多数妇女希望驻村工作长效化。有 214 人，占 97.7% 的妇女希望驻村工作长效化。

3.6.5 社区认知与参与小结

(1) 妇女关注村组织的集体活动，绝大多数妇女喜欢参加集体活动。

(2) 喜欢的活动集中在：文化娱乐、文化知识、农业技术和各种技能培训。

(3) 有一半的人如果有机会愿意担当妇女主任。

(4) 对村务的关心主要集中在对村委会班子的建设。

(5) 对村里风气的认知中有相当一部分妇女认为没有不好的风气。

(6) 对妇联的诉求集中在卫生保健、经常性文体活动、技能培训、减小劳动强度 4 个方面。有相当比例的家庭存在家暴现象。

(7) 绝大多数妇女了解"访惠聚"驻村工作队为村里做的好事、实事；绝大多数妇女希望"访惠聚"驻村工作队能留下来继续帮扶。

3.7 政治认知与村务参与

3.7.1 对中国共产党的认知主要表现在"党带领人民能过上好日子"，但妇女党员少，入党的意愿不高

(1) 被调查妇女的 219 人中，有 205 人是群众，占 93.6%；仅有 11 名党员，占 5%，有 3 名共青团员，占 1.4%（表 3-59）。

表 3-59 妇女政治面貌调查统计

项目		群众	共青团员	共产党员	合计
所有女性	人数（人）	205	3	11	219
	占比（%）	93.6	1.4	5.0	100.0

(2) 多数妇女知道本村党员是谁，但仍有相当比例妇女不知道。一是占 83.3% 的妇女了解本村党组织和党员情况。二是仍有占 16.7% 的妇女不了解本村的党组织和党员情况（表 3-60）。三是跟踪调查发现，了解本村党组织和党员的妇女有了明显的增加。

表 3-60　妇女对村党员的认识情况调查统计

项目		知道	不知道	合计
所有女性	人数（人）	180	36	216
	占比（%）	83.3	16.7	100.0

（3）所有妇女对党充满信任。所有受访妇女均坚信党能领导人民过上好日子。

（4）对本村党员的带头作用基本认可，但先进模范作用发挥不够。有 134 人，占 62.6%，这些妇女认可本村党员发挥了带头作用；有 80 人，占 37.4%，这些妇女不认可和不知道党员发挥了什么带头作用；有 28 人，占 13.1%，这些妇女不认可党员发挥的作用；有 52 人，占 24.3%，这些妇女不知道本村党员发挥了带头作用。跟踪调查发现，对于本村党员认可度有所提高（表 3-61）。

表 3-61　妇女对村党员带头为村民做事的认可情况统计

项目		是的	不是	不知道	合计
所有女性	人数（人）	134	28	52	214
	占比（%）	62.6	13.1	24.3	100.0

（5）妇女的入党意愿不高。有 164 人，占 75.2%，这些妇女没有入党的意愿；有过和想过入党的有 54 人，占 24.8%，集中在 30~45 岁、高中毕业、收入在 5 000~8 000 元、干部和女能人的人群（表 3-62）。

表 3-62　妇女参加中国共产党的意愿调查统计

项目		没有	有过	想过	合计
所有女性	人数（人）	164	21	33	218
	占比（%）	75.2	9.6	15.2	100.0

3.7.2　关注村妇女干部工作，具有一定的参选妇女干部的愿望

（1）对村妇女主任工作的认可度较高。有 177 人，占 81.2%，这些妇女认为本村的妇女干部发挥作用好；有 30 人，占 13.8%，这些妇女认为工作一般；有 8 人，占 3.7%，这些妇女认为工作不清楚；仅有 3 人，占

1.4%，这些妇女认为工作不好（表3-63）。不同年龄、学历、婚姻史、收入和职业的妇女群体之间差异不显著。

表3-63 妇女对本村妇女主任履职情况调查统计

项目		好	一般	不好	不清楚	合计
所有女性	人数（人）	177	30	3	8	218
	占比（%）	81.2	13.8	1.4	3.7	100.0

（2）部分妇女参选过妇女主任，但一半妇女仍然没有参选的经历。参加过和想参加选举妇女主任的妇女有103人，占47%，其中有97人（占44.3%）参加过妇女主任选举；有6人，占2.7%，这些妇女想参加妇女选举。但仍有116人，占53%，这些妇女没有参加过选举也不想参加选举（表3-64）。

职业妇女的参选意愿强烈。

表3-64 妇女参加妇女主任选举情况统计

项目		没有	有过	想过	合计
所有女性	人数（人）	116	97	6	219
	占比（%）	53.0	44.3	2.7	100.0

（3）对于妇女参选村干部的态度表现出谨慎的积极。在调查的219人中，有127人（占58%）表示会参选村妇女主任；有58人（占26.5%）表示不愿意参选。另外，妇女参选村干部的意愿强于参选村妇女主任的意愿。在调查的219人中，有150人（占68.5%）会参选和考虑参选村干部的意愿；有11人（占5%）妇女想过参选村干部但存在顾虑（表3-65）。

不同年龄、学历、婚姻史和收入的妇女群体之间差异不显著。

表3-65 妇女竞选村干部的态度调查统计

项目		会参加	会考虑	不会	想参选但有顾虑	合计
所有女性	人数（人）	127	23	58	11	219
	占比（%）	58.0	10.5	26.5	5.0	100.0

在调查的 388 人次中，有 215 人（占 55.4%）认为体现男女平等妇女应该参加村干部的竞选；有 147 人（占 37.9%）认为支持妇女参选村干部，认为妇女参选是体现妇女地位的表现；有 21 人（占 5.4%）认为征得丈夫同意后可以参选；仅有 2 人（占 0.5%）认为家务多不愿意当村干部（表3-66）。

不同年龄、学历、婚姻史和收入的妇女群体之间差异不显著。

表 3-66 对女性当村干部的认知

项目	所有女性	
	人数（人）	占比（%）
男女平等，都可以竞选	215	55.4
支持妇女当村干部，体现妇女的地位	147	37.9
征得丈夫和家人的支持后可以竞选	21	5.4
妇女家中事多，当领导后顾不了家，最好不要当	2	0.5
自己的事，想竞选就去	2	0.5
无所谓	1	0.3
总计	388	100.0

（4）大多数妇女具有担任村干部的自信心。有 178 人（占 82.4%）认为自己有能力有信心担任村干部；有 38 人（占 17.6%）没有自信心（表3-67）。

岁数越大的妇女具有担任村干部的自信心减弱，学历越高顾虑越多信心减弱，收入越低信心减弱。

表 3-67 妇女对担任村干部信心和能力的自我评价情况统计

项目		有	没有	合计
所有女性	人数（人）	178	38	216
	占比（%）	82.4	17.6	100.0

3.7.3 妇女参与村务管理程度总体不高

（1）多数妇女没有参与村务管理的经历。在调查的 219 人中，有 181 人（占 82.6%）没有给村事务管理提过任何建议；有 32 人（占 14.6%）提过建议；有6人（占2.7%）想过建议但没有落实。职业妇女、学历高的妇女参与村事务管理的比例较高。跟踪调查发现，大胆向村两委提建议的妇女比例有明显提高（表3-68）。

表3-68 妇女给村委会提建议情况统计

项目		没有	有过	想过	合计
所有女性	人数（人）	181	32	6	219
	占比（%）	82.6	14.6	2.7	100.0

（2）与其他人共同组织活动积极性相对较高。在调查的219人中，有114人（占52.1%）有过组织村活动的经历；有105人（占47.9%）没有此经历（表3-69）。

职业妇女和高学历妇女的积极性相对较高。

表3-69 妇女与其他人一起组织公共活动情况统计

项目		没有	有过	想过	合计
所有女性	人数（人）	98	114	7	219
	占比（%）	44.7	52.1	3.2	100.0

（3）做草根宣讲员经历的妇女占有一定比例。有31人（占15.7%）有做草根宣讲员的经历。职业妇女和高学历妇女的积极性相对较高（表3-70）。

表3-70 妇女做草根宣讲员情况调查统计

项目		没有	有过	想过	合计
所有女性	人数（人）	164	31	2	197
	占比（%）	83.2	15.7	1.0	100.0

（4）相当多的妇女参与村重大决策过程。有164人（占75.2%）参加过村决策的过程。

不同年龄、学历、婚姻史和收入的妇女群体之间差异不显著（表3-71）。

表 3-71 妇女参与村重大事务决策情况统计

项目		参加过	没参加过	合计
所有女性	人数（人）	164	52	216
	占比（%）	75.2	23.9	100.0

（5）有相当一部分妇女学习过有关政策和文件。有 96 人（占 44%）学习过有关政策和文件，但是主要是被动学习；有 117 人（占 53.7%）没有学习（表 3-72）。

职业妇女学习的较多。

表 3-72 妇女学国家政策、法律、妇女保护文件等情况统计

项目		没有	有过	想过	合计
所有女性	人数（人）	117	96	5	218
	占比（%）	53.7	44.0	2.3	100.0

3.7.4 政治认知与参与小结

（1）妇女党员比例低，妇女入党意愿不高。

（2）妇女普遍坚信共产党能带领她们过上好日子。

（3）大多数妇女对妇女主任所做的工作认可，普遍支持妇女参与村干部的竞选。大部分妇女认为如果自己当选妇女主任，有信心和能力干好。

（4）妇女参与村务管理程度低，大部分妇女没有给村务管理提过建议。但是，有相当多的妇女愿意参与村重大决策的过程。妇女组织集体活动的积极性相对较高。愿意做草根宣讲员妇女占比高。

（5）妇女学习政策和文件主要与村两委组织学习的要求有关。但是，妇女参加学习的比例不到 50%。

（6）妇女权益受侵时多数妇女愿意找村委会解决，近 3 年上访减少。85.7%的妇女选择由村委会解决。

3.8 国家及民族认同

3.8.1 妇女具有正确的国家认同观

（1）全部调查妇女均认为国家对自己非常重要。

(2) 对于国家执政和服务能力认可度高。有 211 人（占 97.8%）认为国家服务能力强对人民的帮助大。

(3) "对口援疆"工作具有一定的影响力。有 185 人（占 86.4%）知道国家开展"对口援疆"支持新疆发展（表 3-73）。

职业妇女了解度较高。

表 3-73 对"对口援疆"的了解情况统计

项目	知道		不知道		合计
	计数（人）	占比（%）	计数（人）	占比（%）	
所有女性	185	86.4	29	13.6	214

3.8.2 具有基本的民族认知

(1) 对于我国信仰伊斯兰教的民族有基本认识。有 147 人（占 67.7%）认为我国是一个拥有多个信仰伊斯兰教民族的国家；42 人（占 19.4%）具有模糊认识，认为维吾尔族是我国唯一信仰伊斯兰教的民族（表 3-74）。

职业妇女的认知度较高。

表 3-74 维吾尔族是否是我国唯一信仰伊斯兰教的民族认知统计

项目		是	不是	不知道	合计
所有女性	计数（人）	42	147	28	217
	占比（%）	19.4	67.7	12.9	100.0

妇女对于信仰伊斯兰教民族的认知不够全面。有 145 人（占 87.35%）选择了回族；有 140 人次（占 84.3%）选择了哈萨克族；有 113 人次（占 80.1%）选择了柯尔克孜族；有 80 人（占 48.2%）选择了塔塔尔族；有 15 人（占 9%）选择了乌孜别克族。

(2) 对于民族国家观以及对于维吾尔族民族性的认知较全面和正向。全部妇女认为维吾尔族是中国的一个民族，具有明确的国家民族观。有 212 人（占 97.7%）认为维吾尔族是一个优秀民族。优良传统的认知度明显，认为具有尊老爱幼传统的妇女有 185 人，占 88.94%；认为具有好客习俗的妇女有 181 人，占 87.02%；认为具有做善事传统的妇女有 173 人，占 83.17%；认为具有节俭习俗的妇女有 106 人，占 50.96%（表 3-75）。

表 3-75 妇女对维吾尔族优良习俗的认知情况统计

项目		尊敬赡养老人	崇尚节俭	多做好事善事	能歌善舞	热情好客	勤奋	与人为善	帮助别人	追求正信	其他	合计
所有女性	计数（人）	185	106	173	97	181	82	84	66	33	3	208
	占比（%）	88.94	50.96	83.17	46.63	87.02	39.42	40.38	31.73	15.87	1.44	

（3）作为维吾尔族的自豪感强烈。全部妇女认为自己作为维吾尔族的一员感到十分自豪。

（4）对于其他民族的排他性不强烈，总体认知正向。有 199 人（占 91.28%）认为其他民族与维吾尔族一样优秀；有 183 人（占 83.94%）认为各民族都有自己的优秀文化（表 3-76）。

表 3-76 妇女对其他民族的认识情况统计

项目		与维吾尔族一样优秀	不如维吾尔族优秀	容易和睦相处	都有自己的文化	各过各的生活，来往很少	不知道	合计
所有女性	计数（人）	199	2	83	183	3	2	472
	占比（%）	91.28	0.92	38.07	83.94	1.38	0.92	

（5）绝大多数妇女认为加强民族团结重要。有 217 人（占 99.5%）认为加强民族团结重要。

3.8.3 国家及民族认同小结

（1）绝大多数妇女对国家和民族有着正确的认知和高度的认同感。

（2）妇女具有正确的国家认同观，对于其他民族的排他性不强烈，绝大多数妇女认为加强民族团结很重要。

（3）对于民族国家观以及对于维吾尔族民族性的认知较全面和正向，对于我国信仰伊斯兰教的民族有基本的正向认识。

（4）国家"对口援疆"决策的影响力较大。

4 妇女再生产、生产和社区参与的三重角色

随着"访惠聚"活动的持续深入推进，妇女在生产、生活、家居环境、生活质量、社区参与程度等方面发生了显著的变化，本研究在2016年调查研究的基础上，持续开展了6年的跟踪调查，对各项调查指标的差异性从再生产、生产和社区参与三个方面进行了跟踪纵向对比，并从理论层面分析了"访惠聚"政策在其中发挥的作用，工作路径和变化的条件、原因等。

4.1 再生产：政策影响的起点

"访惠聚"政策以嵌入和融入的治理机制、以派出驻村工作队的形式，打破了原有的行政体制的界限，通过外部力量解决了农村内部单靠自治力量难以解决的问题与困境，实现了国家基层治理意志。其中，性别敏感的治理机制作为"访惠聚"政策的重要内容，始终注重从性别视角将妇女作为农村社会治理和脱贫攻坚的主要力量，制定机制、明确目标、落实政策、组织活动，对性别平等中公平、参与和协作的实现发挥了重要的推动作用。在国家公共政策与驻村工作队的干预下，家庭既是变化的基础，又是其核心，南疆妇女的"解放"很大程度始于家庭内部。本章将以2016年的问卷调查数据和2016—2021年的半结构访谈数据为基础，查阅政策实施前纵向20年的历史文献，借鉴卡洛琳·摩塞的三重角色的性别分析框架（再生产、生产、社区参与），分析政策嵌入后妇女"再生产"角色产生的变化以及由此带来的性别需求和妇女地位的变化，同时分析推动妇女"再生产"角色变化过程中政策行动的内在逻辑和工作路径。

"再生产"是性别研究的核心概念之一。按照卡洛琳·摩塞（2004）的定义，再生产主要包括生育、照料和无酬的家务劳动。马克思认为："人类历史的第一个前提就是有生命的个人的存在，而人的自身生命的产生、维持和发展就是人的再生产"（于佳等，2019）。对于当代许多性别研究的学者而言，再生产不仅仅是关于一种劳动性质的表述，而是"谁在做，做什么"的问题。由于在贫穷的社区，再生产的工作绝大部分是劳动密集型的，并且非常耗费时间，这些工作往往由女性来承担。这样，"再生产"就不仅是道德意涵，也是理解女性处境、批判现实社会的重要概念。在新时代，妇女生

活及在家庭中的地位与角色都将重新定义。

4.1.1 饮食结构和烹饪方式满足性别需求

不同民族对饮食中的差异,除主要来自地理环境的制约因素外,还表现出一定的文化差异(刘志扬,2004)。南疆属于干旱绿洲生态区,干旱少雨,农作物单一,经济发展滞后,生活水平不高,养成了自然简朴的饮食习惯。主食以馕、拉面、抓饭为主,调配有包子、吾麻什(糊糊)、曲曲(类似馄饨)等;蔬菜种类较少,有恰玛古(芜菁)、胡萝卜、皮芽子(洋葱)、白菜、辣椒等,叶菜类较少。牛羊肉价格较高,日常主要是以少量添加在菜中的形式烹制,偶尔会做抓饭,抓饭里会放大块肉。鸡肉、鸽子肉价格相对便宜,常见于人们的日常生活中,没有食用海鲜的习惯。新疆是瓜果之乡,南疆水果丰富多样,维吾尔族吃水果的历史悠久,主要以当季水果为主,如西瓜、甜瓜、葡萄、石榴、无花果、杏、梨、苹果、桑子为主,干果吃的也较多,有核桃、杏干、巴旦木、葡萄干、红枣等;还喜欢喝茯茶,吃糖果和甜点,家庭条件较好的村民会喝酸奶。严禁吃猪、驴、狗及一切未放过血的畜禽肉,禁食一切动物的血。2016 年调查点的 4 个村,有 97.4% 的家庭每日饮茶、95.7% 的家庭每日吃蔬菜、93.9% 的家庭每日必须吃馕、70.4% 的家庭每日都吃水果、有 58.3% 的家庭每日吃拉面。抓饭、鸡肉、鸽子肉、清炖羊肉、烤肉和酸奶并不是日常食物,仅是节日、赶巴扎等时节的偶尔食物。日常的饮食以茶、馕、拉面和水果为主。

与传统饮食习惯相比,现在的维吾尔族家庭饮食的最大变化就是饮食结构和烹饪方式的多样化,烹饪工具操作简易化,主要原因是外界环境的影响,多民族文化交流的增多、技术水平的提高和生活条件的改善。"访惠聚"驻村工作队在推进经济发展、民族团结和生活改善的过程中,将多元的饮食文化引进并推广到南疆农村农户的生活中,促使当地农户的饮食结构发生变化,变得更加丰富。

首先,庭院经济、设施农业项目的引入丰富了村民对蔬菜的需求。"访惠聚"结合南疆农户庭院面积大的特点,推行庭院经济发展,增加农民收入。庭院经济的发展拓展了农村家庭经营的渠道,庭院种植以设施蔬菜、葡萄和果树为主,经营主体由女性承担,经济收入可观。一定程度上增加了女性对家庭收入的贡献,对提高女性的家庭地位发挥了积极的作用。本研究 4 个村驻村工作队有计划地实施庭院经济项目,并给予必要的资金与技术支持,鼓励院边葡萄架、前院果树、后院小菜园的模式。庭院经济每年可为每户增加 2 000~10 000 元的收入。同时，满足了农民自家的蔬菜和瓜果消费，节省了家庭支出，逐渐养成了吃菜的习俗。

设施农业发展是南疆农业的主要产业，设施农业以蔬菜种植为主，扩大了南疆蔬菜生产规模，一方面增加了产业收入，另一方面大量的蔬菜供应为当地农民的消费提供了保证，使得蔬菜消费成为农户的日常习惯。K 乡 a 村 2018 年为贫困户建设庭院拱棚 41 座，主要开展"春提早和秋延晚"蔬菜种植，每座拱棚补助 9 000 元，并建立了技术指导机制，当年建设当年收益，每个大棚实现收益 3 000~8 000 元，带动贫困户增收。其中，建设合作社连片拱棚 19 座，由村委会统一经营管理，经营收入按扶贫资金投入额不低于 5% 的比例进行分红，保证了贫困户持续增收①。无论是庭院经济的蔬菜拱棚还是蔬菜大棚生产，无论是家庭经营还是合作社管理，不仅增加了农户的经济收入，而且影响了当地农户的饮食习惯。在蔬菜合作社打工的 42 岁的海日古丽·图尔荪表述了她家饮食结构的变化：

"过去蔬菜主要吃白菜、胡萝卜、马铃薯、恰玛古、皮芽子，现在黄瓜、辣椒、番茄、小白菜经常吃，像现在种植的韭薹、生菜、韭菜、菜花这样的菜以前没有见过。以前我们，忙的时候就吃馕、喝茶，田间地头都带着馕和茶，简单一吃就行。不忙的时候炒个大杂烩菜（各种菜放在一起炒，如萝卜、恰玛古、辣椒、肉丁等），来客人了一般会做大盘鸡招待客人，逢年过节或者有人结婚的时候可以吃上抓饭、烤肉。有时候逛巴扎也吃点烤肉、抓饭。我现在在这里跟专家学会了怎样种植管理这些菜，我家的小拱棚也种了这些菜，连邻居和亲戚都跟我学会种这些蔬菜了。现在我家吃菜的种类多得很，变样子给老公和孩子做上吃，他们都高兴得很。"（访谈记录 20210503，海日古丽·图尔荪）

其次，文化交流的加深丰富了村民的饮食结构和烹饪方式。饮食文化并不是一成不变的，随着经济、科技的发展，生产力的进步，饮食文化潜移默化地会发生改变。追求食物的美味、多样性和营养均衡是人的本性。研究表明，经济收入水平的提高使妇女比男性会投入更多的金钱和精力到生活水平的改善中，特别是女性作为母亲和再生产劳动的主要完成人，比男性对生活条件的改善更敏感，要求更高。南疆农村地区的少数民族受地域、文化、语言的限制，与其他民族交流、接触的机会不多，妇女更是禁锢在家庭中，其饮食文化中融合其他地区或民族的饮食文化的内容不多。经济发展是人类饮

---

① 资料来源：七村 2018 年驻村工作队总结（内部稿）。

食文化的基础，人类饮食文化的形成往往追逐高档饮食的营养和丰富为向标，饮食的丰富和日常的营养消费显示出人们的富裕程度，饮食文化呈现出多元化和高层次的发展方向。"访惠聚"活动的开展，一方面促进了南疆农村经济的发展，农民收入不断提高。驻村工作队将城市饮食文化、其他民族饮食文化带到了村里，促进了民族饮食文化的交流交融。另一方面为农村与城市、民族与民族、贫穷与富有的文化交流和碰撞开辟了多向的通道，特别是为少数民族妇女提供了与外界接触的机会，开阔了妇女的眼界，激发了妇女拥有美好生活的欲望和努力学习的动力。

2016年开展了"民族团结一家亲"——结对认亲活动，全疆各级公职人员与农户结对认亲。笔者所在单位55名职工被安排在K乡c村开展了结对认亲，每一位职工的亲戚都是贫困户或特殊户，家庭收入低、生活条件差。每位职工每年4次，每次5天集体前往村中走亲戚，到了亲戚家中，与亲戚同吃同住同劳动，帮助亲戚除草、收获玉米、掰粒，饲喂牛羊；与亲戚一起做饭、吃饭、打扫院落；帮助亲戚盖房子、给孩子辅导作业等。其中，对妇女最大的影响就是饮食的改变。结亲干部通常4~5人结伴一起入住在亲戚家，吃饭是一天中必需的活动，大家一直认为住在亲戚家不能给亲戚增加麻烦，我们买菜做饭与亲戚一家人一起享用。我们带去的食品，如虾、鱼、月饼、青团、腐竹、豆干等村民很少见过或未见过。农民们第一次吃到新食材新做法的美味菜肴，开阔了农村妇女的眼界，让她们感受到了多元饮食文化的魅力和吸引力。与村民们做饭用不一样的调料和方式是当地妇女关注和感慨的一个方面。张老师的亲戚是一位年轻的妈妈，经历了"民族团结一家亲"的文化交融和饮食交流，她感慨地说：

"我们之前很少这样炒各种青菜吃，炒大盘鸡也没用过这么多种调料，这样做出来的菜确实好吃，而且我们头一次吃香辣虾，这个像虫子一样的东西，看着害怕，吃着好吃。炒菜的搭配方式好多都是头一次见，真的很好吃，我孩子中午吃了好多，胃口都变好了。"（访谈记录20190818，张老师亲戚）

"民族团结一家亲"活动对大众饮食认知和习惯的改变产生了一定的影响，驻村工作队还通过妇女技能培训班培养了一批"精英厨娘"。d村工作队的"大厨"曾是贫困户，是一位典型的家庭妇女。但是，她人很灵活，讲究卫生，又十分勤快，仅依靠9亩地难以让7口之家富裕起来。"访惠聚"工作队根据她家的具体情况，安排她老公外出打工，一年收入20 000元左右，将她聘为工作队的厨娘，一年收入19 000多元。

D领队说,她刚来时只会做拉条子、抓饭、汤饭等简单的饭菜,不太会炒菜,炒的菜像水煮出来的,早上熬稀饭还放羊肉,她们认为这是好东西。可是,我们吃不惯,我们一点点教她,现在已经会做的饭菜品种不少了,做的也好了,做的"香辣龙虾尾""红烧牛排"都"远近闻名"了。其他村的队员来村里就点名要吃这几样菜呢。国家通用语也会说一点了,家庭收入提高了很多。(访谈记录20160712,D领队)

正忙着做中午饭的厨娘看上去确实有"大厨"样子,只见她一手拿着锅在熟练地颠锅,菜在锅中翻腾伴随着瞬时起火,十分熟练地操作。她神情自若地一边炒着菜一边说:"火大了炒的菜好吃。"

再有最后,收入的提高、烹饪工具的更替给妇女的烹饪方式带来了便利、节约了劳动时间。2016年调查发现,南疆农村家庭做饭时的燃料主要是木柴,有98.6%的家庭使用木材做饭;有85.25%的家庭使用煤做饭;使用煤气的家庭仅占4.15%;使用沼气的仅有3.23%的家庭(表4-1)。

表4-1 家庭做饭燃料使用情况

项目	人数(人)	占比(%)
木柴	214	98.62
煤	185	85.25
煤气	9	4.15
沼气	7	3.23
其他	1	0.46
小计	217	100.00

随着"民族团结一家亲"的持续推进,前往农村的时间多了起来,经常入住农户家,有时会觉得生活不方便,就会带去一些便利的生活用品。在村民家用热水不方便,很多人带去了电烧水壶。还有些人觉得吃饭生火不方便或者太单调,还带去了电磁炉,做饭不用生火还可以吃火锅,这些东西往往就留在了村民家,下次来继续用,间接地为妇女提供了便利化的器具,并逐渐成为妇女们做家务劳动的"利器"。几年下来,笔者发现很多村民家自己也买了电烧水壶、电磁炉、电饭锅等。

笔者的亲戚祖丽菲亚·艾比不拉说:"用了这些电器我都变懒了,觉得生火做饭、烧水好麻烦,有这时间不如看看手机或电视休息一下。"(访谈记录20190709,祖丽菲亚·艾比不拉)

研究发现，饮食方式的转变与妇女地位的提高是一种隐性的相互影响互相促进的关系。外界环境的影响、文化交流的增多、技术水平的提高和生活条件的改善增加了妇女信息获取途径，反应在饮食上就是饮食结构和烹饪方式的多样化、注重营养和口感的成分更高，妇女在这一过程中信息捕捉能力更强、更敏感，在饮食变化中更能获得家人的信任，从而会享有更多的家庭决策权，有益于妇女家庭地位的提高。烹饪工具的更替一定程度上解放了妇女的劳动强度和时间，使妇女能腾出更多的时间精力用于其他事情，如娱乐、学习、打工等。当地家庭饮食结构和烹饪方式多样化，由温饱向营养、口感、享受转变，与"访惠聚"活动的开展有着直接的关系。

4.1.2 居住环境和条件改善提升性别需求

在"访惠聚"政策下，即便妇女的角色已经发生了显著变化，并不再如陈旧观念中妇女应当"大门不出、二门不迈"所描述的那样只是绕着日常家务转，妇女的活动天地只被限制在家庭这个私领域；然而，家庭依然是她们活动的主要"舞台"，在这十分狭窄的天地中，她们仍能发挥极大的影响。在公领域的社会活动中能发挥作用的妇女也仍然比男人更关注与家庭生活相关的事务，如从哪里能买到便宜而且质量好的食物、怎样让全家男女老少无灾无病、怎样让全家吃饱吃好、怎样使居室居住舒适等等。南疆农村广大妇女在诸如此类的事情中发挥着不可替代的作用。已有研究表明，居住环境和家居条件的改善，对妇女身心健康、劳动效率的提高、劳动时间的投入、劳动强度的减弱都有所缓解（冯敏等，2000）。由于经济和社会发展所限，南疆农村在很长一段时期居住环境和家居条件都处于一个较低水平。然而，居住环境和家居条件在主流扶贫、乡村振兴战略的推进中是重要的效果评价指标。同时，从性别需求实现的视角来看，它也是女性现实性别需求得以满足的重要基础。"访惠聚"政策则促成了这一现实性别需求实现的达成。

4.1.2.1 卫生条件较差、功能单一是南疆农村居住条件存在的主要问题

住房是人们最基本的物质生活条件，住房状况不仅是衡量农村村民生活水平和质量的重要指标，也是展现经济社会发展和文明程度的重要指标。维吾尔族家庭模式以男主外女主内为主，村庄和居室是妇女活动的主要场所。因此，其整体环境和卫生条件对妇女身心的影响显然要比男性大得多。然而，在过去的南疆农村大部分贫困地区居住条件简陋，以土坯房为主，房间

间数较少，一般一户人家有三间房，分为外间（客室、餐室、夏室）、后室（冬室、卧室）和储藏间，沐浴一般都是另外搭建一个2~3平方米的简易小房。后室有炉子，冬天取暖、烧水、做饭。居室的地面一般是土地或砖地，房间窗户较小，有窗户的墙面通常被窗帘遮满，作为装饰，一般不开窗通风，房间较阴暗。外间和后室会用土块砌成三面靠墙的土炕，整个房间基本被土炕占满，只留一个走道，炕上铺地毯，被褥靠墙堆放，没有其他家具。家中的所有活动，如睡觉、做饭、吃饭、待客、孩子写作业等活动全部都在炕上完成，地毯不常清洗，残渣堆积在地毯上，滋生了跳蚤、虱子、老鼠等害虫。此外，人畜混居是维吾尔族传统居住方式的显著特点。通常，家畜棚圈挨着住房，人畜共院，房屋布局不合理。厕所以旱厕为主，一个坑两块板用随手可得的材料围成圈就是厕所。厕所位置一般在外墙边上离住房较远。院落多为土地面，并堆放着杂物，居住环境不利于身心健康。南疆是妇科病、肺结核、肝炎、肠胃道疾病高发区，与居住环境卫生条件等因素有着直接的关系。

4.1.2.2　改善居住条件和环境的工作路径

（1）安居房建设和庭院经济对住房环境的改善。自2014年"访惠聚"活动开展以来，工作队全力协助县政府推进安居富民房建设，同时，还争取财政拨款设立了富民基金，扶持已建安居房农户发展设施农业、养殖业、手工业等庭院经济，帮助村民走上致富路。特别是乡村振兴以来，环境治理的力度不断加大，厕所革命、"三区分离"、庭院经济等措施的落实。南疆农村的村容村貌、居家环境发生了巨大的变化，从凌乱的村舍到整齐有致的乡村新貌，安居惠民工程、乡村环境整治等工程的推进改变了农民家庭的居住环境和生活状况。S县已有近18万人告别了危旧土坯房，住进了宽敞明亮的安居房，开启幸福生活。"访惠聚"工作队是富民安居房建设的直接推动者，按照"政府引导、农民主导、企业帮扶、援疆支持"的工作思路，通过资金帮扶、物质帮扶、智力帮扶等方式，在改善村民居住条件的同时大力支持农户发展庭院经济，拓宽收入渠道。一是配合县和援疆省（市）推进工程进度，在全村宣传富民安居政策，帮助村民答疑解惑，确定核实符合享受富民安居工程农户；二是对富民安居工程的整体规划和具体方案进行讲解说明，先是集中以大会的形式对房屋院落设计做总体说明，再入户对农户进行现场讲解，图纸解说，让农民心中有数；三是与农民进行交流，倾听农民心声，了解村民的实际需求和住房愿望，尽可能地满足农民的愿望；四是帮助村民落实补贴款项到位情况；五是根据本村的实际情况和村民愿望，工作队在咨询专家和专项论证的情况下，结合设施农业、养殖业、庭院经济、人文发展、提出村庄发展的整体发展设想。

K乡总领队W队长说：政府建安居房是要切实改善村民的居住条件，让村民住得下、稳得住，真正实现安居富民。我们必须尊重村民的意愿，看看他想住什么样的房子。因此，我们开展了入户调查，了解了农民的心声，他们有很多好的想法，比如了解到很多农民想分户。但是，又不想放弃原有的住宅，而且有些农民只能拿出1万块钱，或者仅有几千块钱；更多的农民都能与时俱进，想有庭院并且能够发展庭院经济，新盖的房子能够有更多功能，比如有厨房、卫生间。希望在原有住房的基础上扩建，并且能将原有房屋的保温效果提升、门窗换成塑钢的需求。这些建议都很好，我们在与上级部门和规划院的交流中也反映了村民的心声。同时，我们也考虑村民的生活习惯，在前院中设置葡萄架、花园、种植区、凉棚等多种功能区，在后院中还设置牲畜棚、农具棚、仓库等附属用房。（访谈记录20210504，W队长）

特别是"访惠聚"工作队以"急群众之所急，解群众之所困"作为为民办实事的宗旨，工作队深入农户家走访调研，解决了很多村民在建房中遇到的实际困难。如2015年b村村民麦尔妮莎·努尔得到政府富民安居房补贴款2.85万元，准备建房时却遇到了大难题，她60岁的母亲得了重病，建房的自筹款又是贷款，已经有了负债。实在没有钱给母亲看病的麦尔妮莎在万般无奈的情况下，不得不将建房的贷款用于母亲住院治疗，富民安居房无法按期开工建设。工作队第一书记得知了这一情况，了解到麦尔妮莎离异自己带个孩子，母亲还在生病，确实存在实际困难。在工作队的多方协调下，最终，争取到乌鲁木齐市一家民营企业的赞助为麦尔妮莎一家解决了资金困难。当她带着母亲和孩子告别阴暗的土坯房，搬进宽敞明亮的80平方米的富民安居房时，一家人真正感受到党的温暖，使麦尔妮莎建立起人生信心。我们访问了刚住进新房的麦尔妮莎家，当我们走进麦尔妮莎家里时，看到她家焕然一新的面貌，也都替她感到高兴。当说到建房时她为得到工作队的帮助，解决燃眉之急激动地流下了眼泪。随后，在工作队的帮助下，麦尔妮莎已经成为村委会的一名保洁员，面对我们的采访，她说道：

"要不是工作队真心帮助我们，我们孤儿寡母今天也住不进宽敞明亮的房子，工作队为什么不早点来呢？早点来，我们的好日子也早点来了，工作队来了，我们的好日子也才来，我现在经常给孩子说，一定要好好学习，做一个对社会有用的人，感谢政府对我们的帮助。"（访谈记录20190708，麦尔妮莎·努尔）

文本框 4-1　安居房补贴标准

> 《新疆维吾尔自治区惠民政策明白册》规定：凡具有新疆农村户籍的，现有住房不抗震或面积、功能不达标，自愿申请建房的农户，中央和自治区建房补助资金 18 500 元/户、对口援疆省（市）援助资金 10 000 元/户，共计补助资金为 2.85 万元/户。按照《自治区安居富民工程农村家庭建房贷款财政贴息专项资金管理暂行办法》的规定，对一般农户建房贴息 3 年，贫困群体建房贴息 5 年。

数据来源：《新疆维吾尔自治区惠民政策明白册》。

截至 2020 年，S 县一共投入资金 12.3 亿元，建设富民安居房 43 210 套，竣工率达到了 99%，4 个村的工作队协助县政府完成富民安居房建设 1 300 多套，贫困户全覆盖。

文本框 4-2　安居房给村民生活带来的改变

> b 村村民买热木尼沙·阿卜杜热依木说："建设安居房政府给我们每户补贴了 28 500 元，大大减少了我们的负担，工作队还给我家门口的路面铺了水泥，带着我们在每家门前都种了花和树，每家门口还搭建了整齐的葡萄架，我们村真是越来越美丽，我每天这样的环境生活心情太满足了。真心感谢党和工作队。"
>
> 走进装饰一新、宽敞明亮的 a 村艾孜约麦尔·萨比尔家，他热情地向笔者介绍新房的居住设施：宽敞温暖的卧室、独立的卫生间、清洁的自来水，院内还建有菜窖、棚圈、拱棚。他说："以前全家 4 口人住在 50 平方米的土坯房里，房子里黑得很，生活也很不方便。现在只花了 6 万多元就住进了面积大、坚固、配套设施完善的安居房，一家人真正过上了幸福的生活。"
>
> a 村村民帕夏古丽·阿布拉说："我家现在有三间卧室，我和丈夫一间卧室，我儿子和女儿也都有了自己的卧室，特别是女孩长大了，可害羞了，要保护自己的隐私，现在她的愿望实现了"。
>
> d 村村民玛依斯古丽·图尔逊提过去一家 6 口人挤在不足 40 平方米的土坯房里，她在 2017 年享受到当地安居惠民房的优惠政策，搬进了 90 平方米的安居房，居住条件发生了翻天覆地的变化。在访谈中，她提到：现在新修建的房子和城里亲戚家的楼房差不多了。冬天的时候，家里有火墙；夏天也有了洗澡的地方，还修建了干净的厕所。虽然在农村，但我们过的是城里人的生活，呼吸着农村的新鲜空气，这个方面和城里没有区别。家里修建安居房一共支出 6 万元，国家补贴了 2.85 万元，自己只掏了一半钱。如果没有工作队的帮助，我们现在一家人还住在土坯房里。

数据来源：访谈记录 20190721。

一栋栋整齐划一的富民安居房排列在道路两边，平整的硬化路面铺展到村落的尽头，安居惠民工程不仅改善了村民的居住条件，还改变了村容村貌，村民的生活环境得到了极大的改善。

（2）健康起居对居家环境的改善。村民陆续搬入富民安居房，住房条件变好了，可是村民的居家环境依旧没有改变。一是村民建房已经花费了很多钱，没有更多财力再改善居家环境和条件；二是长期的生活习惯和现代生活信息的闭塞使村民没有改变的意识和想法。笔者于2016年开始多次往返于村中亲戚家，吃住在村民家，深刻感受到了生活的不便。冬季生炉子取暖，我们睡在土炕上，半夜里炉火熄灭后，寒冬腊月的后半夜就冷得有些受不了，盖着厚重的大被子还觉着冷。夜里还得穿好衣服拿上手电筒到院子去上厕所。睡的土炕只是用砖块砌成并没有连接炉子，不能加热。村民做饭的时候，炕上放个木板开始切菜切肉；吃饭的时候，炕上铺块布，食物就直接放到布上，食物残渣等积攒在毯子里，不经常清洗的毯子还藏了不少小动物（跳蚤、虱子）。睡在土炕上经常被跳蚤咬得全身是包，有的同事被跳蚤咬得严重到要去医院打点滴，还会偶遇老鼠、蜘蛛等也是见怪不怪。而且为了适应南疆沙漠地区降水量少、昼夜温差大的自然环境，传统维吾尔族民居多为隔热性能良好的平顶土坯住宅，土墙厚实，窗子较少较小，即使住进了安居房，村民的窗子依然被厚重的窗帘遮挡长年不开窗通风已经成为习惯。这种生活方式，在一定程度上也对南疆村民的身体健康造成了影响。一年一度的新疆全民免费体检结果发现南疆广大农村地区的结核病、风湿病、肝炎、妇科病等慢性疾病发病率高于全国和全疆水平。居住环境和条件差，房间不透风、土炕阴湿、炕上的毛毯卫生差、打扫卫生不彻底等都增加了患病的概率。三是"访惠聚"工作队针对居住生活问题，通过向上级反映，高层推动，喀什地委组织"访惠聚"工作队率先行动起来，从改变土炕使用习惯开始。拆除土炕容易，让农民睡在床上，绝不是简单地买张床或者送张床就能实现的。农民的土炕居住习俗具有历史的传承，承载了切菜、吃饭、学习、会客、睡觉等多种功能，席地而卧，只需在地上铺一个毯子或毡子，就可解决生活的多重需求，而且成本低。要把土炕变成床，就要改变炕的多功能性，还要添置床、餐桌、板凳等配套家具，增加生活成本。而且，土炕可以睡多人，可是，一张床只能睡2~3人，床多了，一个卧室又放不下，问题众多。到了冬天，每间卧室都要架煤炉，取暖的成本也要翻倍。所以，居家环境的改善一定要有经济的支撑。因此，农民自愿、政府补贴成为居家环境改善的有效措施。本研究的4个村第一批有82家实施了家居环境改造工程，参加改造的农户以做生意、外出打工、生产收入稳定的富裕户为主，工作队为了减轻农户的负担，组织农户团购床、桌椅等家具。对于家庭条件困难的农户，工作队组织结亲干部帮助购买床和桌椅，组织本村的木匠集中生产一批家具，微利销售给农户。还出台了针对贫困户的帮扶政策，由工作队向社会企业筹款为贫困户购买家具。组织驻村工作队单位开展了为贫困户捐助家具的活动，仅K乡c村就收到105件家具的捐助。在"访惠聚"工作队的持续推进下，村庄产业不断发展，经济效益持续增加，农民收入大幅提高，居家环境改造全面完成。到2020年脱贫攻坚结束之年，居家环境和条件作为考察脱贫攻坚任务完成的一项重要指标，四个村全面达标。a村作为小村首先完成了居家环境改造，全村408户农户，"访惠聚"工作队按照"缺什么补什么的原则"挂图作战，达到以下标准：①家中必须做到"五有"，有围墙、有地面硬化、有厨房（设施齐全）、有卫生间、有家具（沙发、茶几、床、桌椅、衣柜等）；②家中必须做到"三无"，无土坯房、无土墙、无土炕；③家中必须做到"四净"，院落干净、玻璃干净、厨房厨具干净、卧室客厅干净。目前全村村民的生活有了明显的改善[①]。

文本框4-3 家居条件改善给村民生活带来的改变

> 图尔逊·伊萨克的妻子患有结核病，肺内还有积水，目前正在驻村工作队的帮助下治疗。这次全村推广新风尚，他跟其他村民一起，用不到3 000元钱，将家里的全部家具都换新，木板铺、餐桌、书桌、孩子的床，一应俱全。
> 将土炕换成了木板床的买买提·艾则麦提笑着说："以前大家吃睡在地毯上，上上下下脱鞋穿鞋不仅不方便，气味还不好。因为睡地毯的时间太久，年至半百的她腰时常会疼。床是越睡越香，还暖和。"
> 在隔壁的亚森江家，不止大通铺换成了木板铺，另一间屋也成了专门用于吃饭的餐厅，餐桌和座椅第一次出现在家里。孩子们也第一次有了自己的房间。"原来全家人都睡在一张大通铺上，孩子只能在铺上低着头、撅着屁股写作业。"随着新风尚的推广，不少父母都开始和子女分房睡，有了单独的房间、坐式的书桌。

数据来源：访谈记录20190721。

K乡b村作为重点贫困村，过去村民一穷二白，他们最大的幸福就是吃饱饭，房子都是土坯房。富民安居房政策的实践重新塑造了村民的居住环境，家家户户住上了宽敞明亮的安居房，变化虽小，意义却大。住房的变化是村民追求现代化农村生活最直接的表现，其中受益最大的是妇女，因为只有土炕的时候，铺褥子、搬桌子这些家务活全是女人的事情。一位驻村干部表示：

"在政策实施之前，很多村民的住房都是土坯房，家家户户都有几间

---

① 资料来源：a村2018年驻村工作队总结（内部稿）。

房。但是,客厅、卧室、厨房、卫生间的功能没有分离,一房一炕多功能是普遍现象。在富民安居房政策实施后,整个村庄的居住环境发生了巨大的变化。在当地,安居房政策与美丽乡村建设同步开展,实现了生活区和养殖区、种植区的"三区分离"。其中,最主要的是家居环境的改变,以前每家没有任何家具,只有土炕。现在,延续多年的土炕拆了,床、餐桌、沙发、书桌、板凳等都成了标配,还增加了卫生间和厨房,这对于妇女来说是最大的好事,减轻了她们家务劳动的时间和强度。因为,只有土炕的时候,铺褥子、搬被子、收拾炕切菜做饭等家务全部由妇女承担。一炕多用加大了妇女家务劳动的工作量。居家环境的改善一定程度上为妇女走出家庭创造了条件。"(访谈记录20190721,G队员)

(3)现代电子产品提升生活质量。住房和家居条件的改善,带动了当地家庭的电器使用率、冬季取暖方式、家庭燃料等都发生明显的变化。K乡四个村的自来水入户率2016年已达到99%,村民饮用水问题基本解决。整体生活水平有了明显的提升。

2016年村民家中电子产品拥有情况主要集中在常见的生活必需品的家用电器上,拥有电视机家庭占94.47%(大部分由政府配送)、冰箱占91.24%、洗衣机占88.48%。但是,拥有热水器的家庭仅占10.6%、智能手机占11.52%,普及率很低(表4-2)。

表4-2 家用电器及通信设备拥有情况

家用电器	人数(人)	占比(%)
电视	205	94.47
冰箱	198	91.24
洗衣机	192	88.48
DVD机	35	16.13
智能手机	25	11.52
热水器	23	10.60
电脑	6	2.76
相机	1	0.46
以上都没有	1	0.46
小计	217	100.00

2016年调查,南疆农村冬季取暖的主要方式仍然以炉子为主的有95.13%的家庭;使用火墙的仅有3.98%的家庭,使用自烧暖气的仅有

0.44%的家庭（表4-3）。

表4-3　家庭冬季取暖方式

方式	人数（人）	占比（%）
炉子	215	95.13
火墙	9	3.98
自烧暖气	1	0.44
集中供暖	1	0.44
小计	226	100.00

随着"访惠聚"工作的不断推进，截至2021年，村民热水器拥有率已达到68.2%，智能手机除年龄较大的老人不会使用外，基本得到了普及。主要原因：一是富民安居房建设了独立洗手间，为热水器的安置创造了条件；二是光纤网络村村通工程，为智能手机的普及创造了条件；三是"访惠聚"政策的持续帮扶促进了村民经济收入的提高；四是"访惠聚"政策开展的各类宣讲、民族团结一家亲的互动、年轻人受教育水平的提高；外出务工人数的增加促使村民整体认知水平提高，视野范围扩大，激发了村民对现代生活的追求。

此外，2019—2021年，南疆四地州农村实施了煤改电工程，家庭取暖方式由过去的烧煤炉改用电取暖的方式。在"煤改电"实施以前，该社区主要是烧煤炭木柴取暖。但是，南疆是缺煤地区，煤炭主要由东疆供应，运距长成本高，煤炭价格居高不下。特别是南疆自然生态十分脆弱，煤炭消耗污染环境，烧木柴又破坏森林植被。对于"煤改电"用户，电力部门采用电网专线，调峰电价、生活用电补贴等鼓励"电采暖"家用。每户"电采暖"的使用与燃煤取暖相比每年减少成本300~500元，有效降低南疆居民供暖成本，大幅改善南疆居民供暖条件，切实增强南疆居民幸福感获得感。"访惠聚"工作队与"村两委"合力推进，保证了"煤改电"工程的全面落实。K乡c村驻村工作队将"煤改电"工程作为重点民生工程纳入村中"三重一大"事项，建立了工作流程。首先，召开村民大会宣传政策、讲解工程的目的、要求和动员村民积极参与；其次，工作队入户调查村民意愿，答疑解惑，化解村民心中疑虑；再次，"村两委"按照村民的意愿，制订实施方案；建立工程建设工作专班，安排专人负责工作的推进。针对村民最大担忧的费用问题，在详细解释"煤改电"国家补助政策和地方帮扶政策后，帮助村民算账。当村民得知"煤改电"比烧煤还便宜时，村民都积极踊跃报名。

从 2018 年 3 月份开始，"村委会"组织集中安装设备，第一年全村覆盖率达到 60%。当年建设当年使用，K 乡 c 村村民阿力木·阿卜杜莫敏将家里安装了"煤改电"的卧室让给了结亲干部居住，笔者与同事们在温暖的房间安心地睡了几晚，让我们这些城里来的人再也不会担心煤炉子弄不好有一氧化碳中毒的担忧了。

你们以前给我们送过煤，你们也看见了，我们院子里要专门留一片地放煤用，每次还要装卸，用的时候还要再次拿榔头把大块煤砸碎，还得准备木材和纸引火。现在政府给补助，电费还比用煤省钱。而且，一插电就快快地热了。这不，知道你们要来，我上午插上电就不用管了，晚上现在就很热了。听说明年还可以申请安装，我准备继续报名，把其他几间房都装上。（访谈记录 20181213，阿力木·阿卜杜莫敏）

"煤改电"设备安装好后，工作队队员还教村民学会通过手机支付和微信公众号等新型缴费方式，对一些孤寡老人或没有手机支付能力的村民，建立了"一对一"帮扶机制，工作队员对口帮扶对象代缴电费，解决使用中出现的问题。为村民使用电采暖设备提供了便利。

文本框 4-4　南疆"煤改电"补助标准

> 据悉，南疆"煤改电"居民供暖设施改造标准为 3 600 元/户，中央财政、自治区财政、居民自筹的比例各占 37.5%、37.5%、25%。

数据来源：2021 版《新疆维吾尔自治区惠民政策明白册》。

（4）厕所革命打破了千百年来使用旱厕的习俗。开展"厕所革命"是党中央、国务院部署的一项惠民举措，关系到人居环境改善、群众素质提升、社会文明进步。2018 年 2 月 5 日，中共中央办公厅、国务院办公厅印发《农村人居环境整治三年行动方案》，明确提出要合理选择改厕模式，推进"厕所革命"[1]。2021 年 12 月 5 日，中共中央办公厅、国务院办公厅印发了《农村人居环境整治提升五年行动方案（2021—2025 年）》[2]，提出巩固拓展农村人居环境整治三年行动成果，全面提升农村人居环境质量，扎实推进农村厕所革命。"厕所革命"成为乡村振兴战略的重点任务、人居环境改善的一项政治任务。

---

[1] http：//www.gov.cn/zhengce/2018-02/05/content_5264056.htm。
[2] http：//www.gov.cn/zhengce/2021-12/05/content_5655984.htm。

S县K乡认真落实"厕所革命"政策,落实专项资金,按照省级、县级1∶1比例配套资金,6 500户农户,每户3 600元的标准,共计投入2 340万元。如果是整村推进村,还可享有每户600元的地方补助。《S县2020年农村"厕所革命"整体推进项目政策公告》显示,"本项目(厕所革命)作为入户类项目,由乡镇与农户签订责任书,建立实名制台账,项目启动后,县财政部门在收到县农业农村局提交县财经工作领导小组拨付资金请示后,按照资金管理办法,给予项目乡镇办理50%项目款预拨手续。乡镇自查验收后拨付40%项目款。县乡级抽查验收合格后拨付剩余10%项目款。财政局同时参与项目执行中的检查验收,监督资金安全运行。奖补户数和奖补资金严格按照项目实名制台账进行。严禁非奖补户挤占冒领资金。"①

在农村改厕过程中,四个案例村均实施了厕所革命计划。各村立足村情,强化组织领导,通过广播、宣传手册、大喇叭等多方式进行宣传,向广大村民宣传改厕的重要意义,普及健康卫生知识,从而凝聚了群众参与的工作合力。同时,驻村工作队挨家挨户摸清农户厕所现状,有针对性地进行新建或改造,确保最终选择通风改良式卫生旱厕作为主要模式,配套富民安居房水冲式厕所建设。经调查研究,"厕所革命"在4个村全覆盖完成。其中,有2.76%的农户选择了水冲式厕所,97.24%的农户选择了卫生旱厕(表4-4)。

表4-4 家庭厕所情况

项目	人数(人)	占比(%)
卫生旱厕	211	97.24
自家水冲式	6	2.76
公共厕所	0	0
没有厕所	0	0
小计	217	100.00

K乡a村是一个小村,为改变如厕不文明、环境卫生差状况,给村民改善宜居环境,驻村工作队于2018年初将"厕所革命"纳入当年重点工作计划,以"小厕所、大关怀"工作思路,精准走访、因户施策、科学设计。为使修建厕所工程扎实推进,形成村委会牵头,各村民小组组织,工作队监

---

① 疏勒县农业局文件:《疏勒县2020年农村"厕所革命"整村推进项目政策公告》。

督的工作模式。村干部带头改带头建做示范,结亲干部出钱出力参与。当年就共完成 72 户厕所改造,村民说"真没想到,抽水马桶用着这么方便、这么干净,再也不用跑到院子外边上厕所了","我们再也不用承受冬天上厕所穿上棉袄都挨冻,夏天上厕所忍受苍蝇和臭味的痛苦"等话语表达了对于"厕所革命"成果的支持和自己愉快的心情。"厕所革命"政策的实施彻底改变了当地农民千百年以来上野厕旱厕的习惯,也改变了嘴叼香烟、坐蹲粪缸、臭熏村庄的状况①。

4.1.2.3 环境改善有助于妇女身心的健康发展

首先,人畜分离告别了"晴时臭气熏天,下雨污水横流"的生活环境,蚊虫明显减少。房屋居住环境改革后,有了大窗户、室内空气流通,光线充足;拆了土炕,增加了床、餐桌、书桌和沙发,房屋变得干净、明亮、整洁,优化了妇女干家务的活动空间;家庭电器的使用,在一定程度上减轻了妇女的劳动强度和劳动时间,节省了劳动体力。卫生间淋浴器的增加,"煤改电"工程的实施,土炕换新床、厕所革命均在很大程度上改变了整体卫生环境,特别对于妇女的解放,将她们从繁重的再生产劳动中解脱出来,不仅体会到了环境改善的"心情舒畅"和健康意识的重塑。而且,为妇女在生产中发挥作用和参与社会活动创造了条件。公共价值层面营造了良好生活环境和卫生习惯的社会氛围,陈规陋习得到了破除,生活质量明显提高。

4.1.3 性别视角下的孕产期保健

妇女孕产期保健服务能够降低孕产妇和婴儿死亡率,中国孕产期健康保健在中华人民共和国成立后逐年得到改善。然而,不同地区差异较大,表现在经济好的家庭、城市家庭、受教育程度高的家庭,和非少数民族家庭的妇幼卫生服务利用程度更好,贫困家庭的孕产妇和儿童卫生干预措施仍然没有得到有效覆盖,新疆、西藏、青海、贵州等地干预措施最低(汪金鹏等,2021)。

4.1.3.1 孕妇不做产检和产妇死亡率高是南疆农村妇女孕产期主要问题

新疆孕产妇健康水平落后于全国、南疆落后于北疆,喀什、和田和克州三地区一直是新疆孕产妇死亡的主要地区,家庭分娩孕产妇是发生孕产妇死亡的高危人群(王小丽等,2015)。2004 年对喀什地区 12 个县市(包括 171 个乡镇、7 个农牧场)的调研发现全区住院分娩率为 56.61%。其中 S

---

① 资料来源:a 村 2018 年驻村工作队总结(内部稿)。

县妇女住院分娩率仅为 40.21%，孕产妇死亡率在喀什地区最高。而喀什市住院分娩率最高的县达 87.93%，孕产妇死亡率最低，表明孕产妇死亡率与住院分娩率呈密切的负相关。2014 年对喀什地区叶城县所有乡镇医院的调研发现孕产妇保健服务水平较低，首次产前检查率、孕产妇 5 次产前检查率等孕产期保健服务各项指标均低于全疆平均水平，住院分娩率虽高于 10 年前，但还未达到 100%，仅为 93.40%（王小丽等，2015）。2007—2018 年，新疆孕产妇死亡率呈明显下降趋势，但是还远高于全国平均水平，2018 年新疆孕产妇死亡率高于全国 1.47 倍，农村地区更是高于全国 1.79 倍，其中南疆四地州孕产妇死亡占新疆孕产妇死亡的 77.42%，与"两纲"要求 2020 年孕产妇死亡率下降到 20/10 万有很大距离（汪金鹏等，2021）。南疆农村妇女产前保健服务受到医疗保健机构的距离、妇幼卫生政策了解情况、家庭经济收入、孕产妇的年龄、文化程度和孕产史等因素的影响，需要下大力气予以改善和提高。

国家一直提倡农村新法接生，为了降低孕产妇和新生儿的死亡率，要求孕妇定期检查，尽可能到镇卫生院等医疗机构生产。虽然，组织宣传、政策引导和鼓励帮扶。但是，南疆农村仍有一部分农民在传统父（夫）权思想的作用下拒不接受现代医疗孕产，"接生婆"现象依然存在。事实上，"访惠聚"活动开展之初，K 乡的 4 个村孕妇定期前往乡镇卫生院进行登记做孕检的人数并不多见，一则是传统思想认为女人就是生育的工具，怀孕生产是女人的本能。千百年来孕妇不检查也好好地把孩子生出来了，妇女自身也认为自己有生育的能力，没有孕产期保健检查的意识；二则担心前往乡镇卫生院等国家医疗机构检查有高额的医疗支出。三则农户家庭经济收入不高，妇女在孕期只能随其自然，只有出现问题才送孕妇前往医院就诊。

妇女们回忆了过去十多年前村里生孩子的场景：女人一般会在家生孩子，只有有疾病或者胎位不正的人才会直接去医院生产。村里有专门接生的"接生婆"，她们多是民间传授的经验型接生妇女，妇女主任也会接生。但是，一般人们比较愿意请接生婆，她们随叫随到也有经验。生产时，为了避免有意外发生，家人一般都会在门前准备好马车或拖拉机，以备应急去医院。孩子出生后，家人都会统一口径，对外宣称是去医院生产的，避免乡政府追查问责，如果有人在家生产，村妇女主任会被追责。（访谈记录 20210427，小组访谈）

维吾尔族妇女生产的顺产率比较高，剖宫产的妇女较少，但反映出应急处置条件不具备。定期产前检查的妇女不普遍，加之医疗知识不足，家中接生不具备应急处置的条件和能力。所以，孕妇生产时一旦出现难产等问题，只能紧急送往几十千米外的县医院，应急风险巨大。这是南疆农村孕产妇和新生儿死亡的主要原因之一。

K乡c村60岁的妇女吉丽穆尼萨·热合曼说，她的儿媳妇就是在家中生产时，生不下来，接生婆发现她儿媳妇嘴唇发紫，人出现昏迷了赶紧往乡医院送，乡医院处理不了，又找来拖拉机往县医院送，到了县医院人已经不行了，最后母婴都没抢救过来，医生说如果早来有可能抢救过来。（访谈记录20210427，小组访谈）

上述现象就是相当长的一个时期南疆农村妇女怀孕生产时的场景。

K乡b村的55岁妇女帕提古丽·买买提说，现在很少听说谁家生孩子死人的，都在医院里生，家人也很放心。我们那时候有接生婆来家里接生都是好的。我有一个孩子，是我在农田里生的。当时，我给丈夫送饭，到了农田突然肚子疼得走不成路，别人帮我去喊车，等把车喊来，我也把孩子生出来了，就这样我在田地里生了一个孩子。（访谈记录20210427，小组访谈）

4.1.3.2 解决孕产妇保健问题的工作路径

（1）医疗资源下沉，性别需求得到重视。孕产妇生育保健问题是南疆农村妇女发展的一个典型问题。自治区党委高度重视，在《新疆维吾尔自治区贫困地区健康促进三年攻坚行动方案（2018—2020年）》中专门提出，各"访惠聚"工作队要"加强婚育新风知识和健康科普知识宣传教育"。2018年4月18—26日，4个村"访惠聚"驻村工作队分别在村中召开全村大会，启动"健康扶贫天山行暨婚育新风进万家"仪式，并开展带教巡诊、义诊、知识讲座等活动。"访惠聚"工作队总领队专门通过与自治区卫生健康委宣传处沟通，邀请了自治区人民医院、新疆医科大学第一附属医院、自治区中医医院、自治区生殖健康医院、自治区卫生计生宣传和健教中心的4名宣传干士和8位医疗专家参加了此次活动。

文本框4-5　c村宣传孕产妇健康保健知识

2018年4月18日c村的早晨是我们来到村里开展结亲活动的第二天，组长通知我们早上早点吃早饭，参加村里的升旗仪式，我们9点50来到了村委会，升旗仪式很快开始了。升旗仪式后，"访惠聚"工作队队长、第一书记讲话，工作队员阿尔曼翻译："今天，村里请来了3位医生，是来给我们宣讲孕产妇保健的知识，宣讲完后医生还会给正在怀孕的孕妇免费看一看，看看孕妇身体健不健康，营养够不够，宝宝胎位正不正，等会你们也通知家里有怀孕的妇女愿意过来的都过来看看，免费的，这些都是自治区大医院的医生，平时你们也没机会请他们医诊。现在嘛，国家特别关注咱们村里孕产妇，希望你们以后都像城市里孕妇一样，怀孕了要去医院检查，健健康康

> 地把"balangzi"（孩子）生下来。"之后，一名年轻的维吾尔族女医生用维语开始宣讲，我问了问旁边的维吾尔族阿老师讲的啥，他说，主要讲了现在南疆农村孩子生出来后死亡率高，是因为大家都不做孕产检查和在家里生孩子，出生后死亡的都是在家生产没有专业医生抢救，现在城市里的孕妇准备怀孕前做检查，怀孕一个月后到生产每个月都要去医院检查，生产都在医院，孩子生出来又聪明又健康，咱们村里以后条件越来越好，妇女都要有产检的意识，去医院听听孩子的心跳，看看胳膊腿都好着没有，现在医疗都能达到这个水平，孩子健健康康生下来，以后你们养着也轻松，还能考个好大学。生产的时候一定要去医院，现在医保都覆盖了，你们生孩子花不了多少钱，国家都给报销，你们安安心心去医院，全家人都放心……宣讲进行了40分钟，全程用维语。宣讲完后通知孕妇可以去村委会办公室检查健康状况。

数据来源：田野观察2018年4月18日，活动记录HD201802。

年轻的维吾尔族女医生用通俗易懂的语言向村里人传播了现代孕产妇健康知识，其本身的身份如维吾尔族和年轻女性，就能拉近与村里妇女的距离，引起村里育龄女性的共鸣。活动期间4个村共举办专家义诊4场，婚育新风讲座4场次，受益村民近1000人次。

（2）争取项目资金，性别需求得到满足。"访惠聚"工作队为解决村里妇幼健康保健的薄弱环节，动用了单位和个人的众多社会资源。总领队亲自与山东援疆办公室多次沟通、协商，争取到援疆资金200万元，在乡卫生院启动了取名为"春风"的妇幼健康工程，主要投入在乡卫生院的妇幼检查仪器和医疗人员培训及人才引进等方面。购买了孕妇产检中最需要的B超仪器，并定期请县医院的医生来坐诊。通过"访惠聚"工作队总领队对此项目的关注，村中育龄妇女实现了一年孕检、产检全部免费，健康的育龄妇女做到了在家门口完成基本检查。做到了免费应检尽检、应查尽查，提高孕期出生缺陷发现率和干预率。同时，将符合救助要求的孕产妇和新生儿住院期间花费超过5000元的费用，纳入"春风"工程医疗救助范围予以补助。患者所有费用先医保报销，剩余部分由"春风"工程医疗救助项目兜底承担。孕妇及家属不要再担心费用问题，"春风"工程为母婴安全提供了资金保障。

（3）科普宣传，持续强化性别需求意识。"访惠聚"工作队依托每周一升国旗、农民夜校（国家通用语课堂）等时机持续进行性别视角的宣传活动，其中包括孕产妇健康知识讲座，做到人员覆盖最大化、传播效果倍增化，提升居民健康素养水平。宣传内容不仅包括具体的健康知识，还向村民免费发放《孕产妇健康》维汉对照手册、《新生儿养育》《妇女健康卫生知识》等维汉双语图书，内容涵盖生育的每个阶段的注意事项、营养侧重、养育新生儿的注意事项以及妇科健康知识等。

4.1.3.3 孕产妇保健形势发生变化

（1）维吾尔族妇女自我保健意识有所提升。随着"访惠聚"政策的持续宣传、资金支持力度不断加大，南疆农民收入实现了长足的提高，导致南疆农村妇女在自我保健意识、孕妇产检和医院生产等方面发生了明显的改变。K乡卫生院的古丽波斯姆·阿卜拉在访谈中谈到：

"一般情况下我们每天接诊 5~10 个病人，她们主要患有阴道炎、高血压、盆膜炎、宫颈炎、上呼吸道感染、贫血等。整体来看，妇女比以前更加注意饮食与卫生。之前很多人只有大病才来医院，现在一旦白带多、不舒服了、月经不调、经痛等病患妇女都会及时来检查。虽然，我们没有专门对就诊人数进行统计。但是，咨询妇科病方面的妇女的人数比之前多了好几倍。"（访谈记录20210504，古丽波斯姆·阿卜拉）

通过古丽波斯姆对当地卫生院的介绍，可以获知：首先，妇女健康意识在不断提升，主要体现在妇女更为注重健康、卫生、自我保护等方面；其次，妇女自身对妇科病的重视程度也有所提升，从现在来乡卫生院咨询妇科疾病的人数就可看出，这在一定程度上也反映出村里妇女对健康保健的需求逐渐增加。

（2）妇女孕产期检查得到了保障。南疆农村妇女的怀孕登记及其产后随访工作一般由乡镇卫生院具体实施。以K乡为例，乡卫生院的妇女保健工作主要分为孕妇管理和产后检查两个方面。在孕妇管理方面，孕妇怀孕三个月时会到乡卫生院登记，村医则会报备村里孕妇情况，同时安排孕妇检查，如果是高危孕妇，则会送往县医院检查。孕妇产后，卫生院会安排随访工作，检查产妇与新生儿的情况，并且在出院后3天、14天、28天进行回访。尤其是第42天，产妇必须到卫生院进行进一步检查，以观察是否有产后后遗症①，乡及村卫生院已经对孕产妇进行了完整的检查流程和登记工作，对没按时检查的孕妇，有专人会通知到个人或村里的计生干部。

K乡d村社保女干部阿依古丽·图拉克说："现在很少会有乡卫生院给

---

① 产后42天检查并非要求新妈妈一定要在产后第42天进行，一般是在产后42~56天进行。在产后检查中，有六大检查是必须进行的，包括乳房检查、子宫检查、盆底检查、血压、血糖检查、伤口检查、骨密度测定。

我打电话说谁没去检查的,现在我们在村里开会的时候总是强调孕妇检查这个问题,大家都要按时去孕产检。而且,关键是这个检查是免费的,村民没有什么负担。所以,这个工作现在完成得挺好的。"(访谈记录20210429,阿依古丽·图拉克)

4.1.4 婚姻:家庭权威结构的变革

4.1.4.1 早婚、包办婚、离婚率高、对婚姻的认可在以往以宗教仪式为主是南疆农村婚姻中存在的主要问题

婚姻实践是一个群体/个体生活经历的重要组成部分,更是他/她(们)生存体验的重要场域。《新疆维吾尔自治区执行〈中华人民共和国婚姻法〉的补充规定》中:"将少数民族公民的结婚年龄放宽到男二十周岁,女十八周岁";并明确提出了"禁止宗教干涉婚姻家庭,禁止以宗教仪式代替法定结婚登记",然而南疆农村的一些地区在《中华人民共和国婚姻法》的具体执行和落实时存在偏移,一些学者的研究中也发现南疆早婚是普遍现象(李晓霞,1996;徐安琪等,2001;王海霞,2015),包办婚依然存在(王海霞,2015;徐安琪等,2001)、离婚率高(苗剑新,1988;刘平榆,1993;李晓霞,1996;艾尼瓦尔·聂吉木,2005)。

(1)传统文化下的早婚。在农村,维吾尔族民间有这样的说法:"女孩一帽子打不倒就算成人,就可以结婚",究其原因,第一,女孩9岁,男孩12岁就可以结婚;第二,父母希望孩子能早点结婚,有人上门提亲是有面子的事;第三,贞节很受重视,早出嫁可以减少失贞的可能。笔者调查18~60岁的妇女中,平均结婚年龄17岁,18岁以下结婚的人数占被调研总人数的57%,其中15岁结婚的占11.87%,16岁16.89%;18岁占28.31%。

(2)父权制下的包办婚姻。在看重声誉的家庭,父母要亲手包办子女的婚姻(邢雅贤,2008)。笔者调查的217位妇女中,有176人,占81.11%妇女的婚姻是由父母包办,其中60岁以上的妇女由父母包办的比例为83.30%,30岁以下年轻人由父母包办的比例也高达75.56%(表4-5)。然而在同一时段的东北下岬村,1949—1959年这一时间段内父母包办婚姻的比例是73%,到20世纪90年代(1990—1999年)父母包办婚姻已经消失(阎云翔,2017)。父母包办婚姻的方式所彰显的是父权制对个人意志和生活的规制,是个人选择附属于家长权力的体现。81.11%的父母包办比例凸显出南疆农村维吾尔族社会性别关系和家庭权力关系依然是以传统的父权

制的家庭关系为主。

表 4-5 夫妻认识途径

夫妻认识途径	父母包办	自由恋爱	亲朋好友介绍认识	参加活动认识	其他	总计
占比（％）	81.11	12.90	4.15	1.84	4.40	100.00

（3）夫权制下的离婚。维吾尔族的离婚率一直高于全国、汉族和少数民族（平均值）。1990 年、2000 年、2010 年三次全国人口普查中维吾尔族的离婚率分别为 6.28%、5.63%、4.30%，远高于全国平均水平（0.43%、0.82%、1.38%）、汉族（0.38%、0.77%、1.35%）和少数民族（1.19%、1.39%、1.41%）。笔者调查 4 个村中离过婚的妇女占被调研总人数的 37%，其中离过两次婚的妇女占 11.87%，离过三次及以上的妇女占 9%。

在相当长的时间里，"塔拉克"（休妻）一度成为维吾尔族终止婚姻关系的重要程序之一，而发出"塔拉克"的特权向来只属于男子，一旦丈夫对妻子不满意，说："塔拉克"就可形成离婚。离婚的"塔拉克"程序，使得离婚成为男子随意的事情，从而使婚姻处于一种比较脆弱的状态之中，也强化了丈夫在家中的绝对权威。此外，离婚率高的主要原因还有包办婚和草率婚（苗剑新，1988）；社会舆论对离婚现象的漠视、第三者插足或亲属干涉等（李晓霞，1996）；买卖婚、多偶为荣的婚姻观等（袁志广，1999）；徐安琪等（2001）将之归咎于从夫居制与母系庇护所、低成本的婚姻经营制和自由离婚制等。

4.1.4.2 解决婚姻问题的工作路径

针对南疆农村早婚、离婚率高和部分人不领结婚证的现实问题，自治区政府采取了一系列措施，"访惠聚"驻村工作队通过宣讲、活动竞赛、示范引导等方式将国家法律规定和主流的婚姻观念贯彻、落实和灌输到村民心中。

首先是通过各种渠道、各种方式，多层次、多角度地宣传引导《中华人民共和国婚姻法》《新疆维吾尔自治区婚姻登记管理条例》《中华人民共和国妇女权益保障法》等相关法律法规的宣传，使群众认识到早婚、不领结婚证是一种不受法律保护的行为；加强现代文明生活方式的传播和引导，使群众感受到现代文明；配备了专职婚姻登记管理员，在入户走访时，专门针对夫妻是否领结婚证开展督导。

文本框 4-6 《中华人民共和国婚姻法》知识竞赛

> 2016年3月8日早晨9点钟，a村驻村工作队员黄老师和村妇女主任、计划生育专干等就忙碌了起来。因为，上午11点村里要举办三八妇女节的妇女庆祝活动。村委会大院的葡萄长廊下摆好了桌椅，已有个别村民来到了会场。我拿过主持人买尔哈巴（驻村工作队员，女，维吾尔族）的节目单，看到今天的活动主要内容包括：①争做新时代靓丽女性的专题讲座；②妇女才艺展示；③《中华人民共和国婚姻法》知识竞赛。11点活动准时开始，有67名妇女和近百位村民和孩子参加活动。首先，全体起立合唱国歌。接下来第一书记讲话，代表"村两委"向全村妇女表示节日的祝贺并强调了妇女的作用和希望。第一项内容由驻村工作队员兼节目主持人买尔哈巴主讲，从女性要把自己打扮得漂亮一点，穿干净整洁的衣服、学会化妆、把家里打扫干净、把小孩收拾干净；要注意家庭饮食的营养，不能只是吃馕，这样营养会不够，要多吃蔬菜、肉和鸡蛋等生活层面讲到了要做现代新女性。强调了作为女性要自爱、自立、自信，要学习知识，多走出去看看外面的世界。第二项内容由本村妇女组成的舞蹈队展示了维吾尔族舞蹈、模特队走模特步、文艺宣传队表演了合唱和独唱等表演。第三项内容《中华人民共和国婚姻法》知识竞赛，主持人提问在场的群众抢答。内容包括国家法定的结婚年龄、少数民族的法定结婚年龄、是先办婚礼还是先领结婚证、不领结婚证仅念"尼卡"算不算结婚、怎么领结婚证、领结婚证需要交费吗等常识性问题为主，妇女和村民回答的积极性很高，答对问题会有小礼品（香皂、牙膏）送上。如果一个人没有答对，可以由第二个人继续回答，直至答对。如果大家都答不上来，主持人就给出答案并讲解。活动间隙，询问主持人买尔哈巴得知，工作队已经组织过妇女和村民的《中华人民共和国婚姻法》讲座和集体学习。所以，村民绝大多数问题都能答对。最后，村妇女主任讲话，希望全村妇女积极参加集体活动，学习法律保护自己。活动进行了2个多小时。全程用维吾尔族语，保证了村民都能听懂参与。

数据来源：田野观察，活动记录HD201621。

组织节日活动、文化活动、宣讲和知识竞赛是"访惠聚"开展工作的一个重要组成部分。一是通过灵活、轻松、有趣、易于接受的形式将枯燥的说教内容传达给群众是"访惠聚"经常使用的工作方法。在工作队、村两委的细心安排下，专门针对妇女开展的活动，使妇女感觉到自己很受关注和重视，更能产生主人翁感觉，接收群体越多越能激发妇女积极向上不能掉队的心态，并且能产生心照不宣的效果，如穿漂亮衣服，化妆打扮，干净整洁，从解决现实问题来说达到了事半功倍的效果；二是结婚必须领结婚证一事在群众中已经成为达成共识的常识，当大家知道这是必须要做的一件事时，相互之间还起到了监督、提醒和传播消息的作用，在短时间内迅速成为结婚男女考虑的因素，有多少村民知道结婚必须领结婚证，在很大程度上源于这些能激发群众参与的有趣的知识竞赛活动；三是"访惠聚"的机制考虑了示范引领的作用,专门安排了在乌鲁木齐市的科研单位工作,打扮时尚靓丽的维吾尔族女性现身说法,给当地妇女在视觉上和听觉上的双重冲击,在妇女发展的方向上起到"标杆"和引导的作用。

其次,"村两委"和工作队参加村民家中的红白喜事是基层工作的要求,也成为村民的一种习惯,对于村民来说请到工作队领导参加是一件有面子的事。工作队将参加村民家中的红白喜事作为落实党的关怀和宣传法律、政策的机会,通过融入村民的日常生活把国家的法律和政策落到实处。(文本框4-7)

文本框4-7　驻村第一书记婚礼上的宣传

> K乡c村第一书记ZP,作为工作队队长利用各种机会和不同场合巧妙地给村民普及现代婚姻观念、宣讲婚姻法基本知识。2019年的金秋时节,c村村民艾尼瓦尔·达吾提结婚,特意给驻村工作队送来了请柬并希望ZP书记做证婚人。ZP书记与村两委领导参加了婚礼。婚礼很热闹,全村人陆续到场贺喜,亲朋好友前来祝福。ZP书记在祝福新人的同时,也不忘宣传国家政策,他举起两人鲜红的结婚证说:"年轻人只有先领结婚证才能办喜事,彼此的婚姻才能受法律保护",年轻人纷纷鼓掌,其中,有人高声说:"我们以后结婚必须领证办婚礼,书记能不能来证婚。"ZP书记高兴地说:"没麻达(没问题),只要你们按照法律结婚,我们工作队一定参加来祝贺还要随礼。"工作队长ZP是村里的第一记,是村民眼中最大的领导,能在ZP书记的见证下结婚对当地人来说是一件荣幸的事情。

数据来源:田野观察2019年9月2日,活动记录HD201908。

南疆农村群众的婚姻观念、婚礼形式的变化与当地干部和工作队的政策宣讲、法律普及、活动宣传等工作直接相关,使得南疆农村婚姻问题在短时间内得到了有效的治理,依法维护婚姻的法律尊严。据不完全统计,S县民政和妇联已开展60多场针对婚姻领域违法行为(不领结婚证结婚)的专场讲座和宣讲报告会,宣传受教育面达到万人次。本研究的4个村实现了结婚证申领全覆盖。

4.1.4.3 婚姻实践发生的变化

婚姻实践中的变革受传统影响,通常需要很长时间才能被彻底根除。"访惠聚"政策的实施,不仅作用在婚姻方面,而且对贫困、教育、收入等产生的综合治理效果又为婚姻实践的快速变革奠定了良好的政治、经济和思想基础。在"访惠聚"活动的作用下,国家法律在村中的落实到位和柔性的政策宣传,使得"教育扶贫一批"的学生逐渐长大,她们接受现代教育,感受现代生活,传统婚姻观念受到冲击,以这批人为主选择自由恋爱的人越来越多，结婚年龄不断延后，领结婚证作为对婚姻的法律保护已然成为年轻人的共识和公共习惯。调研发现，与六年前相比，南疆农村女性的初婚年龄普遍推迟了2~3岁，初婚平均年龄在20岁左右。2016年对219位妇女的调查中，初婚年龄平均为17.41岁。在2021年对南疆的重访中，当地新婚女性的年龄普遍都在18岁以上，平均在20岁左右[①]，杜绝了早婚，包办婚和高离婚率等现象。K乡d村一位48岁的维吾尔族妇女记录了这样的变化：

"我小女儿刚刚出嫁不久，我女婿和女儿是高中同学，她们自己认识的。在自家院子办婚礼，好多客人来了。我们招待了抓饭、拌面，还有凉菜、水果等。村支书念了结婚证。请了村里的乐队来唱歌，大家都一起跳舞，特别热闹。我女儿赶上了好时代。

十几年前我弟弟结婚的时候家里穷，客人来了就吃个抓饭，没有现在这么多东西招待大家，也没有现在这么热闹，我弟弟的媳妇是媒婆介绍的，17岁就结婚了，没有领结婚证，那个时候我们不知道领结婚证重要。"（访谈记录20210506，图罕·胡达拜尔迪）

通过对结婚年龄、结婚程序和婚礼方式的管理，直接效果就是四个村的离婚率相比之前有了明显降低，法律意识不断增强。调查中，大部分村民表示当前婚姻关系稳定。现在离婚的妇女比以前少多了，一方面政府要求我们领结婚证，冲动离婚的人少了，另一方面现在日子越过越好，家里吵架的事少了，我们很满意。以前我们结婚很早，又是父母给我们找的老公，太年轻什么都不懂，念了"尼卡"就结婚了，结婚后生活不好，没有钱花，和丈夫矛盾很多。有一次婆婆给小姑子买了一条裙子，我也想要，但是丈夫和婆婆都没有给我买，想想自己干那么多活，到头来连件想要的裙子都不给我买，我一气之下就回娘家了，丈夫来接我两次我都没有回去，他也一气之下念了"塔拉克"，我们就分开了，各自重新结了婚。那时候挺冲动的，结婚离婚太容易了，现在结婚都是自己找的老公，领结婚证后我们的婚姻受法律保护了，不应该随便离婚。（访谈记录20210427，妇女小组访谈）

4.1.4.4 原有的家庭权威结构受到冲击

事实上，在现代化进程和各种法律法规推进下，这些变化在之前已有发生，但并不那么显著。"访惠聚"政策的实施一定程度上推动了村庄内生动力的变化，与现代化进程中的市场力量和外部法律法规的力量结合，进而产

---

① 新疆维吾尔自治区执行国家《中华人民共和国婚姻法》第二条：少数民族公民的结婚年龄，男不得早于二十周岁，女不得早于十八周岁。

生更大的动能,使得女性婚姻实践发生质的改变。在"访惠聚"政策的持续作用下,当地年轻人受教育程度越来越高,越来越多的青年走出村庄,来到城市。而且,融入不同民族文化的环境中,她们对于生活和个人发展的认知突破了家庭和村庄的界限,通过对于不同生活方式和科学知识的学习和了解,生活追求和目标也不仅仅围绕着家庭生活本身,婚姻也不再仅仅是生活本身,而是个人发展进程中的一项内容,甚至不再是不可或缺的唯一/重要内容。在这些新认知和新理念的引导下,与异性接触的空间得到拓展,出现了更多的联姻形式而不再集中于父母包办。"访惠聚"政策实施的各种方式,尤其是其"群众路线"——如文本框3-2所呈现,加快了新认知、新理念和新行动在村庄的传播,家庭和个人认识发生转变。同时,乡村治理结构中驻村工作队职责的强化和持续化,增大了行政系统的影响力,抑制了早婚早育等婚姻观和行为方面的影响,加速了婚姻的变革。

这个变化还与"访惠聚"政策在实施过程中逐渐将性别平等作为政策目标紧密相关。政策制定伊始,就提出了妇女参与作为项目执行有效性的一个保障条件,随着政策实施的推进,性别平等成为有效性的一个组成部分。创建性别平等的社会必须以改造私人领域为前提,新型家庭制度的建立是私人领域的改造方向。"访惠聚"政策在这一目标的指导下,通过务实的措施保证了自由恋爱、新婚夫妇领取结婚证和适婚适育,严格遵守结婚年龄,能够初步达成平等的家庭成员关系。这种新型关系促进妇女对传统的父权、夫权定义下的婚姻和家庭进行思考和鞭策,家庭原有的权威结构受到质疑,也形成一些新的选择。从长远来看,可能对夫权"塔拉克"和父权"父母包办"等特权形成根本挑战。

4.1.5 生育:观念和环境的双重解放

4.1.5.1 无计划多育是南疆农村生育中存在的主要问题

生育子女需要精力和情感的付出,妇女被生育所束缚并影响到自身的发展,控制生育是妇女获得解放、享有其他权利的重要基础(张广利,2002)。21世纪初,中国实现了低死亡率、低生育率的人口转变过程(郑真真,2019)。大多数妇女已从单纯的生育功能中解放出来,寻求夫妻共同教养子女的方式,享有基本的生育自由,充分实现了自我的家庭价值和社会价值,这为女性的解放奠定了重要基础(张广利,2002)。新疆的少数民族在生育政策和执行上与汉族具有差别,汉族与全国其他省(区)一样,在20世纪80年代开始严格执行国家计划生育政策,而少数民族从20世纪80年代末才开始执行,且政策和执行力度都较为宽松(李建新,2007)。农牧区汉族夫妇可生育两个孩子,少数民族夫妇一般可生育三个孩子。进入21世纪以来,新疆为了控制人口过快增长,在国家的扶持下,制定了农村计生奖励制度,如"少生快富"工程、南疆三地州①特殊计生奖励制度等(王朋岗,2013;王志远,2011),新疆的生育率整体降低,早育现象也有所缓解,这些都离不开计划生育政策的推行。但是,受经济、文化等多种因素的影响,政策的执行在南疆维吾尔族聚居区阻力较大。1990—2000年,维吾尔族的人口增长率高达16.54%,高于全国(9.92%),汉族(9.45%)和其他少数民族(15.22%);2000—2010年,维吾尔族的人口增长率为19.88%,全国(7.26%)、汉族(7.34%)和其他少数民族(6.41%)差距更大;② 2010—2020年,维吾尔族的人口增长率为16.2%,持续高于全国(5.38%)、汉族(4.93%)和其他少数民族(10.26%)。③ 30年间,全国人口增长率和汉族人口增长率大大下降,维吾尔族的人口增长率基本保持在16%没有变化,人口增长大大高于全国、汉族和其他民族。笔者2016年调研了K乡四个村,在217人中有66.70%的妇女生育了三个及以上孩子,远高于全国平均家庭人口数(表4-6)。

表4-6 妇女生育数量

生育数量	未生育	1胎	2胎	3胎	4胎	5胎	6胎	7胎
占比(%)	1.9	11.4	17.9	27.4	22.9	11.9	1.8	2.7

笔者访谈生育问题时,了解到K乡a村一位有7个孩子的母亲的想法:

笔者:您觉得养孩子辛苦吗?

阿依古丽·纳买提:不辛苦,自己就长大了,就是给口饭吃,孩子们大一些还能帮我干活。

笔者:为什么生那么多孩子?

阿依古丽·纳买提:"我结过三次婚,所以每次有孩子了就生,有孩子嘛就是希望我老的时候有个依靠,没有孩子没人管,这样子不行。孩子是胡达赐予的,不能随便不要。可是我的孩子死了3个,现在还有4个长大了。"(访谈记录20170309,阿依古丽·纳买提)

---

① 喀什、和田、克州。
② 数据来源:王海霞,2015. 维吾尔族女性的一生[M]. 北京:中央民族大学出版社。
③ 数据来源:《第七次全国人口普查公报(第二号)》。

简短的对话透露出很多南疆妇女生育观念的产生并延续的共性问题。

首先,受传统思想影响超生严重。

生育行为和观念上,传统的思想会认为,孩子是胡达赐予的,怀上了就要生,不能违背"主"的意志。他们认为节育手术就是在人身上动刀子不吉利,放避孕环就是身体里带了异物,死后进不了"天堂",这些思想在一定程度上对维吾尔族聚居区的村民生育观念的倒退起到了推波助澜的作用。

其次,社会经济发展缓慢导致的生育观念滞后。

社会经济发展是影响生育行为、生育水平的重要因素,社会经济发展越滞后的地区人们的生活水平不高,养儿防老的传统思维牢固,计划生育的意识越显落后。新疆经济发展明显落后于全国和东部省份的发展水平,新疆区内也存在地区的差异,南疆地区的经济发展长期滞后于新疆平均水平,少数民族聚居区的人口多以农牧业生产为主,占比达80%以上,职业构成呈现出单一、低层次、集中性和固化等特征。

其中,受教育水平低导致现代生活理念难以形成。受教育程度是影响生育水平的一个重要因素,受教育程度越高的妇女,生育数量越少。维吾尔族聚居地区教育水平普遍落后于新疆其他地区特别是汉族聚居地区(李建新等,2016)。另外,婴儿的高死亡率,早婚、高离婚率、高再婚率都是导致高生育率的主要原因。

4.1.5.2 解决生育问题的工作路径

高生育率的下降取决于社会经济的发展和大多数夫妻生育行为的变化,是一个综合的、复杂的、内外因综合的结果。"访惠聚"驻村工作队进驻后,持续帮扶和治理的领域涉及社会、经济、教育、社会保障和基层治理。在"访惠聚"政策扶持下,计划生育政策得以严格执行、经济发展水平迅速提高、城市化进程的加快、社会保障的完善、受教育水平的提高,人民健康水平改善,妇女普遍参与社会生产(蔡泳,2010;王良健等,2015)对生育率的下降均具有积极的推动作用。"访惠聚"工作队主要从以下几方面开展工作。

首先,在"访惠聚"政策的持续支持下,妇女在有酬劳动、教育、婚姻权利和劳动分工角色等方面的变化直接促进了妇女的经济独立、社会参与和家庭权威结构的变革,不仅提高了妇女地位和个人收入,而且对降低妇女生育意愿、增强妇女在生育和避孕方面的自主性起到了不可低估的作用。一部分妇女通过从事有酬劳动成为获取收入的有价值群体,不仅增强了她们的自主能力,而且提高了在重要事务上夫妻共同协商的可能性;二是由于家庭中仍然延续着传统的性别角色分工，女性是家庭中无酬劳动的主要承担者。有酬和无酬两种劳动形成的激励、挤压和冲突，共同促成了女性减少生育数量的强烈愿望；三是维吾尔族家庭以前对孩子的学业和前途关注度不高，而且认为孩子留在身边不出远门是对父母最大的孝顺。然而，非农的可观收入已让农民看到了好处，受过教育的年轻一代的父母更希望自己的下一代有好的前途，把孩子培养好，而不是培养一个农业劳动力的观念已深入人心。很多家庭愿意花更多的时间和经济投入注重孩子的教育培养。对于孩子教育的日益重视是我们在调研中感受很明显的变化。变化之一，很多家长在课后都会督促孩子做作业，鼓励孩子好好学习。变化之二，在谈及对于孩子读书期望时，越来越多的妇女希望自己的子女能够考上内地初/高中班，进入更好的大学深造。变化之三，在谈及"最佩服当地什么样的女性"时，我们能感受到注重子女教育的女性更容易得到其他女性的尊重。变化之四，在谈到多胎生育时，当问到还继续生孩子吗？有2~3个孩子的妇女都斩钉截铁地说不生了，孩子已经够了，把现有的孩子养育好就可以了。白天的有酬劳动、晚上的无酬照料、孩子是否有好的前途的压力，使她们感到负担沉重，抑制了农村妇女的生育愿望。

其次，有研究表明"新农合"对养儿防老功能的替代降低了家庭的生育意愿（王天宇等，2015），在"访惠聚"的持续推动下，南疆农村逐步建立起全方位社会保障体系，2021年4个村有养老保险和医疗保险（包括大病医疗保险）的村民均实现全覆盖。同时，"访惠聚"工作队协助"村两委"认真履行五保户、低保户、贫困户的精准筛选和资金发放工作，做到精准补助，按时发放补助金，4个村共计为1 179位低保户、10位五保户和234位残疾人发放补助资金，解决了特殊群体的生活养老问题，得到了村民的认可。此外，2021年工作队和"村两委"协助申报并成功报销了18例大病救助。全方位的社会保障解决了村民因病致贫、因病返贫的问题，村民的日常生活得到了保障。2016年本研究调查的217位妇女中有47.6%的妇女认为，家人看病让家庭感受到了经济压力。但是，2021年调研时村民纷纷表示：

"现在看病好多了，报销方便，报销的又多，得了大病除了报销外，有时候"访惠聚"工作队都会给我们捐好多钱。我都听说了很多次，有一次c村的木合塔江·买买提明出车祸撞断了腿，由于他家是特困户工作队给他捐了2万块钱；a村的艾沙古丽·达吾提得了尿毒症，需要长期治疗，工作队和她乌鲁木齐的亲戚也给她捐了3万多。现在我们看病缺钱的问题可以解

决。"（访谈记录 20210427，妇女小组访谈）

社会保障制度的建立对居民生活产生了深远影响，养儿防老等传统社会的生育观念正在改变，人们不再追求生育数量，转而追求养育质量，"多子多福"已经不再是南疆农村的普遍观念。

最后，对应于人口学者寇尔（Coale，1996）总结的生育率下降先决条件（郑真真，2019）。如果说社会和家庭变化为夫妇生育行为改变做了充分准备，那么"访惠聚"工作队落实计划生育工作则为这种改变提供了必要条件，广泛开展的计划生育知识宣传健康保健讲座和免费服务得到了群众的积极响应，可谓"水到渠成"。生育偏好和生育意愿的变化与国家的提倡和公共政策的激励之间存在高度相关性。从中央到省市县各级政府都通过各种生育政策激励当地农民优生优育。"访惠聚"工作队的到来加强了基层组织建设，国家的各项法律法规在南疆地区得到了很好的执行（表4-7）。

表4-7 计划生育补贴资金项目

项目名称	补贴内容（标准）	发放方式	适用地区
南疆地区农村计划生育家庭特殊奖励制度	南疆四地州的农村少数民族夫妻，女方年龄在49周岁以内，自愿少生育1个孩子或2个孩子，并领取"计划生育父母光荣证"，自愿采取1项长效节育措施的，一次性奖励金为6 000元/户，次年起至终身每人每月发放150元的扶助金。领取"光荣证"的家庭子女报考区内普通高校和内地新疆高中班及区内初中班有加分政策	一次性+长期	南疆
国家西部地区计划生育"少生快富"工程	农村居民且允许生育3个孩子地区的少数民族夫妻，女方年龄在49周岁内，自愿放弃生育第三个孩子，按规定采取长效节育措施，一次性奖励金为3 000元/户	一次性	西部地区
农村部分计划生育家庭奖励扶助制度补助资金	国家针对夫妻双方均为农村户口，在1973—2001年，没有违法国家计划生育政策，现存一个子女或两个女孩的计划生育家庭，夫妻满60周岁以后，由中央或地方财政安排专项资金进行奖励。夫妻每人每年发放960元	长期	国家

资料来源：2020年《新疆维吾尔自治区惠民政策明白册》、自治区人口和计划生育奖励优惠政策。

4.1.5.3 两种劳动和生育意愿下降

近年来，南疆地区妇女的生育数量呈现下降趋势。从乡卫生院里专门负责妇幼保健工作的古丽波斯姆·阿卜拉那里了解到，近年来，K 乡出生率不断下降。2017 年有 300 多个新生儿，2018 年有 211 个，2019 年 160 多个，2020 年仅有 141 个。登记生育的妇女中，最小的产妇在 20 岁左右，最大的在33~34岁。新生儿数量逐年递减,产妇的年龄也在后推的表象,反映出南疆农村家庭夫妻的生育观念发生了显著变化。随着"访惠聚"各项工作的推进,妇女在有酬劳动、教育、婚姻和社会保障等方面变化的影响,直接促进了妇女的经济独立和社会参与,不仅提高了妇女地位和个人收入。而且,提高了在重要事务上夫妻协商的可能,包括在生育和避孕方面的协商和决策。与此同时,由于家庭中仍延续着传统的性别角色分工,妇女依然是家庭中无酬劳动的主要承担者。妇女更多的有酬劳动与家庭无酬劳动的不断冲突,使得女性不断强化减少生育的观念形成,妇女开始掌握从盲目生育到计划生育的主动权。同时,经过"访惠聚"8年(截至2021年12月)对计划生育宣传与服务工作的强化,营造了现代生活生育观的社会大环境,南疆人口生育率得以快速下降。如果没有群众基础和大环境的改善,任何政策都很难在短时期内产生如此显著的效果,其他发展中国家的经验也表明,如果仅推行计划生育政策,而其他条件不具备,生育率下降的过程将会非常缓慢。

文本框4-8　妇女的生育观

> 2021年入户调研,印象最深的是:在年轻的夫妇的家里,一般有两个小孩,孩子们穿戴整洁,4~5年级的小孩都能用流利的国家通用语与我们交流,做父母的小翻译。有些小孩拿着中文的绘本在旁边阅读。当问及是否还会再生小孩时,妈妈就会面带笑容并斩钉截铁地说不会再生了,把现在的小孩养育好,让他们上大学就行了。多数妇女表示,现在自己有好多事情要做,比如学习家政服务、缝纫、烹饪和理发等技能。还有妇女说要想办法以后多挣钱,过上好日子。都表示自己要做的事情很多,没有时间生那么多孩子。

数据来源:田野观察,2021年5月7日。

4.1.6　家庭劳动分工:角色的"常"与"变"

维吾尔族是由游牧转向农耕文化的民族,很大程度上受到中原文化的影响,接受并认同"男强女弱、男尊女卑、男主女从、男主外女主内"的性别观念,性别界限非常明显,对男子而言,自己的责任是维持家庭生计、保护家人、参与社区公共社交;对女性而言,婚后的主要责任是学做家务、家族内、邻居朋友之间的社交、抚养孩子、照顾丈夫和老人。维吾尔族都希望初为人妇的女性,能按照社会期待,承担起"女人"的家庭重任。女孩从小就训练帮助妈妈干家务,如做饭,针线活、收拾房屋庭院,男孩被训练跟爸爸在一起,放羊、割草等。男孩子从小就不愿意被嘲笑为"saymahong①",母亲会用这个词告诫男孩远离灶台,认为做饭是女人的事,男人围着锅台转没出息。对"saymahong"一词的敏感和恐惧会时刻提醒他们,男性在社区就是要顶天立地、不能耳根子软、更不能为人左右,从某种程度上强化了传统的"男尊女卑"的性别角色观念(王海霞,2015)。

近几年,"访惠聚"政策的实施使南疆农村社会经济结构发生改变,一方面,由于男性外出务工人数增多,一部分女性成为留守妇女,她们不光承担起繁重的家务劳动、抚育儿女、侍奉老人等家"内"事务,而且还承担起耕种田地等家"外"事务,成为农村农业生产的主力军,在南疆农村出现了"男工女耕"的现象。另一方面,农业现代化与机械化的推广让解放出来的劳动力并没有回归家庭,而是转化为本地就业的"半工半家"的打工者,外部压力的增大,是否减少了女性的家务劳动,亦或传统的家务劳动分工是否有变化,本小节将针对家庭劳动分工中的"常"(没有发生变化)与"变"(发生的变化)进行分析和总结。

4.1.6.1 常:传统性别分工的延续

根据调查,妇女走出家门参与社会生产劳动并没有缓解其在再生产领域的劳动强度,做家务(94.93%)、照看孩子(72.35%)主要还是由妇女完成(表4-8)。

表4-8 妇女日常都做什么

日常事务	人数(人)	占比(%)
做家务	206	94.93
照看孩子	157	72.35
照顾老人	43	19.82
种地	180	82.95
养殖	105	48.39
经商	13	5.99
打工	14	6.45
上班	9	4.15
逛巴扎	13	5.99
什么都干	0	0
什么都不干	2	0.92
其他	3	1.38
小计	217	100

---

① 维语,怕老婆的意思,隐含有"没有男子汉气概"。

绝大部分妇女认为自己是家务劳动的第一贡献者（96.77%）（表4-9）。

表4-9 妇女对家务活第一贡献者的认知

项目	我自己	丈夫	父母	公婆	子女	其他人	合计
人数（人）	210	108	8	14	93	10	217
占比（%）	96.77	49.77	3.69	6.45	42.86	4.61	100.00

妇女自己喜欢的事情也是做家务、照顾孩子（94.44%），有部分人表示更喜欢外出打工（17.13%）、学手艺（20.83%）等（表4-10）。

表4-10 妇女喜欢承担的家庭责任优先序选择

项目	做家务，照顾孩子	干农活	外出打工	管理庭院种植	学手艺等	其他	合计
人数（人）	204	116	37	81	45	6	216
占比（%）	94.44	53.70	17.13	37.50	20.83	2.78	100.00

对于女性一生的责任的认知主要集中在贤妻良母（33.6%），而非读书（4%）、进城务工（2%）甚至是种地（4%）（表4-11）。

表4-11 妇女对自己一生的定位

妇女可能的定位	人数（人）	占比（%）
生儿育女，做个好妻子、好母亲	218	33.6
赡养老人，做个好儿媳、好女儿	205	31.6
遵纪守法，做个好公民	156	24
协助丈夫种好地，做个好农民	26	4
学国家通用语学技术，进城务工，做个好市民	13	2
找个有钱的丈夫，享受荣华富贵	2	0.3
读好书，上好学，当国家干部	26	4
其他	2	0.3
合计	648	100

对丈夫生产领域的期望有29.3%的妇女选择能挣钱、63.1%的妇女选择勤劳能干，期望高于丈夫参与家务劳动的期望。但是，可以看出对于分担家务，妇女对丈夫有一定的渴望，有18.7%的妇女希望丈夫能分担家务劳动（表4-12）。

表 4-12 妇女对丈夫期望选择占比

妇女对丈夫期望	总体	第一选择	第二选择	第三选择
勤劳能干	63.1	31.8	31.1	12.1
身体好	53.6	25.3	24	16.4
对家人好	36.9	17.7	14.9	13
能挣钱	29.3	8.6	14.3	16.4
帮着干家务	18.7	1.5	9.1	17.2

虽然,妇女有了走出家门参加社会劳动的机会。但是,由于传统赋予她们的家庭角色没有改变,家庭既然作为社会的经济单位存在,妇女们就依然要为了照顾家庭、维持家庭运作而付出大量的无酬劳动。大多数被访者无论是女性还是男性均承认,男性在完成耕种或放牧之余,可以立即休息。而女性在参与耕种或放牧之余,却要接着做饭、带孩子、干家务,直到把各种事情全部做好才能休息。这种状况依然是南疆农村的常态。

4.1.6.2 变:新家庭性别观的形成

"访惠聚"政策影响下的南疆农村婚姻制度变革、生育观念和环境的双重解放、脱贫攻坚和乡村振兴的发展,特别是产业结构的调整使妇女由专职的家务劳动者角色转变为家务劳动的主要分担者或共同参与者,不少家庭的男性已经开始介入家务劳动。

调查发现,有可观数量的男性已经开始参与家务劳动,有 18.9% 的男性参与家务劳动、有 20.2% 男性照看孩子、5.7% 的男性照顾老人(表 4-13)。

表 4-13 男性日常活动

愿意做的事务类别	人数(人)	占比(%)
做家务	43	18.9
照看孩子	46	20.2
照顾老人	13	5.7
种地、养殖	85	37.3
经商	13	5.7
务工	14	6.2
逛巴扎	11	4.8
其他	3	1.3
总计	228	100.0

虽然，过去南疆农村维吾尔族家庭对孩子从小的培养是强化性别差异的，比如母亲总是培养女孩干家务，而告诫男孩远离灶台。但是，在"访惠聚"政策实施之后这一现象逐渐好转。调查发现，有81.5%的父母会要求男孩从事家务等劳动，仅有0.9%的父母没想过让男孩子做家务。数据表明（表4-14），妇女家务劳动培养的性别意识逐步淡化。至少在观念上，家务劳动不再具有强烈的性别符号，不再仅仅是女性的专利。

表4-14 是否会让儿子做家务

是否让儿子做家务	人数（人）	占比（%）
会	88	81.5
不会	19	17.6
没想过	1	0.9
总计	108	100

当地男性做家务较少，几乎不做饭的传统思想已经有了一定的转变，丈夫较先前更乐意帮助妇女做家务。在调查的202人中（表4-15），有67.82%的妇女表示其丈夫很乐意帮助做家务，有27.23%的丈夫虽然很少做家务，但是，已经开始参与家务劳动。

表4-15 丈夫是否做家务情况

丈夫是否做家务情况	很乐意做	很少做	不做	合计
人数（人）	137	55	10	202
占比（%）	67.82	27.23	4.95	100.00

"访惠聚"政策的实施过程中需要大量的村民参与进来，强调"能者多劳，适者参与"的原则，这给女性提供了难得的参与机会。其中，有大量的女性村民参与到"访惠聚"的各项活动中，从而导致家庭中的"外"部分工发生了变化。家庭"外"部的参与占据了妇女的部分时间，使家庭"内"的分工由男性替代完成。近几年调研中，这一变化十分明显，2014年"访惠聚"工作开展初期，四个村的村干部全部由男性担任。但是，到2021年a村、c村、d村的村委会干部中，女干部的比例达到了40%，b村的13位村干部中有3名女干部，村委会协理员也有多名女性担任。村公益岗位多由妇女承担，其中保洁员基本由女性承包，有两个工作队雇的厨师均是女性。蔬菜大棚合作社中也主要以女性为主参与蔬菜种植管理。出于家庭利益

最大化的选择，以及工作队在众多场合宣传男人要帮妻子分担家务熏染下，男性也开始参与到家务劳动中。a 村女干部海热姆古丽·铁木尔，28 岁，大专生，能说国家通用语，丈夫是专业养殖户。

她说："我们村委会的工作非常忙，我没那么多时间管孩子，每天中午回家做一顿饭，有时吃完就走了，晚上和周末经常加班，孩子在幼儿园，是我丈夫接送，我加班时也是我丈夫管孩子多，我丈夫在家养了 500 只鸡，他时间比较自由，对我也支持，没有太多怨言，我有时间时就多干点家务。"（访谈记录 20210504，海热姆古丽·铁木尔）

对当地妇女和男性各自单独访谈都能看到家庭分工的变化趋势，K 乡 d 村的 31 岁男性村民霍加·奥布力说道：

"自己平时出去拉货，妻子在蔬菜合作社管理种植蔬菜。家务活主要是由妻子完成。但是，她没时间时，我就会做饭，管孩子，买一些家庭生活用品。她在家时她管得多，我会帮忙。"（访谈记录 20210430，霍加·奥布力）

从霍加·奥布力的日常可以看到，南疆农村家务劳动仍然由女性承担为主。但是，这种家庭内部分工开始有了新的变化，家务劳动不再仅仅是按照性别来决定，已经开始逐步按照人力资源进行分配，也就是说，先前的家务劳动分配主要是依照性别，而现在则开始考虑夫妻双方"谁更方便"的因素。当然，现实中也有与这种家务分配模式截然不同的情况。K 乡 d 村的 51 岁男性村民阿卜来提·买买提说：

"妻子到邻村剪树枝打短工，她不在家我和我父亲就上外面餐馆吃饭，我不会做饭，她不在家我只能在外面吃。"（访谈记录 20210430，阿卜来提）

研究发现，当前南疆农村家务劳动呈现出多样化的类型，既开始出现人力资源占主导的分配形式，又有传统的性别文化占主导的分配类型。总体来看，年龄较大的遵从性别文化为主导的家务分配类型的较多，而年轻人则更倾向于人力资源分配为主导的家务分配类型。

南疆农村更多的女性在劳动力转移与"农业女性化"过程中成为"留守妻子"。她们在丈夫外出务工期间，承担起了复杂的双重角色，即被强化的传统家庭角色与现代农村社会经济角色，受到了来自传统和现代的双重挑战。首先，农村妇女的传统家庭"私"领域的角色依然延续，这种传统家庭角色其实就是中国文化传统中的"贤妻良母""相夫教子"，包括婚姻角色、生育角色、家庭生活角色。在劳动力转移与现代化进程中，除了承担传统婚姻、生育角色，妇女的家庭"公"领域的角色被进一步强化，进一步访谈也证实了这一现象。

每天早晨8点起床，开始收拾打扫院子。紧接着就是给孩子们做饭、吃饭。吃完饭后收拾一下就要开始喂牛、喂羊。这些都要花上一两个小时，中午简单吃一点午休一会，下午下地干活，晚上回来做晚饭，干家务，丈夫不在家，所有的事情都靠我来完成。（访谈记录20210501，阿依先莫·古丽）

已经形成的制度和传统的改变需要一个缓慢的过程。由于南疆农村妇女文化程度不高、缺乏专业技术、语言限制和观念滞后等多种因素，离开家庭出去打工成为一种理想状态，更多的女性传统角色和观念并未彻底改变，妇女将做家务视为自己主要的家庭责任，并内化于心。妇女在婚后积极勤劳地进行家务劳动、照料家人，这不仅是她生命历程中最重要的生活经历，而且，也是最重要的道德体验来源和传统劳动伦理。家庭事务的表现是"好女人""好妻子"的重要标准。南疆的妇女在家庭事务中的特征既有制度性的原因，又存在文化的影响，也是当代全球范围内女性系统性不平等的重要组成部分。

在实践中，"访惠聚"各种政策与帮扶，如农业结构调整、农业机械化推广、农业加工企业引进、与市场对接的产品销售、卫星工厂建设、合作运营组织建设等政策的推进，使得从事家庭经营的农户已不再是传统意义上孤立分散的小农，而演变成为市场化、社会化的新农民。新型的农业运营模式，为男性逐渐加入打工队伍，女性逐渐参与村庄活动提供了可能，促进了家庭分工逐步按照人力资源配置，形成多元化的家务劳动分配方式。但是，"男主外、女主内"的性别分工模式和意识依然主导着大多数家庭，妇女家庭解放任重而道远。

4.1.7 小结

"访惠聚"工作队通过全面落实政策、统筹多方资源、加大建设项目引入、日常生活帮扶、宣传示范引领、宣讲教育引导等多种工作措施和方式，在居住环境和家居条件、饮食结构和烹饪方式、孕产期妇女的健康保健等方面满足了妇女现实性别需求；通过强化基层治理、宣传维护法律尊严和发动群众等方式，父权制文化得以松动，妇女战略性性别需求得以实现；通过技能培训和就业岗位搜寻等帮扶措施，一方面促进了男性外出打工队伍的壮大，另一方面女性逐渐参与到村庄活动中，男性开始承担起家务劳动的责任，家庭分工逐步向满足人力资源需求进行分配的多元模式转变。但是，"男主外、女主内"的性别分工模式和意识依然主导着大多数家庭的内部分工。

在饮食和烹饪方式方面,"访惠聚"工作队以增加收入为目的,培训妇女参与庭院经济和大棚蔬菜项目,无意间推进了当地妇女自身对蔬菜种类多样化的需求,妇女将所学所见带入家庭餐桌,提升了家庭的饮食健康;"民族团结一家亲"加深了多民族互动和城乡互动,各民族传统饮食相互交融搬上村民餐桌,丰富了南疆少数民族村民对饮食文化的认知。电子炊具带入乡村并逐渐普及,为妇女的烹饪过程带来了便利、节约了劳动时间、降低了劳动强度,一定程度上将妇女从家庭劳动中解放出来。"访惠聚"从嵌入到融入的政策推进,拓展了农村妇女的交流面,丰富了交流内容,增加了南疆农村少数民族妇女信息获取途径,从而使妇女需求发生变化。而在"访惠聚"各方面的持续帮扶下,村民生活水平提高为妇女需求的实现创造了条件。

在居住环境和家居条件方面,"访惠聚"工作队通过"安居房"项目改善了居住空间,增加了房屋功能;通过庭院经济发展和环境整治实现了人畜分离;通过乡风文明建设拆土炕、住木床、换餐桌、添沙发、改灶台等家庭改造,房屋变得干净、明亮、整洁,优化了妇女干家务的活动空间,减轻了妇女的劳动强度;通过厕所革命,引导"三废"处理落到实处,改善了家庭和村庄整体卫生环境。

在妇女孕产期保健方面,"访惠聚"工作队引入医疗资源、落实乡村卫生室建设工程和妇女定期体检制度化、加强婚育新风知识和健康科普知识宣传教育等专项工作,通过争取项目资金,实现了妇女在家门口就能做孕产检查的需求,解决生产中大额资金的报销问题;通过电台、报刊、书籍持续强化妇女自我保健意识。妇女的孕产期保健意识不断提升,新生儿残疾率和死亡率大幅下降,妇女的现实性性别需求得以实现。

在婚姻方面,"访惠聚"工作队通过国家法律宣讲、现代生活示范引领和政策执行力度的加强和持续,冲击了父权制结构,国家法律成为南疆婚育的绝对约束条件。"访惠聚"工作队通过法律监督、奖励机制的实施等务实的措施保证新婚夫妇领取结婚证,严格遵守结婚年龄,能够初步达成平等的家庭成员关系。这种新型关系促进妇女对传统的父权、夫权定义下的婚姻、家庭进行思考,家庭原有的权威结构受到质疑,也形成一些新的选择。长远来看,可能对夫权"塔拉克"和父权"父母包办"特权形成根本挑战。

在生育方面,首先,随着"访惠聚"各项工作的推进,妇女在社会参与、教育、婚姻等方面变化的影响,促进妇女有酬劳动的参与,不仅提高了个人收入和地位,而且提高了重要事务上夫妻协商的可能性,包括在生育和避孕方面的协商。其次,在"访惠聚"舆论宣传和示范引领下,孩子有好的前途成为父母追求的目标,养好现在的孩子而不是多生孩子成为新一代父母的共识。再次,由于家庭中仍延续着传统的性别角色分工,妇女依然是家庭中无酬劳动的主要承担者,有酬劳动和无酬劳动形成的激励、挤压和冲突,共同促成了女性减少生育数量的强烈愿望。最后,经过8年的计划生育宣传与执行力度的加强,南疆人口生育率得以快速下降,妇女已开始由被动盲目地生育转为主动地计划生育。

在家庭劳动分工方面,"访惠聚"政策影响下的南疆农村婚姻制度变革,生育观念和环境的双重解放、脱贫攻坚和乡村振兴的发展,特别是产业结构的调整使妇女由专职的家务劳动者角色转变为家务劳动的主要分担者或共同参与者,不少家庭的男性已经开始主动介入家务劳动,家庭分工逐步向满足人力资源需求进行分配的多元模式转变。但是,"男主外、女主内"的性别分工模式和意识依然主导着大多数家庭的内部分工,妇女发展的道路依然任重而道远。

4.2 生产:延伸与超越

南疆妇女的发展很大程度上始于家庭内部,而农村家庭内部活动包括了生产和再生产领域,上一节聚焦再生产领域,首先分析了"访惠聚"政策的实施对南疆"再生产"领域内性别角色的影响,以及随之产生的需求和地位的变化。本节继续以2016年的问卷调查数据和2016—2021年的半结构访谈数据为基础,查阅政策实施前纵向20年的历史文献,依然借鉴卡洛琳·摩塞的三重角色(再生产、生产、社区参与)的性别分析框架,分析政策嵌入后妇女"生产"角色产生的变化以及由此带来的性别需求和妇女地位的变化。同时,分析推动妇女"生产"角色变化过程中"访惠聚"政策行动的内在逻辑和工作路径。

按照经典马克思主义关于妇女解放的论述,"妇女解放的第一个先决条件就是一切女性重新回到公共事业中",即男女平等地参加社会化的生产劳动以及同工同酬。帮助妇女在经济上独立于男性,提高妇女的收入与地位。中国共产党一直继承并发展了这一理论,并形象地比喻:在社会主义建设中要充分发动妇女,就好比一个人有两只手,缺少一只不行,缺少了妇女的力量是不行的,两只手都要运用起来。在农村中做妇女工作,也和做其他工作一样,只有在农业生产中充分发挥了妇女的能动性,才能促进妇女的进一步解放和社会发展。

本研究的四个村具有南疆村落的典型性：受现代化和市场化影响弱、生计模式主要以种养业为主、少部分人从事传统手工业和经商、外出打工的意愿不强等现实性问题。农户的家庭性别分工明显，男性不干家务，女性承担全部家务，还要下地干农活，虽然她们受身体素质和农业技术水平的影响，只能参与有限的农活，但是，妇女的双重压力依然很大。随着"访惠聚"政策的持续推进，国家需要越来越多的妇女参与到各项生产中去，通过多种途径提高妇女的农业技术水平和综合素质。同时，农业规模化和机械化在"访惠聚"政策的推动下得以迅速推广，规模化实现了机械替代人力，极大地解放了劳动生产力，提高了农业综合生产力水平，促使农村生产中性别角色的差异缩小，性别劳动分工模式在很大程度上发生了显著的改变。生产力的发展成为推动妇女发展的重要因素。

4.2.1 农业劳动中性别分工的变化

"访惠聚"工作的深入实施，推进了南疆农业综合生产力的提高，促进了农业劳动中性别分工发生变化。本节将通过对南疆性别视角下农业生产存在的问题进行梳理，总结提出"访惠聚"提高农业生产力的工作路径。

4.2.1.1 性别视角下农业生产存在的问题

妇女劳动始终处于高强度的劳动之中，但是，仍被认为没有那么有价值。在过去，本研究的4个村均以种植小麦、玉米和棉花为主。妇女在作物生长的管理过程中发挥着重要的作用，承担了如播种、除草、施肥、喷药、掰玉米、捡棉花等很多劳动。但是，由于妇女受体力的限制，需要体力的工作由男人完成，如耕地整理、肥料运输、收获物搬运等。同时，在"男主外、女主内"传统思想的影响下，与外界沟通的工作交由男人负责，如生产资料的购买、机耕联系、农田灌溉管护、种植作物决策等，当然，男性也是播种、除草、施肥、喷药、掰玉米、捡棉花等工作的主要承担者。由于妇女从事的生产往往认为是辅助性的工作，不像男性从事的工作那么明显可见，所以，常被认为妇女的劳动没有价值体现。但是，事实上妇女在农业生产中从事多为经常性、耗时长的需要耐力的劳动，妇女从事农业劳动的强度和做出的贡献并不比男性小。

调查显示，多数女性认为自己在家庭农业生产中发挥了重要作用，有91.51%的妇女认为自己在家庭农业生产中起到了主要作用。有78.77%的妇女认为丈夫在农业生产中起主要作用（表4-16）。但是，社会认知却普遍认为农业劳动中男性是主要贡献者。

表 4-16 妇女对农活第一贡献者的认知

家庭成员	我自己	丈夫	长辈	子女	其他	合计
人数（人）	194	167	16	96	8	212
占比（%）	91.51	78.77	7.55	45.28	3.77	100.00

4.2.1.2 "访惠聚"提高农业生产力的工作路径

（1）农业结构调整。2017 年开始，"访惠聚"工作的重心转向了脱贫攻坚，发展生产成为"访惠聚"的重点工作，4 个村的种植业结构发生了显著变化，农民种植业收入有了明显提高。在自治区农业发展总体规划的指导下，在产业脱贫的措施推动下，结合南疆农业生产的特点和优势，提出了稳粮、优棉、增菜、扩畜的发展方向。工作队结合实际提出了多项促产业的措施，推行规模化生产，强化国家"一村一品"示范村建设。a 村大力建设"小麦+鲜食玉米"生产基地，打造了以优质鲜食玉米为龙头的"一村一品"示范村；d 村依靠科技建立了蔬菜育苗基地，将蔬菜育种产业培育成主导产业，增加了农民收入。a 村、b 村打造以小麦制种为主要产业的"一村一品"示范村，提高了农业的土地产出率，农民得到了实惠。本研究的 4 个典型村的农业结构从相对单一的粮食、棉花产业调整到粮食、棉花、谷子、西瓜、甜瓜、蔬菜生产和制种产业优化组合的多元结构，农业综合效益不断提高。同时，"访惠聚"工作队持续推进农业现代化建设，农业机械化水平在 4 个村有了突飞猛进的发展，小麦生产全程机械化率达到 95% 以上；玉米生产机械化率达到 90% 以上，实现了整地、播种、喷药、收获等重要环节的机械化；棉花机械化率达到 70%，实现了整地、播种、喷药、灌溉的机械化；谷子生产实现了全程机械化。极大地提高了劳动生产率，实现了劳动力收入的持续增长。

K 乡 d 村"访惠聚"工作队发挥农业科研的专业优势，经过论证，大力打造"制种小麦+复播谷子"复合产业，小麦生产以提高单产为主攻方向，谷子生产以扩大规模提高质量为主攻方向，从 100 亩试验发展到 2 100 亩的生产基地，谷子生产还带动辖区 200 多户困难家庭种植谷子，每户年均增收 8 000 元以上，辐射带动周围乡镇规模化种植谷子 5 万余亩。在此基础上，引进企业建设了日生产加工 50 吨的小米加工厂，培育出了谷子产业一条龙生产线，产品创建了自己的品牌，已经进入市场产生了效益。采

访 d 村第一书记 D 书记,他说:

"让农民改变传统种植作物并不是一件容易的事情,农民没见过谷子,更不了解谷子,现在的种植规模是经过了好几年的磨合才发展起来的。首先,改变种植业结构的动因是为了响应自治区稳粮、发展特色作物,建立"一村一品"的号召。由于谷子具有抗旱、耐瘠薄、抗灾的特点,非常适宜在干旱、半干旱地区进行种植,生育期比较短,是比较理想的接茬作物,驻村工作队在村中设有谷子实验基地,经过 2~3 年的试验后确定谷子长势非常好。2018 年首先号召党员、村干部、四老人员、积极分子种植了 800 亩谷子,由驻村工作队联系销往谷子加工厂,初见成效后 2019 年种植了 1 200 亩,2020 年种植了 1 600 亩。同时,2020 年 d 村引进一家大型谷子加工厂后,对农户的谷子实行订单式收购,2021 年谷子复播面积达到了 2 191 亩,占 d 村作物播种面积的 63.5%,实现了精量播种、采收、打药等全程机械化种植,种植收入好于其他作物,d 村村民从不愿种植变为了积极种植。"(访谈记录 20210429,D 书记)

d 村村民阿依木古丽·依力哈木,现年 37 岁,丈夫比她大 15 岁,再婚家庭,丈夫身体不好,家里家外主要由她操心。家里共有 4 亩 6 分土地,过去家里种植小麦和棉花,前两年村中推广复播谷子,她家庭负担较重,顾虑较多,没有加入。2019 年看到种植谷子比种植棉花收入好以后,主动找工作队要求复播种植谷子,年收入每亩增加了 800 元。

"现在我们觉得谷子非常好种,工作队给我们提供技术指导。地里的工作很轻松,全是机器,我们只用在种植、收割、浇水的时候过去看看。也不担心种出来卖不出去,收益也很好,工作队给我们帮了大忙,改变了我家的生活状况,我现在农活的负担轻多了,工作队给我的帮助实在没法回报。"(访谈记录 20210429,阿依木古丽·依力哈木)

对于像阿依木古丽这样男性缺位的家庭,可以发现,在现代生产生活变革下,她并没有落后,而是和其他家庭一样,也实现了农业结构调整、掌握了新技术、提高了收入,短时间内改变了生活现状。结构调整和产业发展过程中,"访惠聚"工作队不仅提供了品种试验和技术支撑,还承担了种植和销售的市场风险,为种植户建立了种植风险规避机制。农业机械化改变了生产方式,承担了种植过程中的重劳力工作,将农民从繁重的劳动中解放出来,劳动生产率得到提高,为农业结构调整创造了条件。农业结构调整和劳动生产率的提高,使妇女成为农业生产的决策者和主体变成可能,"访惠聚"通过优化农业结构和推广农业机械化一定程度上改变生产力与生产关系，这其中既有结构的容纳、又有个体的认知接纳，还有大家的附议和支持等因素，使得"访惠聚"政策对生产力与生产关系的改变的合法性提升。

（2）妇女需求转变。随着农业种植业结构的调整、机械化水平的提升和大部分男性劳动力转移，妇女在农业生产中的重要责任与知识技能的匮乏之间产生了不协调，她们普遍意识到学习农业技能的重要性，在最需要帮扶的调查内容中，需要"技术和技能培训"的妇女占比高达89.5%，可以看出广大妇女已经认识到自身在种植业的角色转变需要技术和知识的支持。因此，对农业生产的技术培训和生产指导的愿望非常迫切（表4-17）。

表4-17 妇女最需要的帮助

帮扶内容	人数（人）	占比（%）
技术和技能培训	119	89.5
解决治病资金	87	41.23
驻村工作队持续帮扶	76	36.02
帮助发展庭院经济	74	35.07
组织外出打工	50	23.7
远离非法宗教	19	9
销售农产品	8	3.79

"访惠聚"的培训政策始终将妇女的农业技术培训作为重点。首先，在田间地头开展技术示范培训，并改变田间技术示范培训以男性为主的状况，注重培育妇女的参与意识，营造妇女参与的良好环境。随着妇女在农业生产中的地位的变化，妇女自身感受到知识和技术的重要性，在工作队的动员和鼓励下，妇女的参与意识和参与度不断提高，仅2018年4个村开展了农业技术示范现场会16场，参与人群4 000多人次，其中，女性参与占50%以上。其次，在农民夜校增加了农业知识和农业技术的讲座，按照农民实际种植作物及季节需求，开展有针对性的教学，如何施肥、间苗、保苗、灌溉等实用技术。现场观察，只要是女性科技人员作为主讲专家，女性农民参与积极性更高，参与人数更多。因此，聘请女性农业科技人员对妇女开展倾向性的农业技术培训成为工作队的有效措施之一，妇女的培训效果甚好。

在妇女的半结构访谈中，当问及受访妇女"想成为什么样的女性"时，很多妇女选择了要做像驻村工作队少数民族女队员帕提古丽·艾斯木托拉一样的有知识的新女性。村民们亲切地叫她"帕老师"。帕老师之所以受当地妇女欢迎，不是因为她的少数民族身份，更主要是因为她具有专业种植技术,能够切实帮助她们解决种植难题。在帕老师驻村的两年时间里,主要负责村里的农业生产,包括庭院葡萄种植和蔬菜种植。帕老师谈到她在帮扶中的体会:

"我在村里主要负责葡萄、蔬菜管理和技术培训。葡萄长廊连片修建在村民地头,既种植了葡萄,又美化了村庄环境,还给村民提供了休闲纳凉的好地方,全村葡萄长廊总长500米,需要投资7万~8万元,由村民负责木头、人工费,加工费、油漆、硬化等,村里给予一定的补贴。葡萄成熟后,'村两委'组织村民统一晾晒,做成葡萄干进行售卖。新疆本来就有种植葡萄的传统,南疆虽然每家每户庭院种植葡萄,但是,并没有形成规模。工作队统一规划,政策引导庭院种植葡萄,近两年有了规模,给农民带去了收益。我同时还负责全乡多个村的蔬菜种植,提供技术服务,乡里还承担公司的蔬菜订单,今年有1 800亩的辣椒订单。目前南疆的蔬菜种植仍旧缺乏技术,农民不会种植,冬天的蔬菜仍需要内地运输。"(访谈记录20210428,P老师)

帕老师只是当地工作队中的一员,但是,她的性别身份、专业技术优势又使她在解决当地农民种植难题的同时,树立了新的女性形象,改变了当地村民对于女性的传统性别认知和形象固化。"女性技术专家"不仅得到当地村民的接受与认可,也成为当地妇女新的理想女性榜样。

(3)性别视角下的生产选择——大棚蔬菜。大棚种植蔬菜需要精耕细作,女性有更多的耐心和细心很适合大棚种植蔬菜。因此,工作队鼓励更多女性参与进来,特别针对女性村民开展技术扶持、资金帮扶、岗位推荐。2020年,K乡d村乡政府安排新建连片大棚19座,集中经营管理,长期聘用了22名村民,除一名男性村民是管理者外,其他21名均是女性。如热沙·吐尔逊是一位29岁的妇女,有两个孩子,儿子7岁上小学一年级,女儿5岁上幼儿园,老公受聘开货车跑运输。由于她家3亩耕地以土地流转的方式纳入新建的大棚项目,每年土地租赁费可收入3 000元。村委会又聘用她从事大棚生产,每月1 200元工资。每天工作6~8小时。但是,有相对自由的时间,如孩子幼儿园放学时段她可以抽空去接孩子,下班后就可以照顾家庭做家务。两个孩子均全天在学校,学校免费提供早餐和中餐。热沙·吐尔逊有更多的时间参加村里的活动,她参加了合唱队和模特队。

她说:"我很幸运,比起自己种田我更喜欢参加村里集体生产,我很认真地干好分配给我的工作,其他不用操心,每年的收入很可观,还可以照顾家庭,加上老公每年拉货车3万~4万元的收入,我们家已经摘了贫困户的帽子。我还学习了蔬菜大棚种植技术,有一门技术后,对自己更有信心了,我很珍惜这份工作,希望蔬菜大棚生产能一直办下去,有好的收入。"(访谈记录20210428,热沙·吐尔逊)

通过蔬菜大棚合作社项目,妇女学习了新技术,增加了收入,兼顾了家庭,增强了妇女参与社会生产的自信心。

(4)性别视角下的生产选择——庭院经济。庭院经济不仅能带动家庭环境整治,还能让家庭妇女在兼顾家务的同时增加收入,使妇女不出家门就有经济收入,而且,还满足了自己家庭对蔬菜的需求,又减少了家庭购买蔬菜的支出。因此,女性对发展庭院经济表现出了高度热情。工作队全力推进庭院经济建设,一是培育出"一村一品"的蔬菜产业,对6 500多户家庭进行庭院垃圾清理,清理出的庭院土地达2 000亩;二是推进了庭院改造,实现了"三区(住宅区、种植区、养殖区)分离"全覆盖,居住环境发生了根本变化;三是庭院经济发展带动了妇女的发展,促使家庭性别角色发生了变化,妇女成为庭院经济的主角,家庭收入的角色更加重要。春天来了,天气渐暖,b村村民艾尔肯·加拉木丁早早在自家院子里忙碌起来。看到邻居家经过庭院改造,发展庭院经济尝到的甜头,他今年也打算利用自家的庭院种植蔬菜和葡萄。他作为一名泥瓦工,夏季在外从事建筑工程工作,春季是他忙家庭生产的重要时节。

他说:"我搭好葡萄架,修好小拱棚,平好地,剩下的事情就交给我老婆了,她多跟邻居们学一学,在家边带孩子边管理庭院,不仅能让全家人吃上新鲜蔬菜,多余的菜还可以卖钱。"(访谈记录20180612,艾尔肯·加拉木丁)

驻村工作队Z队长说:"以前我们的院子从来没发挥过作用,堆满杂物,庭院改造后,既形成了蔬菜产业,又改善了居住环境,农户增收了,院落干净了,村民对生活品质也有了更高追求。特别是对于妇女又多了一条发展的途径,体现出妇女在家庭中的重要作用。"(访谈记录20180612,Z总领队)

45岁的艾比白·麦麦提明家在庭院里做了大文章。庭院改造后,艾比白又多出一条增加收入贴补家用的方式。她家2亩地的庭院周边搭上了葡萄架,种植了30棵葡萄,中间开辟出8垄塑料薄膜覆盖的田块。

她说:"等天气再热些打算种上豇豆、番茄,可以卖给驻村工作队联系的蔬菜批发市场。我们种植的葡萄苗,是工作队免费送的。工作队教我们怎么播种、施肥、浇水、除草等技术。"无核白鸡心"这个品种的葡萄很适合我们这儿，种出的葡萄很甜，既可以鲜食又可以制干。

在她家由旧棚圈改造的养兔间里，200多只兔子活蹦乱跳。"工作队联系了乡里一家企业免费提供种兔、饲料和技术服务，我家只需要支付养兔间每个月15元左右的水电费。"艾比白说，今年2月底第一批兔子出栏就带来了2 000多元的收入。在自家院里种蔬菜、养兔子真是一个好出路，养兔成本低，技术有保障，销售有出路，平均45天出栏，一年收入能达到1.6万元。老公主要负责养兔子，我主要负责蔬菜大棚和葡萄种植，庭院经济让我和我老公有了更紧密的合作，谁都离不开谁了。（访谈记录20180612，艾比白·麦麦提）

"访惠聚"推出的"企业+合作社+农户"的生产经营模式，农户在生产、加工、销售等全产业链中受益。"全面推行'三区分离'发展庭院种植、养殖业，户均可以年增收1 600多元，既增加了收入，又改变了生活陋习。当地政府为鼓励贫困户改造庭院提高土地利用率，实现增收脱贫的目标，K乡为贫困户庭院改造发放14万元的补贴资金，贫困户改造庭院积极性大大提高。"（20180612，Z总领队）

男性外出务工人数的增加，种植业结构的调整、机械化水平的提升和推广成为当地农民，特别是妇女发展的重要条件，"重活""轻活""技术活"不断被重新定义，界限也不断被打破，体力和技术不再是限制女性发展的瓶颈。但是，技术进步带来对妇女技能的新要求，"访惠聚"性别敏感政策针对这一问题，马上采取应对补救措施，专门聘请专家为妇女提供专项技术指导，妇女经历了技术渴求、学习艰辛和掌握应用的过程，提升了妇女务农就业的技术含量、务农收入以及社会地位，家庭和社会的性别分工模式不断改变。同时，"访惠聚"政策扶持下的性别敏感的农业生产选择的大棚蔬菜种植和庭院经济发展，使妇女在种植业中扮演的角色发生了变化，她们不再是听男人的指挥，干一些男人不愿意干的所谓的"轻活"，被认为是没有价值的劳动者。她们在农业生产活动中扮演着越来越重要的角色，变成了农活的主要参与者，甚至是生产的决策者和责任的承担者。虽然，从事妇女在家庭经营的所得依然难以超过男性。但是，她们对家庭经济的直接贡献的重要性不断提高，妇女劳动主体地位被确立。妇女劳动收入的增加和农业技术的掌握，使得她们的家庭地位提高，冲击了男尊女卑的传统性别制度，一定程度上打破了妇女参与社会生产的瓶颈，妇女的精神和发展思想开阔、明朗起来。她们体会到了劳动光荣和自身发展的意义。

虽然，传统性别分工模式没有完全消亡。并且有专家认为，男性外出务工的同时会限制女性外出务工的可能性。但是,"访惠聚"政策实施对传统性别分工的突破无疑为妇女的进一步解放奠定了基础。

4.2.2 农业劳动中性别分工的延续

"访惠聚"的政策驱动,促使南疆农村女性在种植业中逐渐建立起来的主体地位得到认可。但是,传统的性别分工模式并没有完全消亡,父权制体系的规则和资源仍然影响着南疆农村妇女的再生产和生产的实践活动。当规模化的畜牧业养殖相对种植业生产呈现出更多的技术性,养殖业的经济收入相对于种植业表现出高经济性时,男性会主动地从种植业生产中逐步退出进而转向养殖业,而女性逐渐承担起种植业的责任。南疆农村的规模养殖家庭中,分工明确,男性主要负责养殖决策,决定养牛还是养羊、养鸡、养鸽子;负责"架子畜"的购买、运输、入圈;负责牲畜的饲喂、销售。家庭小规模养殖的家庭中性别分工模糊,谁有时间谁来管,通常女的负责日常照料喂养的时间更多,男的负责宰杀、买卖、注射疫苗等事情偏多。

研究的4个村中几乎每家都有牲畜养殖。但是,养殖条件差、规模小。"访惠聚"推进产业发展的几年,养殖业变化最大的是形成了不少规模养殖的合作社和养殖大户。这与"访惠聚"工作队落实国家、自治区对南疆的一系列扶贫政策密切相关。为打赢脱贫攻坚战,工作队将各项帮扶政策作为工作的重点,一是为贫困户提供生产资料,发放牛、羊、鸡等生产资料;二是培育帮扶养殖大户和合作社,鼓励以合作社的形式集中养殖,年底分红,增加贫困户的收入。K乡a村在驻村工作队的带领下,2021年度以合作社的形式规模养殖牛、羊、驴等牲畜1 706头(只),鸡、鸽子5 798只(羽),出栏收入户均3 850元,与2015年相比,养殖头数翻了近2倍,收入翻了3倍。在改善家庭收入结构的同时,也丰富了南疆地区的家庭饮食结构,使居民的蛋白质摄入量有所增加,饮食结构更加合理健康。养殖业已经成为农户的主要收入来源,养殖交易收入成为解决贫困的有效方式之一。

规模养殖的发展丰富了养殖结构,从单一的牛、羊养殖,发展成牛、羊、鸡、鸽子多元化养殖。养鸡成为见效快的主要产业,4个村有52%的家庭养殖鸡,其中,以肉鸡为主,占90%。工厂化养殖肉鸽是"访惠聚"推进产业发展的成果,改变了当地传统的放养的方式,极大地提高了鸽子养殖的出栏率和商品率,规模养殖鸽子的农户占25.5%。肉羊养殖占17.9%(表4-18)。

表 4-18 家庭养殖结构

养殖动物	鸡	羊	牛	鸽子	总值
均值（只/头）	26.9	9.2	2.2	13.1	51.4
占比（%）	52.3	17.9	4.3	25.5	100

数据来源：2021 年 4 个村驻村工作队提供的入户摸底数据。

K 乡 d 村村民买买提·依明有养鸽子的爱好，早期没有形成规模。2019 年工作队得知他有养鸽子致富的想法，帮助申请银行贷款 3 万元，产业发展基金补助 1 万元，自己配套 3 万元，在自家院子盖了鸽舍，养殖规模扩大到 2 000 只。

买买提·依明说："现在种玉米复播谷子机械化程度很高，我们一年到头来在地里就干 1~2 个月的活，孩子也都长大了，不需要照顾。我在家就想养鸽子挣点钱，现在工作队让我做到了。我现在专职负责养鸽子，鸽子容易生病，要细心照顾，还要出门参加技术培训、买饲料、买卖鸽子、联系注射疫苗等事情，妻子基本帮不上忙，她不会，我不让她进鸽舍，害怕她把鸽子养死了。她主要负责做家务和种大棚蔬菜。我会帮忙打扫院子，挣的钱让妻子存起来。"（访谈记录 20180612，买买提·依明）

在零零星星养殖数量较少的家庭，畜牧养殖不足以带来丰厚的收入，只是作为家庭饮食调剂功能时，养殖就被视为私领域的家务劳动，主要由妇女负责照料。

"我们家是贫困户，丈夫安排在村委会当保安。家里种地和养殖的事情由我来干，他回家就好好休息，他不干家务活。目前家里有 1 头牛，10 只绵羊，都是工作队给发的，没有卖过。现在，我每天挤了牛奶做酸奶，酸奶吃不完就去巴扎上卖。养羊主要是为了自己家里人吃肉，逢年过节时宰只羊自己吃，没考虑卖了挣钱。"（访谈记录 20180612，吉丽妮萨·肖德尔提）

随着生产力的发展和现代化的推进，农民赖以生存的种植业已不再是农民创收的主要途径，掌握农业生产不再是男性争夺的主要资源，在这一过程中妇女摆脱了技术、体力和时间的束缚，基本实现了"男女都一样"的家庭农业生产分工，承认并基本形成了女性劳动主体。但是，一旦与经济价值相关联，妇女争取社会空间的角色变化在意识形态领域就会走上崎岖的道路。就比如在规模养殖业中，这是一个比农业产生更高产值的行业，男性自然而然地掌握了这一资源，改变"男强女弱""男主外女主内"的传统性别分工注定是一个迂回曲折的过程。

4.2.3 非农劳动中妇女参与的变化

4.2.3.1 从性别视角看非农劳动中存在主要问题

"访惠聚"入驻前的几年,由于南疆农村守土生根的传统观念,村中外出务工的村民凤毛麟角。家族聚集现象十分普遍,父母与儿女基本都生活在同一村中,村中的人们很多都是盘根错节的亲戚关系,由血缘形成的社会关系,人口流动性低,劳动力转移成为长期难以解决的发展问题。虽然,人们的生计方式比较单一,主要以农业为主,牲畜养殖为辅。村中基本没有什么商业,偶尔在一些人的家门口摆张床,上面放一些商品售卖,会有饼干、水之类的小食品。人们买米、面、油、蔬菜等生活用品时,要等到固定日子固定地点的巴扎上去购买。但是,人们依然眷恋着这种单纯的生活方式。由于语言不通,大部分人不愿离开维吾尔族聚居区,生产的农产品一般也是低价卖给当地的收购商,有老人一辈子没有到过县城,少部分人去过邻县,去过省城乌鲁木齐的人更是少。他们在社会资源的分配中,具有经济利益上的贫困性、生活质量的低层次性和承受力的脆弱性等特征,属于社会学家对"弱势群体"的定义(黄祖辉等,2005),他们外出打工的意愿较低,对孩子学习的要求也不高,几乎没有为孩子的学习烦恼过,特别是对女孩子,认为留在父母身边是最安全的选择。

调查显示妇女外出打工的意愿并不强烈。"访惠聚"工作队的进驻,加速了南疆农村生产力发展和现代化的进程。但是,要彻底改变当地农民对于外出务工的传统观念,让他们真正感受到外出务工是增加收入的有效手段,这需要一个漫长的过程。在"访惠聚"开展的第三年(2016年)本研究针对妇女外出务工现状和认知开展的调查显示,219位妇女中52.5%的妇女有过打工经历(表4-19)。但是,其中在本村或邻村摘棉花的人数达到90.38%,仅有8人占7.69%的妇女曾经在外地工厂打过工,没有妇女从事过餐饮或者建筑行业(表4-20)。对于为什么不愿意外出务工的主要原因(表4-21),妇女的选择:有76.42%的妇女认为主要原因是不懂国家通用语和技能不足、有52.36%的妇女认为是家庭影响(主要是照顾孩子、老人、农活需要等)、有46.7%的妇女认为是当地女性不就业的习俗和环境。另外,还有11.79%的妇女表示"丈夫不愿意"是主要原因。对于妇女理想职业的选择调查,仅有6.94%的妇女表示"外出务工"是理想职业。而有31.02%的人表示"家庭主妇"是其理想职业,远高于"外出打工"的选择(表4-22)。在最需要什么帮助的调查中,仅有23.7%的妇女选择最需要

"组织外出打工",在所有需求中排在最后一位(表4-17)。总体来看,妇女外出务工的人数在不断增加。但是,离家从事非农产业务工的内生动力不足。当地妇女更愿意从事不会完全离家,就近务工的形式。但是,南疆地区的产业结构以第一产业为主,二三产业和城镇化发展相对滞后,社会经济发展环境不利于农村劳动力转移,而且就近务工的选择单一,主要以农业生产为主,非农就业难度较大。加之,当地不愿离土离乡的传统习俗对妇女的影响、家庭再生产将妇女束缚在家中无法离家、大多数妇女不懂国家通用语、没有劳动技能且学历低、没有接受过正规的培训等弱势群体的弱势困境,使得妇女外出务工的难度远远大于男性外出务工的难度。

表4-19 妇女是否外出打过工

项目	去过	没去过	合计
人数(人)	114	103	217
占比(%)	52.5	47.5	100

表4-20 妇女外出打工从事的职业情况

项目	摘棉花	工厂打工	餐厅服务员	餐厅做饭	建筑工地打工	其他	合计
人数(人)	94	8	0	0	0	2	104
占比(%)	90.38	7.69	0.00	0.00	0.00	1.92	100.00

表4-21 影响妇女外出打工的主要因素

项目	不懂国家通用语,自身能力不足	家庭影响	当地女性不就业的环境和习俗	政府的扶持力度不强	穆斯林妇女不该就业的思想	丈夫不愿意	不知道	其他	合计
人数(人)	162	99	111	4	3	25	12	22	212
占比(%)	76.42	46.70	52.36	1.89	1.42	11.79	5.66	10.38	100

表4-22 妇女对理想职业的认知情况

妇女的理想职业	家庭主妇	农民	经商	外出打工	国家工作人员	其他	合计
人数(人)	67	14	36	15	67	17	216
占比(%)	31.02	6.48	16.67	6.94	31.02	7.87	100.00

4.2.3.2 促进妇女参与有酬劳动的路径

(1) "再生产"领域的社会化为妇女参与有酬劳动奠定了基础。2016年南疆四地州实现了农村学前三年免费双语幼儿园教育,"十一五"和"十二五"期间,南疆四地州新建幼儿园1 700余所,幼儿园总数达到2 014所,累计投入26亿元,入园儿童达到34.38万人。本研究的四个村,每个村都新建了幼儿园,由"访惠聚"工作队全力落实政策,在按照国家标准配备课桌椅、玩教具等教学和生活设施的基础上,发动派驻单位或社会组织和亲朋好友为幼儿园捐赠图书、计算机、衣物、书本、玩具等。积极组织本单位职工来幼儿园支教,工作队员也是幼儿教育的课外教师。各方的共同努力为幼儿园的持续健康发展奠定了基础。

总领队ZDT说:"落实15年义务教育政策是工作队的重要阶段性工作。我们全村大会上也宣传了让送到幼儿园来,刚开始,村民不了解情况,村里孩子从来没上过幼儿园,主妇的主要任务就是在家带孩子,家长觉得孩子离开家长很不放心,把孩子送到幼儿园的家庭很少,后来看到孩子送到幼儿园有吃有喝的,还免费,孩子送来脸和手黑黑的,送回去被老师洗得干干净净的,大家都主动送过来,现在不用督促了,全都主动送过来,现在幼儿园有20多个孩子,和规模比较匹配,有一些年龄不到的家长跑来问她的孩子能不能送来。"(Z总领队,20180605)

幼儿园的增设在一定程度上缓解了妇女"再生产"领域的劳动时间和强度,妇女从白天的无酬劳动解放出来。同时,"访惠聚"推动下的农业机械化和生产力发展导致的劳动力剩余,再生产和生产的双重解放为妇女参与有酬劳动奠定了基础。

(2) 家门口的卫星工厂,妇女参与有酬劳动的实现。"访惠聚"开展的工作是以执行国家和自治区的政策为主旨。2017年脱贫攻坚工作开展以来,重点工作之一就是促进劳动力就业转移,国家及自治区针对促进劳动力就业出台了一系列的就业帮扶政策,为农村妇女提供了诸多非正规就业机会,当地妇女就业的整体环境因素逐年在发生变化,非正规就业日益成为城镇新增就业和农村转移劳动力就业的主导模式。政策有针对性地对招收贫困劳动力的企业、贫困个人就业开展扶持(表4-23)。如自治区妇联积极推动将性别意识纳入自治区精准扶贫内容,特别是将妇女领办的企业纳入政府支持的范围,争取到自治区南疆星火工程和巾帼手工制品拓展项目资金7 947万元。通过高位推动召开新疆妇女就业项目推进会,扶持一批特色纺织品优秀企业,将产业发展与城镇化建设相结合。"巾帼手工制品拓展项目"以扶持妇女为主体的合作社、协会、基地、企业等城乡经济合作组织,其中重点针对南疆四地州拨付资金 3 000 万元。项目建成后,新增就业岗位 1.5 万多个,促使近万个家庭实现脱贫,实现了就业一人,脱贫一户。

表 4-23　国家及自治区促进就业政策一览

政策名称	扶持对象	补贴内容
转移就业培训补贴	南疆三地州转移就业劳动力参加"技能+国家通用语言文字+基本劳动素质"培训的学员	如就业技能补贴每人不超过 1 800 元,国家通用语言文字培训补贴每人不超过 500 元……
重点群体职业技能培训补贴	贫困家庭子女、贫困劳动力、城乡未继续升学初高中毕业生、农村转移就业劳动者、下岗失业人员和转岗职工、残疾人	免费职业技能培训
创业担保贷款及贴息	含建档立卡贫困人口、农村自主创业农民等	可申请最高不超过 20 万元的创业担保贷款,财政部门按规定给予贴息
吸纳贫困劳动力就业并开展以工代训补贴	企业、农民专业合作社和扶贫车间	吸纳贫困劳动力就业并开展以工代训的按人头给企业补贴
南疆四地州部分劳动密集型产业就业补贴	招录新疆籍及建档立卡贫困家庭劳动力员工的南疆四地州劳动密集型企业	每招录一人给企业发 2 400 元补贴,此外在社会保险、一次性新增就业、人才引进等方面对招录新疆籍员工的企业按人头进行扶持。对招录建档立卡贫困家庭劳动力的企业加大力度补贴
纺织服装产业带动就业	招录新疆籍及建档立卡贫困家庭劳动力员工的纺织服装企业	同上
职业技能培训补贴	城乡登记失业人员	按规定取得证书,给予职业培训补贴。如初级工 1 800 元/人……高级技师 6 000 元/人等
职业技能鉴定补贴	对参训人员	鉴定补贴、考核补贴

数据来源:《新疆维吾尔自治区惠民政策明白册》。

本研究的 4 个村,驻村工作队针对女性劳动力转移就业困难问题,充分利用喀什推动的卫星工厂建设的条件,在村庄就地推行以产业促就业、以就业促民生、以民生促稳定的"公司+卫星工厂+农户"的产业发展模式:公司有稳定的订单,政府提供场地,组织农村劳动力参加培训,受训合格的学员转变成员工,进行计件生产,取得稳定的收入,缓解了劳动力就业的压力,为妇女家门口就业提供了参与的机会,带动了劳动力和妇女从事非农劳动。

相对灵活的本地非正规就业使得妇女可以兼顾工作与家庭，并不断完善其家庭再生产。因此，非正规就业并不必然是女性择业的被动选择，而可能是其自主的理性选择。无论如何，从家庭中走出来追求现代的幸福和职业，都是传统女性向现代女性的必经之路（桂华，2020）。

如K乡c村2018年引进了制衣厂，生产专门用于洗浴中心的睡衣销往中亚地区，为本村妇女创造了就业的机会，120位员工中98%为女性。妇女实现了"离家不离村、离村不离乡，出家门进厂门、就近就地就业"的愿望。

在制衣厂上班的年轻女工阿卜杜拉·买买提高兴地说："我更喜欢在制衣厂干活，种地辛苦得很，收入还少，在家干家务没有钱，而且事情多没有时间。没想到现在不用去外地就能打工了还能挣到工资。虽然，没外出打工挣得多。但是，我离家近，能管家，能照顾父母，在家吃在家住没有外面花得多，算下来与在外面挣的差不多。"（20190708，阿卜杜拉·买买提）

每当提起村里的制衣厂，以阿卜杜拉为代表的妇女们就会竖起大拇指，她们在家门口实现了华丽转身，从一名农村妇女变身为产业工人，实现了自己的就业梦想。

如何带领村民脱贫致富，是驻村工作队中心任务，是工作队长和"村两委"一直惦记的大事。驻村伊始，工作队通过入户走访深入了解本村实际和贫困户的基本情况，与驻村各支力量、村干部研究制定脱贫方案和"一户一策"的具体措施。大家一起想办法谋发展、交流经验和明确措施，村民们也在工作队的带领下心往一处想，劲往一处使。工作队入户走访中发现，由于贫困人口欠缺致富技能是走不出去的主要原因之一。特别是妇女普遍都有打工从事非农产业多挣点钱的愿望，但是，苦于没有一技之长、语言不通、家中还有农活、还要照看孩子和照顾老人等原因，希望通过自己努力脱贫致富的愿望一直无法实现。了解到妇女们的意愿后，工作队充分发挥派出单位的资源优势，先后三次派人到内地发达省区工厂进行调研和对接，详细了解市场需求，发现制作洗浴中心睡衣需求量大，难度低，适合带动本村妇女就业，经过协商、调研，最终达成一致，采取"公司+卫星工厂+农户"一条龙的生产销售模式，引进制衣企业来解决村里劳动力就业难题。

为了保证村民的利益，工作队又积极和制衣厂协商，就业村民在试用期3个月时就可以领到生活补助，每月800元，试用期满后按照计件工资多劳多得，每月每位妇女可以赚1 500~2 500元。

文本框 4-9　K 乡 c 村 Z 书记在升旗仪式上的讲话

"我们村的大部分妇女现在思想比较积极，愿意吃苦，也愿意学技术。村里面有很多学技术的机会，你们可以根据个人爱好选择学习，我们择优送你们去培训，培训后要有所收获，最好能转化为自己挣钱的本事。很多妇女家里事情比较多，你们的丈夫要多支持你们，要干一些家务。男人在家里不能啥家务都不干，谁有时间谁就在家里多干、带孩子、做饭、收拾房子、照顾老人，打扫院子，谁都能干，这样的男人不是"sanymahong"①，是好男人。家务活不是只有女人才能干，女人也能在外面挣钱，缝纫活男人会干吗，只有女人干得好。我们会考虑更多地给妇女提供在家门口挣钱的机会，让你们不用离开村子和乡里就能提高收入。现在村里建了制衣厂，正在招人，村里谁愿意去那里打工挣钱都可以。但是，首先是要能吃苦，要能遵守纪律，不能一天走一天的，要能坚持，一个月下来能挣 2 000 多块钱，一年一个人 2 万多，再加上另一个人的收入，脱贫就没问题了，这日子就好了。"

数据来源：田野观察 2018 年 4 月 13 日，活动记录 HD201801。

贫困户米日古丽·阿西木家的孩子小，丈夫有残疾在家只能干点零活，家庭经济非常困难，增收的途径少。在工作队的积极动员和帮扶下，将小孩送到了幼儿园，吃住在幼儿园并享受免费政策，解决了她的后顾之忧，她现在到制衣工厂就业，有了稳定收入，干劲十足，一个月的收入达到 3 500 元，家里的经济条件得到了根本改善。

她说："我丈夫腿不好，出去打工也不好找工作，只靠我一个人种地收入低，他看病治腿还要花钱。因为孩子小我无法外出打工，家庭困难得很。现在孩子可以送幼儿园了，我就能去村里的制衣厂上班，每个月有 2 000~3 500 元的收入，孩子在幼儿园一分钱不用花，我有时间投入在制衣厂，我上个月是工作标兵，一个月就发了 3 500 块钱，工厂奖励 500 元，所以工资一下高了。我干得好，家里的经济压力一下子小了不少，我的思想压力也没有了，我在这好好干呢。已经干了快一年了，现在丈夫每天做家务、接送小孩，我不用管了，回去做做饭，现在很多时间在工厂。"（访谈记录 2019623，米日古丽·阿西木）

为了让贫困群众早日脱贫致富，c 村工作队竭尽全力做好劳动力转移工作。四个村已经有 150 多人异地就业，本地就业 300 多人。为了扩大"造血"功能，工作队还筑巢引凤、积极协调、招商引资，引进假发生产厂、农产品加工厂、肥料厂落地村中，增加了就业岗位 150 个。通过工作队的不

---

①　维语，怕老婆的意思。

断努力，越来越多的富余劳动力走上就业岗位、致富门路不断拓宽。特别是妇女们感受到了走出家门的自身价值，做一个经济独立的女性，妇女参与社会就业从最初的丈夫打骂阻止、婆婆反对离家打工变成了婆婆主动帮忙带孩子，丈夫干家务接送妻子上下班。

随着"访惠聚"脱贫攻坚的深入推进，转移就业扶持一批中以男性为主的农村人口的外流为留守妇女提供了就业机会。农业机械化的推广、育儿社会化服务等进一步将妇女从"再生产""生产"中释放出来。同时，现代化、城镇化发展的进程中，家庭生活成本不断增加，倒逼其对家庭劳动力的高度吸纳，农村留守妇女的闲散劳动力也逐步走向台前。"访惠聚"工作的持续推进不断激活乡村经济空间，为农村留守妇女提供了大量的就业机会。

（3）培训提升农村妇女生产能力。"访惠聚"政策不仅在卫星工厂的建立上提供了性别视角，在个人能力培训培养方面实现了性别敏感。工作队利用职业院校、培训机构、妇女创业基地等培训机构，根据南疆农村妇女的实际情况和需求开展了具有性别趋向的就业技能培训：一是利用农民夜校加强国家通用语培训，提高妇女的国家通用语听说读写能力；二是按照实用实效原则，充分利用"三下乡""科技之冬"、巡回服务等平台，针对农村妇女的不同年龄层次、素质差异，制订差异化的培训计划，坚持"干什么、学什么、缺什么、教什么"的原则，组织妇女最感兴趣的缝纫、烹饪、美容美发等实用职业技能的培训，推动妇女就地就近转移就业创业，增收致富。8年来，共邀请新疆妇女干部学校组织村里350余名妇女开展烹饪、家政、美发、刺绣等培训，深受妇女欢迎，有不少妇女因为接受培训直接转化为经济收入，村里小卖店、美发屋、蛋糕房、凉皮店相继多了起来，激活了村庄经济的同时也增加了一批"女老板"的经济收入。

在a村经营蛋糕房、凉皮店的两位妇女告诉我们：她们都是经过工作队选拔出来参加过技能培训后开启的店铺经营。

凉皮店老板玛妮莎古丽说："培训对她们的帮助非常大，主要是学会了咋样管理和服务，咋样记账、算账、确定价格，咋样干净卫生等，现在一天收入200~300元，除成本外每月纯收入在3 000元左右，经济收入增加了，最主要的是更自信了。家中的土地已经流转，也没有养殖，全心全意经营店铺，很喜欢这个工作，现在的生活我满意得很。"（访谈记录20210503，玛妮莎古丽）

还有一位妇女紧跟潮流尝试了电商。K乡d村29岁的霍尔希·代莫，初中毕业，曾尝试做电商卖保健品。但是，由于选择的项目不好，失败了。当问她以后是否还想做电商，她表示羡慕网络直播带货，自己也想卖化妆品。但是，因为需要照顾儿子女儿，家庭琐事很多，没有时间学习新鲜的事务。同时，她认为网络直播越来越专业，自己没有什么竞争力，所以不敢轻易加入。目前主要是培养孩子，如果以后有条件再考虑试一试。虽然，霍尔希·代莫没能实现她的网络电商创业梦。但是，她的经历和叙述体现出当代农村女性强烈的自主意识，也是近年来当地女性尤其是年轻女性在就业方面变化的典型代表。

K乡a村的支部书记是来自乌鲁木齐的一位选调大学生，她在村里担任村支书已经4年了，她亲身经历和感受到了这几年驻村工作队带领村民努力发生的变化。她告诉我们：

"我担任这个村的支部书记已经四年了，作为女性我十分注重妇女工作。'访惠聚'活动的开展，明显可以看到妇女的变化，以前村里的男性都不让女性外出务工，只让女性在家照顾孩子父母。我们村是2017年成立了十字绣、蔬菜合作社，给妇女提供了在家门口就业的机会。刚开始妇女就业的思想不强，总是说家里的孩子没人照顾。这几年村里办了幼儿园，孩子能送幼儿园了，这个问题解决了。同时，我们也在不停地做思想工作动员妇女就业，女性不能一直待在家里，家中随时都需要用钱，自己需要手里有钱，万一有个什么事情需要用到。通过我们做工作，开始有妇女报名在十字绣、蔬菜合作社务工，就在家门口就业，她们很勤奋。基本工资一般在50～100元/天，目前合作社有十七八位妇女打工，如果一个月全勤可以挣到1 500～2 000元。妇女如仙古丽·达吾提之前做家庭妇女，在家里没有家庭地位，平时手里没有钱，连买卫生巾的钱都没有。后来工作队安排她免费去县里举办的化妆、美容美发培训班学习1个月后，她掌握了美容美发和化妆的技术。回来后我们就鼓励她创业，开始在村里给结婚的新娘化妆，节假日、搞活动时给村里妇女化妆，村里的合唱队、模特队、国旗队都找她化妆。有了一些积蓄后，她申请了自治区"靓丽工程"项目，支持了1万元的项目资金，工作队又赞助了5 000元启动资金，我们在市场里帮她联系了一间门面，开了美容店。她的美发店现在是乡里生意比较好的，还带了徒弟。还有通过培训开了糕点店、凉皮店的女性，现在生意都很好，她们有了自己可观的收入，在家中的地位也改变了很多，有时候甚至是丈夫得问她们要钱。这四年我们村的妇女的变化太大了。"（访谈记录20210504，布艾加尔书记）

当地妇女低学历、缺乏劳动技术、不懂国家通用语很难胜任外出务工的要求和条件。但是，在经济发展的辐射带动和驻村工作队就业政策的推动下，当地妇女就业机会的结构空间拓宽了，使得零散的、个体性的就业具有更强的示范效应，进而致使妇女的就业结构性发生变化。特别是卫星工厂+培训的妇女发展模式，使南疆农村妇女就近就业成为可能，这种近距离的务工方式实现妇女就业不离家，既保持了妇女家庭角色的日常需求，又带动并实现了妇女走出家庭就业的可能。这种探索在灵活的非正规就业互助体系中，可以实现农村妇女外出就业与家庭角色在空间上的融合。农村留守妇女劳动力配置呈现为半工半家样态，非正规就业与其个人生命历程及其家庭发展周期高度契合，妇女也愈发嵌入非正规就业体系中，形成组织秩序（卢青青，2021）。"熟人社会中高密度的社会关系网络具有组织弹性"，工厂按劳分配，成员工作时间相对自由，可随时请假，也可只干半天（王秋月，2020）。妇女培训与卫星工厂的就业新模式既能满足家庭发展的阶段性需求，也能有效应对家庭偶发性事件，实现了妇女再生产与生产的有机结合，满足了劳动力的再就业需求。这种低准入门槛与高度灵活的弹性务工机制，使得妇女不担心劳动力再就业的机会成本，从而继续发挥自己的劳动力价值，营造了妇女性别角色变化的良好氛围。

4.2.4 参与生产对妇女决策权的提升

夫妻权利平等问题是妇女实现战略性社会性别需求的主要途径，家庭权力拥有者就是遇到事情谁来做决定和谁来执行决定（李静雅，2017）。权力分配是会在家庭内部造成分化和不平等，因此夫妻权力成为众多女性主义学者关注的敏感话题（程怡民等，2010）。布拉德（Blood）和沃尔夫（Wolfe）是最早研究婚姻关系中夫妻权利的学者，他在《丈夫与妻子：动态的婚姻生活》中提出了家中买房子、闲暇时间安排等 8 个指标考察夫妻间谁更有权力，提出资源假设理论，认为谁的个人资源相对丰富，谁就可能在婚姻中有更多的权力。所以，经济贡献、教育差距、社会地位高低、文化规范都可能产生影响。资源决定论因为过分注重权力依赖和家庭贡献而饱受批评。

文化决定论/文化规范论是资源决定论形成挑战最大的理论。这一理论更多地强调夫妻的决策分工以及社会环境对夫妻权力的影响。如 Greenhalgh（1985）的研究发现，受传统性别角色分工规范的影响，妇女对家庭经济贡献的增长并未引起其家庭权力地位的提升（左际平，2002；郑丹丹等，2003；徐安琪，2004）。正如 Liat Kulik 和 Haia Zuckerman Bareli 的研究，在传统性别角色态度占优势地位的背景下,女性会接受婚姻关系的传统规范,他们所拥有的婚姻权力并不能对婚姻权利关系产生影响(赵兴红,2010)。

研究表明,经济和父权制的文化传统是影响夫妻权利的主要因素。然而,过去的南疆农村妇女发展受制于在这两项指标的影响,维吾尔族家庭从小就形成"忠主、孝亲"的观念。在传统的维吾尔族社区,男性负责耕种土地和外出做生意,成为家庭经济收入的主要贡献者。父亲、丈夫在家庭中占有绝对的支配权,其言行具有很大的权威性。家里大小事务几乎都是男性决策。因此,丈夫被视为妻子的第二"胡达"(真主)。女性在家庭内部几乎没有发言权和决策权,她们地位低下,主要承担生儿育女和家务劳动。这种男性支配妻子顺从的伦理关系被维吾尔族妻子所认同,妇女在家庭和社会生产中的贡献与所得到的社会地位和权利并不相适应。随着"访惠聚"政策的融入和驻村工作队的嵌入,政策制定过程中考虑了农村女性在社区治理、家庭生计发展、孩子教育中承担的重要角色,通过项目引进、培训、示范、宣传和加强基层组织建设的方式,提高了女性在信息、资金、技术、能力和机会等方面的获取途径,在婚姻和生育模式以及整体现代化思想的提升上也提供了帮助,妇女现实性别需求得到满足。由于物质基础得到提高,在此之上的社会地位、妇女的自我意识均产生了相应的变化,意味着妇女经济收入的增加、生活条件和自身健康状况的改善、在家庭决策中权力的提升、参加各种社会活动机会的增多,并在一定程度上改变了妇女的从属地位。政策的实施对妇女角色与需求的改变具有显著的推动作用。

4.2.4.1 妇女经济贡献不断增大

"访惠聚"驻村工作队实施的旨在发展生产和改善民生的项目改变了妇女的生产生活习惯,在驻村帮扶过程中种植结构得到优化、机械化迅速推广、庭院经济的发展、合作社的壮大、外出打工人数的增多影响到婚配模式的改变和生育观念的转变。广泛开展的农民技术培训和农业生产指导,使得很多妇女有机会走出家门,参与到社会生产、规模养殖、庭院经济、合作社经营、扶贫工厂就业甚至外出打工的队伍中。如K乡c村优化了小麦生产,建立小麦种子村,提高了亩均种植收益。a村增加种植了鲜食玉米和蔬菜,增加了村级产业园发展多种经营,逐步实现了产业和种植结构的优化。d村推广了设施农业技术和高效节水技术,建立了蔬菜育苗基地,新安装大棚23座,并建成高效节水灌溉技术应用和示范田1 000亩。妇女广泛参与到发展经济的过程中并涌现出一批以妇女参与为主的项目,如蔬菜大棚生产就针对性地吸收女性的参与,通过对妇女进行大棚管理技术培训,满足蔬菜大棚生产的技术需求，激发了妇女社区参与的内生动力。调查显示，有60%的妇女认为自己在家庭经济收入中做出了重要贡献，其中有39.7%的妇女认为自己与丈夫共同挣钱养家；有25.8%的妇女认为自己为主挣钱养家（表4-24）。由此可见，村里越来越多的妇女开始走出家庭，与丈夫共同承担起赚钱养家的责任，并且已经有部分妇女通过参与合作社经营、外出务工、从事规模化的养牛羊鸡禽和卫星工厂就业等方式，成为家庭经济收入的主要贡献者。

表4-24 妇女对自己收入贡献认知情况

项目	频率（人）	占比（%）
多，干农活、外出打工、养羊养鸡	54	25.8
不多，丈夫挣得多	63	30.1
与丈夫共同挣钱	83	39.7
不知道	9	4.3

一般而言，对家庭的经济贡献越大，家庭成员在家庭决策中的发言权也越大，40岁的海日古丽就是女性创业挣钱的典型案例。

K乡c村的妇女海日古丽·卡德尔曾于2012年在北京、广东等地务工2年，后来结婚生子回到村庄，近几年，大儿子上了小学，小女儿去了幼儿园，她便闲不住了，不喜欢种田的她利用自己过去的经验，用三轮摩托车在附近的村庄以走街串巷的形式卖衣服、帽子及其他一些生活用品。她从喀什进的货品款式较好，物美价廉，生意还不错，每月有2000~4000元的收入。由于平日做生意比较繁忙，白天几乎都不在家。因此，农活、家务活、接送孩子等都由丈夫全权负责。同时，在家庭财产及其他事务处理方面，海日古丽也更有实权，家中的收入都由她掌管，家中事务也会和丈夫及长辈一起商量。但是，遇到重大的决策时，她会尽力争取长辈、家人的同意。（访谈记录20210504，海日古丽·卡德尔）

海日古丽的人生经历反映出农村妇女事业型的典型性，一旦妇女的内在动力得到释放，将会改变农村社会和家庭的性别角色和地位。相对于农村的事业型妇女，她们的丈夫往往会表现出对家庭经济收入的贡献不足以支持男性家庭权威的维护，妇女在家庭中则拥有个人事务及家庭事务的决定权。这种现象体现出经济对家庭性别角色和地位呈现出正相关的影响。

b村37岁妇女阿伊木古丽·依明江的家庭收入主要来自种植业、养殖业、巴扎烤鱼和丈夫的务工收入。由于丈夫跑运输经常在外，在种植、养殖和集市卖烤鱼的过程中，基本都是阿伊木古丽自己承担。每年种植4.6亩的冬小麦，再复播谷子，还要管理庭院的半亩蔬菜地，养殖1头牛和9只羊。晚上的集市有烤鱼的摊位，每月有2 000多元的收入。丈夫是货运车司机，主要在S县附近及喀什市区运输货物，基本上每天都回家很晚，每个月有4 000元左右的收入。阿伊木古丽通过自己的劳动对家庭的经济贡献与丈夫不相上下，家庭和睦、民主、富裕。家庭性别角色和地位随着性别经济贡献的变化发生着变化，妇女在家庭决策的话语权和决定权增强。

阿伊木古丽说："以前我只是带孩子，做饭，管家里的牲畜和田地。现在孩子中午饭在学校吃，我节约了很多时间。工作队帮我们在乡政府开设了夜市，我也租了卖烤鱼的摊位，自从有了这个摊位后我忙了许多，也有自己的收入了，经常接触人，现在跟丈夫说起话来也有底气了，不再是他说我听了，我也能说说我的见闻。最好的是我自己挣钱了给自己添点东西不用问丈夫要钱了，而是自己决定就可以买了。现在丈夫回来也对我很好，会帮忙做家务，现在家庭的分工没有那么明确了，谁有时间都可以干。"（访谈记录20210428，阿伊木古丽·依明江）

"访惠聚"政策助推了南疆农村现代化、市场化的进程，并且针对妇女提供了切实可行了培训、技术和资金的扶持，经过几年的发展，她们体验着其中的新鲜美妙和繁忙紧张，享受着有酬劳动和生活质量的提高。虽然，原有的社会和家庭角色不会被轻易改变。但是，妇女通过不断接受新事物、不断提高收入水平，最终，妇女的思想观念发生变化，重新建立自己的社会角色的性别属性。

4.2.4.2 重大事项由夫妻二人共同决策成为常态

在《私人生活的变革》一书中，阎云翔（2017）的研究指出，在下岬村，35%的家庭是女性做主，46%的家庭是共同做主，只有19%的家庭是丈夫做主。在过去的该社区，虽然家庭结构主要以核心家庭为主。但是，儿女一般与父母生活在同村，日常生活中与父母亲戚保持着较密切的往来。南疆的男性角色和地位与下岬村大相径庭，维吾尔族男性成为家庭的中心是传统和文化。在小家听丈夫的，在大家听父母的，父权夫权两权叠加压抑着妇女，而妇女们通常在婆家保持着隐忍，大部分妇女认为听丈夫的话是理所当然的事情。那么，今天的南疆农村的情况又如何呢？

随着"访惠聚"男女平等发展理念的推行，南疆农村妇女在思想意识、经济贡献和受教育水平不断提高的情况下，社会地位逐步提高，在家庭里已经有较多的发言权。其中，与丈夫共同决策的妇女占67.3%；在家庭中有地位、决策权都在自己手上的妇女占 27.6%；仅有 2.3% 的妇女表示丈夫长辈说了算，自己在家地位低（表 4-25）。

表 4-25　妇女对自己在家庭中的地位认知

项目	频率（人）	占比（%）
是，有地位。丈夫、孩子和家人都听我的	60	27.6
不是，地位低。丈夫、长辈说了算	5	2.3
有一定地位。家庭生活和教育孩子方面我说了算	5	2.3
我和丈夫共同商量决定家庭事务	146	67.3
没有地位，丈夫经常打我	1	0.5

在孩子上学、结婚、老人去世善后方面夫妻二人商量的比例高达 95%。当前，涉及家庭和家人切身相关的大事，家庭内部都倾向于一起商量、共同解决，妇女在家庭中的地位逐渐提高。只听任丈夫决定的妇女成为少数，多数家庭内部民主气氛越来越浓厚，夫妻二人会共同商量重大家事的决策，女性开始拥有更多的发言权。但是，值得关注的是，大件商品购买、生产经营、贷款事项等家庭事务的性别决策中，男性的决定权力往往大于女性，而日常用品购买等生活决定更有可能女性的决定多于男性（图 4-1）。

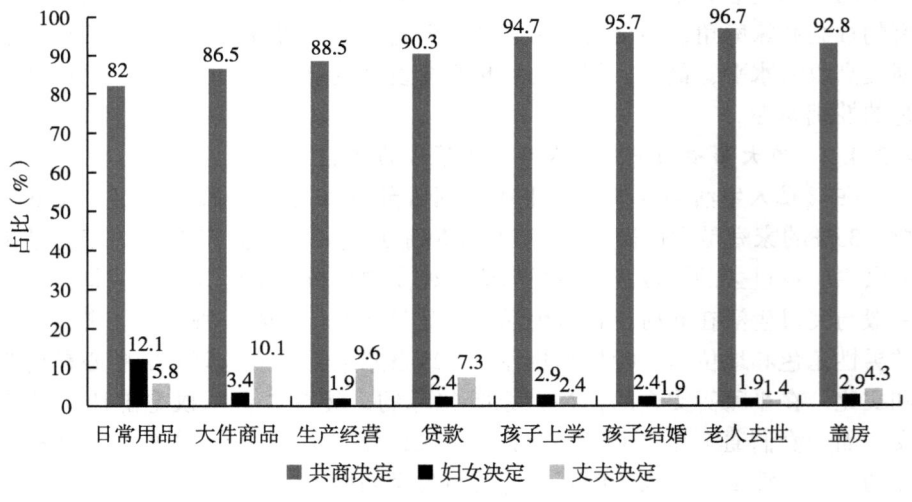

图 4-1　妇女认为家务劳动谁做决定

调查中发现，在问及男性家庭事务决策方面的情况时，80% 以上的受访男性认为家中大小事都会和妻子共同商量,包括购买生活用品等事务。而涉及孩子上学和教育、子女结婚和老人去世等相关事宜,夫妻共同商量的可能性更高,比例都达到了90%以上(表4-26)。一个侧面反映出,不论是男性村民还是妇女,在家庭事务决策方面的性别角色和地位的反映显示出一致性。家庭性别角色与地位的变化,是基于家庭经济收入的性别结构发生了变化,经济来源的性别表现打破了主要来源于男性的格局,妇女更多地走出家庭而获得社会劳动报酬增加家庭经济收入,男女共同赚钱成为现实。这也促使丈夫不得不对妻子的态度改变,使得处理家庭事务时也更倾向于夫妻共同商量解决。

表4-26 男性视角下家庭男女共同商量大小事情况

项目	人数(人)	男性(%)
孩子结婚	110	95.7
老人去世	109	94.8
孩子上学和教育	107	93.0
买房、盖房	101	87.8
农业生产或经营	100	87.0
贷款	99	86.1
购买大件商品如电瓶车	96	83.5
购买家庭吃穿用等生活品	92	80.0

"访惠聚"政策的落实和性别敏感机制的建立,为南疆农村少数民族妇女冲破家庭束缚走出家庭,参与社会劳动提供了制度支持,妇女有价值的劳动的重要性增强,妇女在家庭中开始拥有一定地位,并在家庭重大事务的决策中拥有话语权,不再是只听任丈夫或家人决定,她们有机会表达自己的想法与建议,妇女的性别角色和地位发生了明显的改变,显现出妇女发展的进步。虽然,妇女在家庭的地位有了改变。但是,妇女的家庭和社会的角色和地位仍未达到和男性完全平等的程度,还有相当一部分家庭保留着传统"双权"的束缚,家庭重大事务决策依然由男性决定。家事共商机制已经成为趋势。

自中华人民共和国成立,特别是改革开放以来,干预性变迁和自主性变迁实际上一直成为影响中国农村发展的两个重要力量。当某种外部因素特别是一个有目标的、有计划的干预进入到中国乡村社会后,乡村社会将会在干预的刺激下发生变化,并会在干预的诱发下出现某种能导致自主性变迁的因素，从而使得乡村出现自主性的变迁（李小云，2010）。受传统的性别分工制度的影响，南疆妇女一直被限制在狭小的家庭领域范围，是家务劳动的主要承担者。"访惠聚"政策的干预下农业生产结构不断优化，实现小农生产与大市场之间的对接，当地经济得到了长足的发展。同时，重塑了社会和家庭的性别结构，结婚年龄的推迟和生育数量的减少为妇女参与社会劳动和继续培训创造了条件，政策举措的实施在一定程度上增加了妇女的独立收入，其对家庭收入的贡献在增长，决策权和家庭地位也在不断提高。需要注意的是，"变化"仅仅弱化了家庭"双权"在南疆农村家庭中的决定地位，并没有完全打破约束。换言之，男性在家庭事务决策权方面依然高于女性。

4.2.5 小结

"访惠聚"政策通过嵌入到融入的演进，改变了当地的资源结构和分配机制，实施了农业结构调整、项目引入、技能培训、示范引领、重点帮扶等方式，对农业和非农业的性别劳动分工产生了积极影响。

在农业劳动方面，一是农业结构不断优化，机械化水平显著提升，农业生产中的"重活""轻活""技术活"不断被重新定义，妇女在这一过程中对技术的渴求、学习、到最后的掌握，体力和技术不再是限制女性从事农业劳动的瓶颈；二是男性劳动力大量转移，很多女性成为农业生产中决策者和责任的承担者；三是"访惠聚"政策扶持下的性别敏感的大棚蔬菜种植、庭院经济等农业生产，使妇女突破了技术瓶颈，发挥了主要角色，体会到了劳动光荣和自身发展的意义。然而，传统的性别分工模式并没有完全消亡，父（夫）权制体系的规则和对资源的掌握仍然影响着村中生产和再生产的实践活动。一旦与经济价值相关联，妇女争取的社会空间在意识形态领域并不会一帆风顺，在比农业产生更高价值的养殖业，男性自然而然地掌握了这一资源，改变"男强女弱""男主外女主内"的传统性别分工注定是一个迂回曲折的过程。

在非农劳动方面："访惠聚"政策推进下的孕妇健康和育儿等社会化服务以及农业机械化的推广，将妇女从"生产""再生产"的繁重劳动中释放出来。同时，现代化的发展进程中，家庭的维持成本不断升高，倒逼其对家庭劳动力的高度吸纳，农村留守妇女的闲散劳动力逐步走向台前，然而由于妇女依然在"再生产"扮演主要角色，妇女外出务工意愿不高。因此，在"访惠聚"政策的推进下一是以"公司+卫星工厂+农户"的形式拓宽了当地妇女就业机会的结构空间妇女当天可往返于家中，这种形式使妇女的工作与家庭在空间上并未彻底分离，妇女的空间在场，保持了妇女家庭角色的日常需求，带动实现了本地妇女的本地化务工。此外，"访惠聚"通过性别敏感的培训机制，专门针对女性开展了技能技术培训，不少妇女将所学技能转化为经济收入，村里小卖店、美发屋、蛋糕房、凉皮店相继多了起来，激活了村庄经济的同时也增加了一批"女老板"的经济收入。一些男性在这一过程中体会到了妇女参与非农劳动带来经济收益的利益，认为女性参与非农劳动带来收益减轻了他们的压力，主动加入了家务劳动，分担妇女的家庭负担。无论如何，从家庭中走出来追求现代的幸福和职业，都是传统女性向现代女性的必经之路（桂华，2020）。

经济贡献和父权制文化是影响妇女地位的主要因素。"访惠聚"政策的实践和驻村工作队实施的一系列旨在建强基层组织和改善民生的项目，一是通过法律规范冲击了宗教极端化思想影响下的父权制；二是通过各种宣传，男性女性在这一过程中的性别意识均有一定程度的变化，女性的"再生产"工作得到认可；三是通过各种项目扶持增加了女性在"生产"领域的能力，对家庭的经济贡献增强。女性的决策权和地位等战略性性别需求得到提升，然而，在大件商品、生产经营、贷款等大事方面，丈夫决定的比例要远高于妇女决定的比例。换言之，男性在家庭事务决策权方面依然高于女性。

4.3 社区参与：自我认知与实现

在分析了"访惠聚"政策干预下，"再生产""生产"领域性别角色发生的变化之后，本章节将以妇女的社区参与视角从文化活动参与、公共治理参与、个人权益的维护、教育的认知与实现4个方面分析和总结南疆农村妇女地位的变化。妇女的社区参与作为评价妇女发展的重要指标，它需要大量的志愿工作时间，在经济分析中很少被考虑。但是，它对社区的精神及文化发展至关重要。因此，本研究将在2016年的问卷调查和2016—2021年的半结构访谈的基础上，查阅政策实施前纵向20年的历史文献，借鉴卡洛琳·摩塞的三重角色的性别分析框架，分析政策嵌入后妇女"社区参与"角色产生的变化以及由此带来的性别需求和妇女地位的变化。同时，分析推动妇女"社区参与"角色变化过程中"访惠聚"政策行动的内在逻辑和工作路径。

4.3.1 社区文化活动参与:"末梢激活"与"精神充实"

文化活动中的引领、导向功能,对于提升对现代国家的认同,促进社会成员观念的转型具有重要作用(张晶晶等,2011)。公共文化活动的开展和群众参与是"访惠聚"政策实施过程中的一项重要任务,南疆农村妇女作为公共活动的重要参与群体得到了制度性的关注,农村公共文化活动的丰富成为妇女进入公领域的重要通道,也是她们改变地位的一次机遇。本节将从对社区参与的认知、文化娱乐活动的变化和产生的影响几个方面,考察在"访惠聚"政策的影响下,农村文化活动的变化及对妇女产生的影响。

根据参与群体和场域,文化活动可以划分为"公共"和"私人"活动。公共文化活动是指有组织、有公共性的活动,如升国旗仪式、合唱表演、知识竞赛、"麦西来甫"活动等。私人文化活动一般是以家庭或个人为单位在私性活动场域,满足个人文化需求的活动,如看电视、读书、看报、上网、家庭娱乐等。从功能上来说,公共文化活动能增强群体的凝聚力和认同感,政府如能有效引导和推动以文化为引领的公共文化活动,在推进农村现代化治理中将发挥重要作用。私人文化活动能够促进个人意识形成,是人们体验生活的手段和形式。在农村形成两种文明健康的文化生活,对满足农民精神需求、培育农民集体主义意识和合作精神,增强农村社区内聚力,整合农村社会有正向的帮助(张晶晶等,2011)。

4.3.1.1 文化生活存在的问题

"访惠聚"活动开展之前,南疆农村农民生存生产生活圈子狭窄封闭(秦中春,2017)。表现在如下方面。一是公共文化活动形式没落,原本能歌善舞的维吾尔族,传统文化活动在南疆农村逐步减少,如麦西来甫、热瓦普弹唱等在农村的日常生活中几乎消失。二是私人文化活动单一、匮乏,闲暇无意义。南疆农村维吾尔族的闲暇时间主要是逛巴扎、走亲戚、棋牌娱乐、广场舞、上网、唱卡拉 OK 等活动在南疆的普及率低,70%的人每月文化娱乐消费少于 5 元钱(张晶晶等,2011)。三是南疆农村维吾尔族在公共领域中男女的界限非常明显。据村民们回忆,在过去,女性负责家庭照料和社区中亲友之间的交往,如婚丧嫁娶的随礼、往来,亲戚之间的探视和联络等人情世故。男性主要负责社区中与村委会管理相关的事宜,如开会、出工、贷款等,如果家中没有男性只有女人代劳。社区外的一切事务,无论是看病、经商还是走亲访友,则由男性出面做主。

4.3.1.2 促进文化生活的行动路径

"访惠聚"文化引领的制度设计,要求驻村工作队有组织有计划地为村民开展形式多样的文体活动,一是丰富了农民的闲暇生活;二是强化了政策宣传与教育;三是增加了村民的知识面和认知度。活动全过程始终将女性作为主要参与人群和受众人群,在讲座宣传、文艺表演、知识竞赛、体育竞技、升旗宣讲等活动中,女性的需求得到凸显和尊重,女性在文体活动中的倾向和爱好成为活动开展的主要依据,女性的价值被重构,参与公共文体活动的积极性较高。

(1) 完善设施。村庄文体活动的开展与驻村工作队的工作之间有紧密的联系,通过实体空间与制度空间的介入(张纯刚等,2014),他们重塑了村庄的公共空间与集体生活。首先,村委会配置了全套音响、调音设备等器材,搭建了农村大舞台,建设了篮球场等运动场地,为开展公共文化活动提供了基础条件。其次,根据村庄的村民小组分布修建和完善了文化体育娱乐设施,做到了村村有活动场地。K乡d村,2020年重新粉刷了1小组的"香妃驿站"(音乐广场)、制作牌匾,搭设了遮阳网,悬挂了小国旗300余米;新建4小组花园广场,安装太阳能灯2个,新建长15米、高7米宣传展板1个;维修了5小组"民族团结一家亲"石榴籽广场的(儿童乐园)和公共厕所;新换了6小组巾帼园(妇女广场)小国旗。此外,还安装9小组库西(脱贫攻坚)广场健身器材10余套,更新了"库西儿童乐园"标识牌①。"访惠聚"工作队的嵌入式工作,为了改变农民单调的生活,利用一切机会组织大量的公共性文体宣讲等活动,将广大村民有效地组织起来。特别是为妇女的参与创造了有利的条件。

(2) 组织活动。驻村工作队充分发挥"村两委"的作用,一是发挥农村青年特长,组织成立了文艺队、篮球队、青年志愿者服务队等文体团队和依托S县文艺团体资源,在三八妇女节、五四青年节、肉孜节、古尔邦节、国庆节、中秋节、元旦等节日及文化中宣传学习活动,举办文艺表演、诗歌朗诵、篮球比赛、健美操、趣味运动会等喜闻乐见的文体活动,丰富村民业余生活,以现代生活方式和文化对冲极端化思想。二是结合"民族团结一家亲"活动,开展了民族团结联谊活动,结亲单位与各村文艺队共同精心准备服装秀、舞蹈串烧等节目展示交流,一同分享文化大餐,感受现代文化之美。四个村成立的文艺宣传队有107人参加,篮球有63人参加,共举办

---

① 资料来源:b村2020年驻村工作总结(内部摘)。

各类文体活动200多场次,平均每一个村每年举办各类活动10多场次,参与活动的群众累计37 886人次。通过开展丰富多彩的文体活动,传播现代文化正能量,宣传国家政策,增强农民对现代美好生活的向往,促进了村民之间、村民与结亲干部之间的交往交流交融,使各族群众像"石榴籽一样紧紧抱在一起",加强了民族团结,维护了社会稳定(表4-27)。

表4-27 四个村开展的文体活动

内容	单位	合计	a村	b村	c村	d村
文艺队	支	4	1	1	1	1
	人数	107	20	7	40	40
篮球队	支	4	1	1	1	1
	人数	63	12	12	15	24
举办文体活动	场次	176	26	68	62	20
	村民参加人数	37 886	5 720	5 823	21 469	4 874

数据来源:2017年新疆农业科学院驻村工作队总结资料。

通过修建新的文化娱乐广场,增加新的公共场所,并开展一系列活动,驻村工作队重塑了地方的公共空间。第一,公共场所是人们自由出入的空间,信息交换、思想交流的场所,这些构成了公共空间的基本要素,而公众间的互动与交往是公共空间的重要成分(李小云等,2007)。新修建的广场,构成了人们在日常的劳作生活之余,重要的活动场所。第二,民间组织的参与。民间组织是指独立于国家正式权力支配的组织(杨旻旻,2020),各村都成立了文艺队和篮球队等民间组织,人们可以根据自己的兴趣加入组织,并参与相关活动。第三,各村逐渐形成了以驻村工作队为核心,村干部、小组长、文艺骨干、体育骨干等为辅助核心的地方精英(苏世天,2021)。第四,人们在生产生活中形成的公共活动或事件,超越单个家庭的制度化与准制度化的集体行动,通过这些集体行动,村庄的价值规范、认同与凝聚得以维系(董磊明,2010),每周的升旗仪式、乡村夜校,以及不定期举行的唱歌比赛、跳舞活动、篮球比赛等活动,强化了彼此之间的联系。

4.3.1.3 妇女成为公共文化活动的重要参与者

(1)妇女积极参与公共文体活动。本调查研究发现,有97.7%的妇女喜欢参与公共活动,有90.9%的妇女经常参加村中举办的公共活动。妇女最喜欢的公共活动主要有维吾尔族传统的娱乐活动麦西来甫(27%)、文化科学知识类活动(21%)、农业技术培训活动(21%)和各类专业技能培训活动（18%）等活动。但是，仅有 0.7% 的妇女对"国家政策宣传活动"感兴趣。表现出妇女对于政治性问题的关注不足。妇女认为参加公共活动的好处是能让自己放松心情（28.7%），加深友谊、扩大社交（34.3%），也能从一些活动中学到国家政策、法律知识（15.7%）等。

（2）丰富的文化生活提升了妇女的参与意识。"访惠聚"活动开展以来，农村的文化生活发生了很大的改变。女性在健康、娱乐、育儿、婚姻、生产知识、技能培训等方面收获了很多新知识。驻村工作队自 2014—2019 年为村中举办文艺汇演 58 场，开展知识竞赛 32 场，各类讲座 20 场，举办篮球比赛 16 场。开展了"最美母亲""最好婆媳"的评选。还搭建了乡村大舞台、建设了休闲健身广场和农民夜校教室等设施。针对妇女开展了家政、服装剪裁、手工编织等技能培训以及"弘扬现代文化生活、树立社会文明意识、做好现代靓丽妇女"的讲座。此外，在家居生活中，为村民做新床，送书桌，添置沙发、茶几，新房设计卫生间，安装马桶、淋浴器。做饭配置了电磁炉、煤气灶、烧水壶等现代居家物品。在饮食上丰富了村民单一的饮食结构，改变了她们不吃蔬菜的习惯。在活动半径上，安排组织妇女去乌鲁木齐参观，增长见识。通过妇女公共活动的参与和日常生活的改变，妇女在生活理念和生活方式上有了全新的认识，乡村治理和妇女的参与形成了良性互动。妇女参与公共活动越多，在思想观念上发生的变化越大，这种变化助长了妇女在政治层面的公共参与。

（3）妇女更加关心村庄公共事务。本调查研究发现，有 71.3% 的南疆农村妇女对公共秩序和公共事务有一定的关注，关心的首要问题是"村民选举权""村干部履职"和"村民政策享受"。在实际行动中，有 14.6% 的妇女对于村委会的管理提出过建议和意见。相比全国数据而言①，南疆与全国的差距不大。但是，南疆农村的提建议的人群相对集中，职业妇女中有 66.7% 的妇女给村委会提过建议，农民群体中有 14.3% 的妇女提过建议；党员中有 45.5% 的妇女提过建议，非党员中有 12.7% 的妇女给村委会提过建议。职业、是否是党员对于妇女参与村务管理并付诸行动有直接影响。

大部分妇女关注村妇女主任的工作情况，有 81.2% 的妇女本村妇女主任的工作认可，认为本村的妇女主任发挥作用好。妇女对妇联的诉求呈现出

---

① 2001 年 9 月 4 日公布的《第二期中国妇女社会地位抽样调查主要数据报告》显示，"有 15.1% 的女性主动给所在单位、社区提过建议"。2011 年 10 月 21 日公布的《第三期中国妇女社会地位调查主要数据报告》显示，"18.3% 的女性主动给所在单位、社区和村提过建议"。

多元化的意愿，提高保健水平、组织文娱活动、组织国家通用语学习、技能培训、减小劳动强度五个方面的集中诉求，占受访妇女的 65.8%，集中体现了妇女的主要诉求倾向。从一个侧面反映出妇女参与公共活动的意愿在不断增强。

（4）妇女对驻村工作队高度认可。作为一种独特的中国基层治理机制，驻村工作队在国家与乡村之间一直扮演着重要角色（李里峰，2010；朱新武，2020）。自 2014 年 3 月正式实施"访惠聚"以来，经过 8 年（截至 2021 年 12 月）的运行和探索，"访惠聚"驻村工作已经成为南疆稳固地方政权、加强民族团结、推动脱贫攻坚的关键力量。同时，也是鼓励和推动当地妇女教育和就业，积极争取男女平等的重要支撑。

南疆乡村的资源和权力高度依赖于国家的代理组织驻村工作队。驻村工作队常常以非政治化，甚至去政治化的方式开展日常工作。"访惠聚"的制度设计核心是"从群众中来，到群众中去"。在当地村民看来，"访惠聚"以为民办实事为己任，驻村工作队给他们做了很多"好事"。具体来说，这些"好事"包括但并不限于争取项目修建防渗渠、修路、打井或安装路灯、免费提供良种、良苗、肥料、支持发展庭院经济，庭院种植葡萄、蔬菜和养羊、牛、鸡等生产方面。而且，还包括丰富村民文化生活，帮扶老、弱、病、残，帮助解决日常生活的实际困难，开展农业技术培训，提高农业生产水平，鼓励妇女学知识、技术、技能，外出打工，脱贫致富等生活和社会参与方面。

村民的"好事"认同，虽然看似普通无奇，但却是当地村民道德观世界里非常高的赞誉和评价。本调查研究显示，所有受访妇女都知道驻村工作队，基本了解驻村工作队所做的工作，绝大多数妇女希望驻村工作常态化、长效化。对于当地妇女来说，驻村工作队在实用性需求方面给她们提供了很大的帮助。妇女小组访谈谈及了很多这方面的帮助：

"近年来，我家享受了富民安置房、庭院经济、种植补贴、代缴医疗保险与养老保险等优惠政策。同时，村庄也会发放扶贫羊、扶贫牛、扶贫鸡，每户家庭都建了卫生厕所，有的家庭安装了水冲式厕所与热水器，现在正在进行煤改电，工作队给我们做了太多的好事，说也说不完。我们的生活变化太大了，现在的生活太好了，要感谢党组织的关心。"（访谈记录 20210427，妇女小组访谈）

实地调查中，留下深刻印象的是当地 d 村村民给驻村工作队写的自体诗。虽然，写作时间不详，作者不知。但是字里行间能够体会到南疆农村农民对工作队的感激之情：

赠住我村"访惠聚"工作组

> 我村来了工作组，和谐稳定在我村，
> 带领我们学科技，扶持农民在我村。
> 我村来了工作组，建温室羊圈核桃园，
> 水电从此很畅通，农民享受停满园。
> 我村来了工作组，修建油路很净美，
> 建了齐齐安居房，现实家美我村美。
> 我村来了工作组，大家跳起麦西来普，
> 消除极端学科学，我村实现全家福。
> 党派送我村工作组，带领我们富起来。
> 我们对党很感激，派我村好干部来。

新疆农业科学院驻我村"访惠聚"工作组给农民做了实惠的工作，我村面貌有了改变，为我村未来发展奠定了基础，为此，我代表全村农民对农业科学院住村工作组表示感谢，你们辛苦了，谢谢你们！

4.3.2 社区公共治理参与：平等目标的实现路径

20世纪90年代开始，妇女参政问题成为中国学术界重点关注的领域。与城市和白领妇女在公共治理参与取得的成就不同，农村妇女的社区治理参与始终难取得较大的进步，综合素质低、文化制约和组织化程度低是制约妇女参与的主要因素（金一虹，2019）。中国少数民族妇女公共治理参与的研究与中国女性学的研究联系紧密，研究的领域和视野、研究的理论和方法也在不断扩大和丰富。有相当一部分少数民族妇女的研究集中在中华人民共和国成立前后妇女社会地位以及婚姻家庭关系的变迁研究。中华人民共和国成立以前，妇女的参政机会没有得到重视，中华人民共和国成立后受到国家的重视和法律的补充，少数民族妇女的社会地位发生了根本转变，婚姻家庭关系发生了巨大变化，妇女获得了更多的受教育、工作和参政的机会，在政治、经济等领域妇女从"缺席"转变为"在场"，女性的参与意识逐步觉醒。但这些变化更多地发生在城市妇女，农村妇女受传统和自身素质影响，变化不大。

4.3.2.1 影响妇女参与公共治理的因素

如果我们仔细分析南疆农村妇女当选村干部意愿不高的原因，就会发现经济能力的提升、思想观念变化、个人受教育水平低、家务劳动与农事活动四个方面是主要影响因素。

受教育水平低且语言交流不畅。南疆农村妇女的受教育水平低在很大程度上限制了妇女参与村庄公共事务的机会。随着脱贫攻坚、乡村振兴的推进,农村各项事务越来越多,对村干部的文化水平和综合素质要求越来越高。但是,南疆农村妇女由于受教育水平普遍低,很难掌握现代管理和参与的技术要求。2016年的调查显示,有95.44%的妇女是小学及以下文化,初中毕业的仅占2.74%,高中毕业的只占1.83%。受制于低水平的识字率,很多妇女在参与村庄政治方面显得捉襟见肘。

妇女的国家通用语水平无法为她们参与村庄政治提供可能。南疆农村超过95%的维吾尔族妇女不会说国家通用语,进一步限制了她们参与政治的机会。南疆四地州相对独立的绿洲区域的空间格局,绿洲与绿洲之间几百千米的距离分割使不同地域群体的交流成为难点。加之南疆农村少数民族不愿外出,居住相对集中,与其他民族之间的交流较少,导致她们对国家通用语言依赖程度较低。南疆农村的网络普及率也只是在近2年,在"访惠聚"工作队的推动下才得到发展,现代传媒工具仅依靠维语的电视、广播获取,在很大程度上限制了他们获取更广泛的信息和与外界进行沟通交流的程度。

家务和农活的双重压力。"男主外、女主内"的传统观念在南疆农村维吾尔族妇女的心中根深蒂固,男性负责挣钱养家,女性负责家务劳动。南疆农村的妇女绝大多数是家庭劳动的第一贡献者。女性照顾家庭的家务劳动,倾向于将做家务视为自己的家庭责任。尽管驻村工作队也在进行男女平等的宣传,越来越多的男性村民的行为有所改变,也开始承担部分家务。但是,洗碗做饭这些需要花费较多时间的家务劳动依然以妇女为主。同时,在家人照料方面,妇女在照料家人尤其是子女方面花费的时间远远高于男性。总体而言,家务劳动依然是束缚妇女的主要因素。同样,在农业生产中,妇女在作物种植的全过程中也付出了大量劳动。调查显示,有91.51%的妇女认为自己在家庭农业生产中起主要作用(表4-16),但是,妇女从事的农务和家务劳动往往被忽视,认为她们的劳动是没有价值的。男性认为,他们干完体力活就可以休息,而女人总是在家庭和生产中不停地忙碌,不能休息,这种妇女在生产与再生产的双重角色一定程度上限制了她们参与社区公共事务的愿望和行动,且这一状况在短期内很难发生根本改变。

4.3.2.2 "访惠聚"政策的实施对提升妇女公共参与的作用

"访聚惠"政策的实施提升了妇女的经济能力。在很长一段时间,南疆地区农村经济发展水平低，妇女的经济能力较弱，主要经济来源是农业生产活动，收入有限，解决了温饱但普遍过着清贫的生活。南疆农村的贫困发生率高达 30% 以上。当地经济发展水平低的主要表现在人均耕地面积少、农业生产条件差、产业结构单一、劳动力受教育水平低且缺乏技能、经济基础薄弱、基础设施落后、集体经济发展滞后等。当地妇女不得不把主要经历用于发展生产，即便如此，依然过着艰苦的日子，缺肉少菜没有存款。经济发展从根本上制约着妇女参与村庄政治事务，只能被禁锢于家庭中成为再生产的禁卫军，关心参与村庄政治事务必然成为男人的权利。只有在经济发展所产生能够支撑家庭生活自由、富足的条件下，妇女才有机会从家庭中走出来参与公共政治事务，发展自己。

2014 年以来，"访聚惠"驻村工作队实施了一系列旨在促进群众收入水平的政策，例如优化农业结构、提高农业生产效益、推广设施农业技术和高效节水技术；指导农民强化田间管理，提高土地产出率；积极开展村民培训，提高脱贫能力；大力发展庭院经济；免费发放扶贫鸡、扶贫牛、扶贫羊等生产资料；帮助销售农副产品等多种扶贫举措。同时，驻村工作队坚持扶贫、扶志与扶智相结合，逐渐转变村民"等靠要"思想，不断激发贫困群众内生动力。在此背景下，广大妇女逐渐改变了过去仅仅依靠种地的单一收入来源，在种植小麦、玉米、谷子等作物的同时，也参与养殖鸡、羊、牛等运营，成为发展蔬菜产业、葡萄产业和庭院经济的主体，妇女收入途径日趋多元化，在家庭中地位不断提升。随着产业结构的不断调整，村里越来越多的妇女开始走出家庭，与丈夫共同承担起赚钱养家的责任，并成为家庭经济收入的主要贡献者。经济收入的增长与家庭经济地位的提升，为妇女参与村庄政治奠定了基础，进一步提升了农村妇女在村委会选举中的主动性。正如唐华容等（2019）所言，发展农村经济，夯实农村妇女参政的物质基础。只有满足了农村妇女物质层面的需要，才会激发其参与基层治理的意识和需求。

妇女对参与公共活动有更多兴趣。在传统的维吾尔族农村社区，思想观念和教育水平是造成妇女政治冷漠的根本原因。在家庭内部，丈夫是一家之主，正如王新生（2011）所指出的，男人或父亲在家庭中的权威就象征着真主在世界中的权威。这种观念深刻影响维吾尔族妇女参与村庄政治的动机，从而导致很多妇女认为"政治与自己关系不大，主要是男人的事情"。父权制依然是妇女在个人选择和生活策略之间的枷锁，父权制无形上存在的强制性、约束性的力量依然如戒律一般左右着妇女的"理性决策"，既无力抗衡父权统治模式的强大历史惯性力，又使女性参与的自主性与多样化受到了抑制（潘萍，2008）。

驻村工作队开展的一系列活动，例如邀请专家为当地妇女开展妇女专题讲座32场次，倡导现代、文明、健康的生活方式；组织60名妇女代表到亚曼牙8村等地学习妇女群众工作、公共参与和现代生活等方面的先进经验；开展夜校活动，组织妇女学技能、学法律、学国家通用语；在"三八"妇女节开展评选"好婆婆""好媳妇""好家庭"活动等。这些活动一定程度上改变了妇女的思想观念，开始积极参与村庄事务。参加大棚蔬菜合作社而丰富了自己家庭餐桌的海日古丽·图尔荪在工作队的鼓励下也成为妇女小队长。

海日古丽·图尔荪，是十户长和妇女小队长。她种植了20多亩的小麦，养殖20只羊和种植0.2亩的拱棚蔬菜。除此以外，便是洗衣做饭，收拾家里，并照看13岁的女儿和10岁的儿子，从来没有想过走出家门参加村庄的公共事务。参加蔬菜大棚种植后，她是一位积极分子，勤奋能干，认真负责。在驻村工作队的鼓励下，她萌生了为村民服务的想法，便报名竞选了妇女小队长。当选的她主要负责管理妇女的衣着形象、宣传妇女健康。尽管每个月只有90元钱的补助。但是，这个工作体现了她的社会价值，她发自内心地喜欢这份工作，工作中起到了模范带头作用，在文明家庭、庭院美化、环境治理等活动中不仅自己带头，而且，组织带领本小队的妇女都投入活动中，被评为妇女工作优秀小队。同时，作为妇女小队长之后，还注意起自己的形象，注重穿衣打扮得体，示范宣传妇女形象。现在经常参加村庄的公共事务，落实村委会的各项任务，发现问题勇于提出，参与问题的改正。（访谈记录20210428，海日古丽·图尔荪）

海日古丽·图尔荪的案例从一个侧面反映出，受驻村工作队开展的一系列旨在提升妇女经济能力、社会适应能力活动的影响，重新塑造了妇女的性别观念，妇女逐渐成为一个主动参与村庄公共事务的主要群体。同时，家庭的生活的性别角色和地位也发生了深刻变化。

4.3.2.3 妇女参与村庄公共治理的积极性不断提高

（1）妇女认可妇联工作，对担任妇女主任有一定的意愿。本调查研究发现，妇女在担任村妇女主任上表现出一定的意愿，有48.8%的妇女愿意担任妇女主任。不同层次人群来看，职业妇女、党员妇女群体中选择愿意担任妇女主任的比例较高。由81.2%的妇女对于本村妇女主任的工作认可，认为妇女主任发挥了作用。妇女对妇联的工作给予多元化的诉求，有

65.8%受访妇女希望妇联能够在提高妇女保健水平、组织开展文化娱乐活动、组织妇女学习国家通用语,开展专项技能培训和推进现代化建设,减小劳动强度等方面有所作为。从一个侧面反映出南疆农村妇女参与公共活动的意愿在不断增强。

(2) 妇女具有明显性别意识的价值判断。本调查研究发现,南疆农村妇女认为女性担任村干部是妇女社会地位提高和追求男女平等的具体体现。有93.3%的妇女认为妇女担任村干部是体现妇女地位和男女平等。其中,有55.4%的妇女认为妇女担任村干部是追求男女平等的象征;有37.9%的妇女认为是妇女社会地位的体现;还有0.5%的妇女认为妇女可以根据自己的意愿自由选择担任或不担任村干部,也是体现妇女的社会地位。但是,仍然有5.4%的妇女认为征得丈夫同意后才可以参选村干部,有0.5%的妇女认为家务多不愿意当村干部,表现出传统的家庭观念。

(3) 妇女的参政意识强于参政行动。对于参与村干部竞选,妇女表现出一定积极性。调查发现,有58%的妇女愿意参与村干部的竞选。但是,也有42%的妇女不愿意参选。一方面有96.8%的妇女认为非常重要。但是,另一方面只有44.3%的妇女参加过村委会竞选,表现出妇女的参与意识比较强烈,但参与行为相对滞后。南疆农村妇女政治参与的意识和实际参与程度与全国相比[①]差距较大。而且,不同妇女群体的政治参与程度具有差异性,职业妇女参与干部选举的比例更高,乡村教师的政治参与性也较高。知识差距、认知差距、眼界差距、经历差距是形成群体差距的主要因素。

(4) 妇女不愿意当村干部的原因多集中在自身。本调查研究中,问及妇女为什么不愿意当村干部的原因时,有53.5%的妇女认为家里事多,家务和生产繁重,没有时间参加;有40.8%的妇女认为自己没有文化,能力上不能胜任;有10%的妇女认为当村干部需要处理的事情多,但得到的好处不多;还有3位妇女认为管别人,容易得罪人(表4-28)。从中可以发现,影响南疆农村妇女政治参与的主要影响因素集中在妇女自身的家庭观念、处事能力、价值观方面,总体上体现出南疆农村少数民族妇女仍然缺乏自信、自立和自强的信念。

---

① 《第三期中国妇女社会地位调查主要数据报告》显示,"83.6%的农村女性近5年来参与了村委会选举"。

表 4-28 妇女不愿意当村干部的原因

项目	频率（人）	占比（%）
家里事多	44	44.0
管别人，容易得罪人	3	3.0
丈夫不同意	0	0
没有文化，干不好	40	40.0
事情多，好处不多	10	10.0
村里人会说闲话	0	0

由以上数据可以看出，当地妇女已经对村中的公共事务表现出关心，具备了明显的性别意识、且参政意识强于参政行动，愿意担任村妇女主任或干部的意愿表现出两极分化的倾向，对于妇女参与公共事务的影响因素主要集中在自身原因。"访惠聚"性别敏感机制加大了妇女参与和权力赋予的工作力度，从鼓励妇女走出家庭投入到社会活动为切入点，通过政策引导妇女参与到社会稳定和脱贫攻坚活动中。注重选拔和培养村妇女干部，通过妇女参与公共活动，为妇女提供相互交流的平台和提出建议的通道，妇女对村中公共事务的管理意愿明显提高，促进了妇女村庄公共事务管理的参与性和有效性。政府自上而下地有组织地干预，激活了妇女公共参与的内生动力。政府、社会、村级组织都是妇女参与的激励机制，妇女意识到她是在为政府做事，为大家做事，体现出社会价值，有超越私人生活的荣誉感。同时，"访惠聚"的机制设计注重将家庭资源和妇女能动性连接起来，吸纳有资源和能动性强的妇女进入妇联等妇女组织并担任重要职务，能为不同类型的农村妇女参与村级治理提供不同的机会，妇女干部人数明显增多（李苗等，2020）。

4.3.2.4　女性村干部人数明显增多

妇女政治参与是人类进步和社会文明的重要体现，也是现代经济社会发展的内在要求和重要动力（张互桂，2011），妇女的政治参与无论是对村庄发展还是个人成长都显得尤为重要。妇女政治参与情况和问题的梳理、判断对于研究南疆农村妇女十分重要。

女性村干部逐渐增多。众所周知，女性担任村干部，是贯彻落实男女平等基本国策、代表和维护农村妇女权益的重要途径。K 乡 d 村"村两委"班子共 10 人，其中 4 名女性，分别为妇女主任、村委会副主任、团支部书记及村委会委员。4 位女干部中，年龄最大的 32 岁，最小的才 24 岁，她们都有一个共同点，都有大专或本科文凭。4名女性村干部各司其职，分别负责妇女工作、扶贫工作、青年工作等各个方面。"村两委"干部结构的优化，班子整体呈年轻化和性别多元化的趋势，村干部的工作积极性和执行力大大提高，村民对于年轻同志和女性担任村干部表示接受支持。反映出农村女性参与村级事务管理和决策已经得到村民及其他男性干部的认可。同时，村委会也更需要重视女性在工作中所发挥的作用，尤其是在推动妇女工作方面。充分发挥女性具有许多不同于男性的特点和优势，尤其是在专门针对妇女卫生检查方面，女性村干部更容易进行执行与实施，也更能与村里的妇女进行交流沟通，做好妇女工作妇女的参与效果更好效益更高。

"三多三少"的现象依然没有改变。尽管"访惠聚"政策推动，南疆农村女性担任村干部的人数较之前有所增加。但是，女性干部主要负责村里的妇女工作和计生工作，村支书、村委会主任多数依然由男性担任。本研究4个村共设有8个主要领导岗位，其中仅有一名妇女担任村支书。由此可见农村女干部任职存在"三多三少"的现象依然没有改变，主要是副职多、正职少，虚职多、实职少，闲职多、要职少（刘筱红，2005）。目前"村两委"当选村干部的女性都具有大专或本科学历，她们见多识广，精通电脑，善于表达，使得她们能够胜任村干部岗位。然而，需要注意的是高学历女性进入基层组织"村两委"任职增多的现象并不足以代表大多数农村妇女在政治参与方面发生明显的变化。她们只是起到了"催化剂"的作用，政治参与的性别平等和角色设定的妇女发展之路还很漫长。

4.3.3 个人权益：自我认知的意识

妇女在社会发展中发挥着重要作用，社会各界对妇女的相关利益也越来越重视。随着法治社会的完善和发展，一定程度上妇女自身的维权意识有所提高。但是，依旧存在些许问题。《中华人民共和国反家庭暴力法》第二条规定，"家庭暴力，是指家庭成员之间实施的身体、精神等方面的侵害"[①]。其中，家庭内部男性针对女性的暴力较为常见。联合国（1994）把"针对妇女的暴力"定义为："无论是在公众场合或私人生活中，任何基于性别的，对妇女造成或可能造成身体、性或精神伤害或痛苦的暴力行为，包括威

---

① 《中华人民共和国反家庭暴力法》http：//mzt.hunan.gov.cn/mzt/xxgk/zcfg/202004/t20200407_11872467.html，2021-08-07。

胁，强迫或任意剥夺自由的行为。"① 家庭暴力在一定程度上反映了家庭成员之间的权利不平等关系，会产生一系列消极后果，如导致妇女身体受伤甚至致残；影响妇女身心健康，导致心情抑郁甚至精神分裂；父母间的家庭暴力行为使未成年人的心理遭到伤害；使得家庭生活中亲情关系缺失，破坏家庭秩序等（刘昱辉，2016）。在过去，家暴现象在南疆农村时有发生，很多妇女都把家暴作为私人的"丑事"而把"忍着"作为一种选择，认为是我自己做得不够好，才会遭到丈夫家暴。那么，现在南疆农村妇女的维权意识如何？其维权现状又是怎样？

4.3.3.1 家暴现象减少明显

在过去很长一段时间，南疆少数民族聚居的农村社区丈夫动手打老婆的现象时有发生。究其原因，一是受传统习俗与文化的影响，社区"男主外、女主内"的传统家庭分工模式普遍，妇女经济不独立。社会认知中男性村民认为自己是一家之主，妇女在家庭内部处于从属地位。这是因为地方普遍盛行的以父权和夫权为中心的家庭伦理，这种价值和观念也仍然根深蒂固，男性高于女性，女性需要被男性控制（满珂，2013）。二是南疆农村地区，自然条件较差，人们辛苦忙碌一年，收入也仅够维持基本生活，很多家庭过着贫困的生活。在社会底层的家庭中，家庭暴力越容易发生。正如穆勒（1995）所言，在穷人阶层中，女子是男子唯一可以体现自己优越性并能用暴力予以证明的对象。三是关于妇女权益保护的法律宣传和家暴预防不到位，很多少数民族妇女无法通过阅读知晓妇女权益保护的相关法律，导致不知道或者虽然知道，但又不清楚具体内容，从而导致妇女权益遭受侵害时不知道如何保护自己。

2021年调查发现，与过去相比，南疆农村的家暴现象已十分少见。但是，并没有完全杜绝。K乡a村的村支书在访谈中表示：

"现在村里的家暴现象已经很少，但并没有完全消失。例如去年春天的时候，村里有位男性不愿意让妻子外出务工，与妻子发生了争吵，最终打了妻子，妻子的鼻子被打断了，流了半盆血，受伤情况严重。另外，有一名本村的妇女在镇上的宴会厅工作，因为用钱买了擦脸油没有跟老公商量，结果丈夫喝酒后对妻子进行了谩骂之后大打出手，造成妻子脸上都是伤。还有一名妇女因在外与其他男性说话而导致家暴，最后肋骨被丈夫打断。以前，遇到家庭暴力时，多数妇女会忍耐，严重的情况，就找家族人士去调节处理，

---

① 联合国大会：《消除对妇女的暴力行为宣言》，1994年2月23日第48/104号决议通过。

结果多以妇女让步了结。工作队进村以后,要求我们'村两委'必须解决家暴问题,必须明确丈夫动用暴力是违法行为,必须认错改正。针对家庭暴力问题工作队还专门召开了好几次村民大会,让家庭暴力的男性在大会上做检查,给村民宣传《中华人民共和国婚姻法》。这几年我们村的家暴现象几乎没有了。"(访谈记录20210503,艾比布拉·达吾提)

其他社区的情况与 a 村庄的情况类似,各个村庄的家暴现象都有明显减少。究其原因,一是伴随"访惠聚"政策的实施和驻村工作队的介入,社区的产业结构发生了重大调整,妇女不论在家庭还是社区,其经济地位都有明显进步。妇女在家庭收入中的贡献增加,不再像过去一样从属于丈夫。同时,尽管妇女仍然是家务劳动的主要贡献者,但家庭内部的性别分工也有明显进步,越来越多的男性开始帮助妇女分担家务。二是 2014 年以来,驻村工作队在社区实施了一系列旨在改善生计和提高生活水平的基础设施建设与产业投入,当地群众收入水平明显提高。男性村民把更多的精力放在发展生产、改善生活方面,而不是家庭的各种琐事。三是驻村工作队通过集中宣讲、专题报告、座谈会、文化活动、周一升国旗宣讲等形式,用通俗易懂的语言,宣传《中华人民共和国妇女权益保障法》《中华人民共和国反家庭暴力法》《中华人民共和国婚姻法》等相关法律法规,通过开展妇女维权普法宣传活动,使当地妇女对国家法律法规有了进一步的认识。同时,村庄男性的生活习惯也有明显改变,过量饮酒的现象已不多见,遇到家庭纠纷时,也更愿意寻求村组织帮助。总体来说,与过去的情况相比,现在南疆农村的家庭关系整体向好,即使出现类似家庭不和甚至家暴现象,妇女更多地会选择向村委会寻求帮助,而不会选择沉默或不了了之。妇女维护自身权益的意识已经建立并形成共识。

4.3.3.2 妇女维权有明显进步

妇女权益是指妇女在政治、经济、文化、社会、家庭生活等方面享有与男性平等权利,其中还包括了妇女的特殊权益(陈爱武等,2010)。如果妇女某方面的权益遭受损害,就面临维权问题(薛宁兰,2021)。维权是指维护个人或群体的合法利益,社区应该为居民提供解决纠纷的渠道。已有的农民维权研究更多地聚焦于农民上访研究,并有维权型上访与牟利性上访(田先红,2010)之分,且农民在通过正常途径无法维权时会采取依法抗争(于建嵘,2004)、依理抗争、以身抗争(王洪伟,2010)等方式维护自身权益。然而,需要注意的是,不论是上访也好,还是抗争也好,均是个人利益或家庭利益遭受重大损失时的行为,日常生活中的维权更多的是民事纠纷或所谓的"小事"。然而,妇女维权意识弱、维权能力差(陈爱武等,2010)却是不争的事实。

本研究地区从妇女存在的权益保护问题分析来看,存在以下问题:从政治权益,妇女参与村庄政治的积极性不高、参与公共事务的意愿不高等问题;从文化权益,家庭存在重男轻女问题、女孩的文化教育不受重视等问题;从经济权益,妇女在外出就业时容易受歧视、务工收入存在性别差异化等问题;从财产权益,妇女的土地权益难以得到保障和体现、家庭资产的性别分配等问题;从家庭权利,妇女的家庭决策权、遭受家庭暴力等问题进入分析和总结,本节重点关注妇女在家庭权益方面并关注政治和文化权益方面的变化。

本调查研究显示,妇女遇到家庭纠纷、遭受家庭暴力时,妇女如何解决的选择中找"村两委"解决是首选对象。有85.7%的妇女表示有家庭问题时会选择向村委会反映解决;有10.6%的妇女表示会找家人出面解决;有0.9%的妇女表示会采用法律来维护自己的合法权益(表4-29)。

表4-29 妇女对权益受到侵害时的行为选择

权益受到侵害时行为选择	人数(人)	占比(%)
向村委会反映	186	85.7
自己或家人出面解决	23	10.6
采取法律途径	2	0.9
上访	1	0.5
其他	1	0.5
合计	213	100.0

以上数据显示,在妇女权益受到侵犯时,当地大多数妇女都能采取正确的方式处理问题。"村两委"在妇女解决权益受侵害方面占据重要地位,妇女能够主动提出自己的诉求,并寻求帮助。本研究2021年跟踪调查发现,随着"访惠聚"工作的不断深入,选择由"村两委"解决问题的妇女人数超过95%,妇女对"村两委"以及驻村工作队的认可度和信任度不断增强。当地妇女的生活范围主要集中在村庄,妇女权益受侵的事件与范围相对集中在家庭和本村的范围内,村委会等基层组织足以发挥社会治理的作用,帮忙解决妇女权益等问题,这也是他们的职责所在。而且,已经有妇女认识到采取法律途径解决权益受侵是有效的途径,依法维权意识不断增强。

妇联组织是与基层妇女联系最多的社会组织。但是,选择妇联"解决家庭纠纷，减少妇女离婚率"的妇女仅占受访妇女的3.7%（表4-30）。现实表明，妇联组织在基层妇女工作方面还有很多工作要做，社会影响力还需进一步提高。2021年追踪调查发现，在"访惠聚"性别敏感机制的推动下，南疆农村的少数民族妇女的维权意识不断增强，妇女寻求帮助的主动性和以村委会为主的解决问题的渠道多元化，妇联组织在基层党组织的领导下成为促进妇女发展的主要力量。法律意识和女性地位的提高，南疆农村家暴现象变成了偶发现象。

表4-30 妇女对妇联的诉求

诉求类别	占比（%）
组织保健知识学习和体验，提高妇女卫生保健水平	20.3
组织经常性的文娱活动，保证妇女的身心健康	16.6
国家通用语和技能培训，提高外出打工的能力	14.9
减少妇女的劳动强度，提高妇女生活质量	14
维护合法权益，杜绝家庭暴力	9.1
不知道	7.8
提高有效的措施，解决孩子外出上学的经济困境和大病致贫的问题	4.7
及时解决家庭纠纷，减少妇女离婚率	3.7
合计	100

在家庭权利之外，妇女政治权利和文化权利的实现，更多地受驻村工作队一系列具体政策的影响。在政治权利方面，驻村工作队实施的一系列促进经济发展、文化繁荣的行动，不仅促进了当地经济的全面发展。而且，提升了妇女的经济实力，改变了妇女在社会和家庭中的性别角色和地位，改变了妇女的精神面貌，女性成为村干部的一员不再是梦想，妇女在村庄公共事务中发挥着重要作用。同时，伴随新疆15年义务教育政策的实施、驻村工作队对教育的重视以及接受高等教育女性政治参与的示范作用，少数民族家庭普遍鄙弃了重男轻女的传统思想，更加重视女孩的教育和培养，女童入学率超过99%，为女孩们将来更好地生活打下了坚实的基础。"访惠聚"活动的开展，从制度和行动上为南疆农村妇女在各个方面的权益保护和公平享有方面起到了促进妇女权益改善的关键作用。

4.3.4 教育：自我价值的追求

南疆作为全国重点贫困地区、少数民族聚集区，曾经在文化、习俗、环境等多因素影响下，少数民族女性的受教育程度普遍偏低，在很大程度上束缚了妇女的发展。本研究 4 个村的妇女受教育程度调查显示，有 95.44% 的妇女是小学及以下文化，初中毕业的占 2.74%，高中毕业的占 1.83%。"七普"数据显示，全国 15 岁及以上人口的平均受教育年限由 9.08 年提高至 9.91 年，文盲率由 4.08% 下降为 2.67%（国家统计局，2021）①。本研究 4 个村的妇女受教育程度与国家"七普"数据相比较，有很大的差距。改革开放以来，伴随国家教育政策不断强化、地方经济的不断发展和婚姻观念的改变，南疆农村少数民族妇女的受教育程度不断提高，特别是南疆推行 15 年义务教育、国家的内高班等特殊制度，彻底改变了妇女受教育的状况。

4.3.4.1 少数民族女性受教育程度的问题解析

南疆农村少数民族妇女受教育程度低的问题受到落后的经济条件、传统的文化观念以及语言文化等因素的多维度影响。

一是经济发展水平的影响。经济越发达的地区，人口的受教育程度越高（马月莉，2016），而南疆少数民族妇女所在的南疆地区是中国最贫困的地区之一，人口受教育程度受经济发展的影响较大。经济落后、家庭贫困使得一些家庭对子女的教育期望降低（赵尚威等，2017），家里没钱供养和需要劳动力成为很多女孩辍学的原因（王建军等，2014）。

二是文化观念的影响，"受重男轻女思想"（黄志蓉等，2006）、"妇女的责任就是搞家务"（徐霞，1997）、"妇女只能在家做礼拜，外出求知接受外界的教育是不被允许的""学汉文即是对本民族的背叛"的偏见（热依拉·艾合买提，2015）、导致女性地位低下（孙建梅等，1999），都是致使维吾尔族女性受教育水平较低的原因。

三是语言文化的影响。少数民族有自己的语言，他们需要学好国家通用语才能更好地在社会经济生活中进行交流，然而在过去的农村，国家通用语言的学习并没有受到重视，导致南疆农村少数民族普遍没有掌握国家通用语言（马月莉，2016）。

4.3.4.2 政策推动下的观念变化

（1）妇女受教育愿望强烈，且对儿女期望值高。本调查研究发现，在调查的 213 名妇女中，当提及"如果给你一次机会，你会上学到什么程度"，有 132 人，占 62% 的妇女选择上大学；有 68 人，占 31.9% 的妇女选

---

① 第七次全国人口普查主要数据情况，http：//www.stats.gov.cn/tjsj/zxfb/202105/t20210510_1817176.html。

择学习到可以找到工作为止；选择高中和初中的妇女仅有 11 人，仅占 5.2%（表 4-31）。

表 4-31　妇女对求学期望值的选择

项目	初中	高中	大学以上	上到能找到工作	不知道	合计
人数（人）	3	8	132	68	1	213
占比（%）	1.4	3.8	62.0	31.9	0.5	100.0

同时，妇女对儿女的受教育期望值发生了改变。

对于女儿的期望，在受访的 189 名妇女中，有 131 人，占 69.3% 的妇女希望自己的女儿能够进入大学学习。希望初高中毕业的妇女仅有 7 人，占 3.7%。由孩子自己决定的妇女有 51 人，占 27%（表 4-32）。

表 4-32　妇女对女儿受教育期望值的选择

项目	初中	高中	大学以上	随他们自己	不知道	合计
人数（人）	4	3	131	51	0	189
占比（%）	2.1	1.6	69.3	27.0	0	100.0

对于儿子的期望，在受访的 197 名妇女中，有 149 人，占 75.6% 的妇女希望自己的儿子能够进入大学学习；希望上到初高中毕业的妇女仅有 4 人，占 2%。由孩子自己决定的妇女有 44 人，占 22.3%（表 4-33）。

表 4-33　妇女对儿子受教育期望值的选择

项目	初中	高中	大学以上	随他们自己	不知道	合计
人数（人）	2	2	149	44	0	197
占比（%）	1.0	1.0	75.6	22.3	0	100.0

调查数据分析可知，南疆农村少数民族妇女对于孩子的受教育问题表现出积极态度和较高的标准要求。对于男孩的教育要求略高于女孩，并没有较大的差异性。2021 年跟踪调查显示，有 85% 以上的妇女希望并要求自己的孩子，无论是男孩还是女孩都要接受大学的教育。妇女对于孩子的受教育理念发生了巨大的变化，特别是针对女孩的受教育态度体现出明显的性别平等的家庭观念。

（2）妇女普遍认为受教育很重要。本调查研究显示，有 99.5% 的妇女认为妇女受教育很重要。受教育有什么好处的调查,有 23.7% 的妇女认为可以更好地教育孩子;有 21.5% 的妇女认为有利于参加工作;有 16.7% 的妇女认为可以开阔眼界(表 4-34)。

表 4-34　女性对受教育好处的认识　　　　　　　　　　　　　　　单位:%

项目	参加工作	到城市去生活	教育好孩子	做个好妻子	种好地	挣很多钱	开阔眼界	当乡村领导	其他	合计
占比	21.5	8.7	23.7	11.1	0.6	13.0	16.7	2.2	2.6	100.0

伴随着妇女观念的改变,"访惠聚"建立了鼓励农村孩子考取大学的激励机制,每年给予录取的大学生家庭 3 000~5 000 元不等的补助,其中女生的补助标准要高于男生 1 000~2 000 元,体现了性别主流化的方向。本研究 4 个村中每年考取大学的孩子越来越多,其中女生占 60% 以上,并在毕业以后有机会进入村委会工作。同时,南疆农村妇女发展还体现在有更多的女性被选为村干部,参与乡村治理和公共事务管理,实现了妇女政治参与的权利。2021 年跟踪调查显示,本研究 4 个村在读大学生合计 304 人,其中女大学生 202 人,占全部大学生人数的 66.4%。村干部人数为 34 人,其中女干部人数 16 人,占全部村干部的 47.1%(表 4-35)。

表 4-35　四个调研村在校大学生、女干部情况　　　　　　　　　　单位:人

村	人口	在校大学生	女大学生	村干部	女干部
a 村	698	23	14	6	3
b 村	1 890	114	86	8	3
c 村	2 052	81	47	10	5
d 村	1 952	86	55	10	5
合计	6 592	304	202	34	16

南疆农村女性受教育水平的提高与每一个妇女自身的努力有着密切的联系。c 村海日古丽·阿西木就是这样的一个妇女典型。

海日古丽·阿西木,女,44 岁,丈夫在外长期务工,目前和两个女儿住在一起,家庭经济状况一般。她初中毕业后才 16 岁时就和丈夫结婚,婚后共育有三个女儿,大女儿在乌鲁木齐上大专,其余两个女儿还在上中学。由于她初中毕业就没能再读书,现在对孩子的期望较高,希望孩子能好好学习,从而拥有一个美好的未来。同时,她自己现在也十分热爱学习,会经常

参加村里举办的技能培训活动，也很乐意上夜校学习国家通用语，认为学习对自己的提升和帮助很大，并觉得自己的教育观念发生了改变，认为自己没有机会上大学，一定要让孩子受到好的教育。（访谈记录20200716，海日古丽·阿西木）

南疆农村的现实中具有不少像海日古丽一样的妇女，她们把受教育的希望寄托在下一代身上。

4.3.4.3 少数民族女性教育观改变的原因

与老一辈的妇女相比较，年轻一代的女性有更多的机会接受更好的教育。这些变化源于经济发展水平的提高、15 年义务教育政策和各项教育补贴政策的实施、习俗的改变以及法律婚姻的普及等多种因素聚合作用的结果。

一是新疆 15 年义务教育政策和各项补贴政策实施的影响。新疆实施了一系列教育配套政策，如《农村学前教育经费保障政策》、义务教育"两免一补"政策、南疆四地州普通高中"三免一补"政策、中等职业教育"三免一补"政策、中等职业教育国家奖学金政策、农村义务教育学生营养改善计划政策、区内初中班办学补贴政策、有关省市高中办学补贴政策、教育部直属师范大学师范生公费教育政策、民汉双语人才培养办学政策、自治区高校少数民族预科生学费和住宿费补助政策、伙食补助政策、研究生自治区学业奖学金政策、自治区人民政府高校助学金政策等。同时，南疆地区各级政府不折不扣地落实国家、自治区的各项政策，持续改进教育基础设施，并且努力抓好国家通用语教育，提高教师队伍业务素质，一定程度上促进南疆地区教育水平的发展。具体到村庄的变化，当地修建的新幼儿园和中心小学，改善了师资结构，增强了师资力量，实行了支教帮扶行动计划，为南疆农村教育提供了更好的条件。

二是经济发展水平的提高。经过 6 年精准扶贫政策的实施和驻村工作队的努力，本研究 4 个村庄的农民人均收入稳步增长，已经突破 10 000 元大关，基础设施建设成效明显、居住条件持续改善、耐用消费品拥有量不断提升，当地村民的生活水平显著提高，不再像过去一样过着节衣缩食的生活。伴随经济发展水平的提高，人们不再像过去一样需要孩子在十多岁时就成为家里的劳动力，帮助家里分担劳务。同时，伴随经济水平的提升和优惠政策的落地，人们不再像过去一样，会因为家庭的贫困而无法负担子女的教育费用，而是越来越认识到教育的重要性，接受更好的教育有助于改变自己的命运，有更高的收入，享受更好的生活。

三是文化观念发生了变化。驻村工作队通过一系列卓有成效的活动安排和措施，宣传男女平等的观念促使妇女受教育成为常态，让妇女接受了教育改变命运的观念成为一种思想意识，南疆农村少数民族妇女的角色和地位潜移默化地发生了变化。

四是乡村婚姻观念的改变。受传统婚姻观念的影响，在很长一段时间，南疆农村的少数民族女孩早婚早孕成为习俗，十四五岁的女孩就结婚非常普遍，且很多家庭都是生育四五个子女。"访惠聚"活动的开展，驻村工作队嵌入的基层的社会中，通过各种渠道、各种方式宣传贯彻《中华人民共和国婚姻法》《新疆维吾尔自治区婚姻登记管理条例》《新疆维吾尔自治区人口与计划生育条例》等政策，积极引导当地村民接受法制思想，严格执行《中华人民共和国婚姻法》按照法定年龄结婚。有更多的女孩通过自由恋爱结婚，"父母之命"的影响越来越小，早婚现象的彻底消失。少数民族妇女的生育观念也逐发生了显著变化。妇女不再追求多生多育，农村的年轻妇女多数生育2~3个孩子，有些家庭甚至只生育1个孩子。与此同时，她们更加注重子女的教育问题，越来越多的妇女希望自己的子女可以读高中上大学，有更好的未来和幸福的生活。

4.3.5 小结

在社区文化活动参与方面，"访惠聚"工作队通过完善文化活动空间、组建文艺队、结合"民族团结一家亲"，借助各类节日开展文化娱乐活动，妇女已成为文化娱乐活动参与的主体，并且在思想和行动方面均得到不同程度的解放。①在思想方面，通过专门针对女性开展的弘扬现代文化生活的讲座，增强了女性的自我认知和性别意识，改变了村中文化氛围，逐步形成了妇女参加公共活动光荣的氛围。②在行动方面，文化娱乐活动充实了村中贫瘠的文化生活，激发了妇女的精神面貌，妇女自信心增强，改变过去只看不参与的现实，为进一步参与村庄权力事务奠定了基础。南疆乡村的文化娱乐活动呈现以下特征：一是当前乡村公共文化娱乐活动对工作队有高度依赖性，体现出明显的"集体"特征；二是文化娱乐的社会空间和政治空间高度重合，文娱活动一般都是在村委和驻村工作队所在大院举行，或者由政府投资建设的广场举行；三是网络的普及，舞厅等娱乐场所的开设为年轻人的个人文化生活提供了新的途径和空间；四是妇女闲暇时间不足、家庭责任和生产责任"双重责任"很重，是阻碍妇女参加公共活动的主要原因。

在社区公共治理参与方面，妇女愿意担当村妇女主任或干部的意愿增强、女性村干部逐渐增多。一些学历较高、语言表达能力较强、熟练掌握电脑技术的年轻女性逐渐加入村委会，成为一支新鲜的干部队伍。但总体而言，普通妇女能够真正参与村庄公共事务仍存在困难。尽管访聚惠政策的实施提升了妇女的经济能力、个人思想观念也有明显的进步，但是受限于受教育水平低、语言表达能力尤其是国家通用语水平低、沉重的再生产与生产角色等，限制了妇女参与的时间和能力。

维权意识方面，驻村工作队通过集中宣讲、专题报告、座谈会、文化活动、周一升国旗宣讲等形式，开展了妇女维权普法宣传活动，使当地妇女对国家法律法规有了进一步的认识，妇女维权意识增强，男性对女性的保护与尊重意识增强，家暴现象减少。同时，即使妇女出现权益受损的情况，也会采取寻求村委会、妇联、法律等多种方式维护自己的权益。越来越多的女性参与到村庄的公共事务管理中心，妇女在各个方面的权益均有明显的改善。

教育观念方面，妇女对子女未来发展的期望值有所提高，上大学成为很多人对儿（75.6%）女（69.3%）的期望。这方面的变化，来自"访惠聚"政策干预与义务教育政策、各项教育补贴政策的共同作用。"访惠聚"政策干预促进了南疆农民的生活水平持续提高，现代生活理念不断融入百姓思想，婚姻生育中妇女地位得以提高，同时开展的15年义务教育的普及和各项补贴政策的实施，使得妇女对子女的期望有了更多的参照系，以及可行的支持条件。

5 结论和建议

"访惠聚"政策的推进打破了生产力的限制,一方面,提高了劳动者的技能和素质,特别是加大了对于妇女的劳动技能培训,提升了生产资料的有效利用。另一方面,大力推广良种良法等科学技术和农业生产机械化,提升耕地质量,改变了生产资料的使用效率,创建一种新的生产关系并凸显了妇女在新的生产关系中的角色和地位。事实上,无论经典的女性主义理论和实践还是现代发展主义的妇女与发展和性别与发展理论,都在不同方面确认了女性在经济发展中的重要作用,从这个意义上来讲,农村减贫是否有效在很大程度上取决于如何充分发挥妇女的作用(李小云,2019),"访惠聚"政策的制定和实施旨在维稳和减贫等满足现实性别需求的无意之举,动摇了传统文化的桎梏,改变了南疆农村少数民族妇女的性别角色和地位;正如旨在促进妇女参与经济管理活动的发展项目和政策所推动的妇女地位的变化(齐顾波,2003)。

5.1 结论

5.1.1 妇女的现实性性别需求和战略性性别需求得到不同程度的满足

"访惠聚"政策通过驻村工作队从嵌入到融入的治理逻辑,原有的社会结构和关系网络发生了积极的变化,促进了社会进步和经济发展,实现了社会稳定和长治久安,全面完成了脱贫攻坚任务。在这一过程中,妇女的实用性性别需求基本得到了满足,具体表现为日益丰富的饮食、改善的居住环境、日趋完善的社会保障制度、普及的生育健康保健服务以及丰富多彩的休闲娱乐活动。战略性性别需求在一定程度上得以实现,表现为婚姻、生育中自主选择和协商的权利,经济收入的提高、个人维权意识的增强、家暴现象的减少,社区治理的监督与参与,教育资源的获取,家庭劳动分工的多元化。"男主外、女主内"的传统性别观念尽管在逐渐发生改变,但是研究区域有关性别关系的文化传统仍然是女性社会地位与家庭地位的主要影响因素,南疆农村妇女的发展,尤其是战略性社会性别需要的满足,需要妇女实现更大程度上的平等并且挑战妇女在社会中的从属地位，包括家务劳动中的性别分工、家庭决策中的平等、村庄公共事务中的有效参与等，还有很长的路要走。值得关注的是，南疆农村少数民族年轻一代的女性从小可以接受15年义务教育，有机会继续读大学、研究生，从而通过知识改变自己的命运，更加独立自主地承担各种角色，使得她们有机会挑战其母辈身份存在的性别不平等。对于大多数妇女来说，如果试图改变存在于两性之间的权力不平的关系，提升自身的社会地位，仍然需要长期的努力。

5.1.2 "访惠聚"政策"显性"公共价值的实现与"隐性"公共价值的拓展

"访惠聚"政策的实施推进了原有生产力水平的提高，一方面，提高了劳动者的技能和素质，特别是加大了对于妇女的劳动技能培训，提升了生产资料的有效利用。另一方面，大力推广良种良法等科学技术和农业生产机械化，提升耕地质量，改变了生产资料的使用效率，创建一种新的生产关系并凸显了妇女在新的生产关系中的角色和地位。这一过程中，对于"访惠聚"活动来说，在短时间内完成了脱贫攻坚任务，当地的社会经济水平得到显著提高，对于村庄个体来说，村民摆脱了贫困，实现收入增加，特别是越来越多的女性实现了经济独立，该政策显性的经济、效率、效益公共价值得到了充分的体现。

同时，"访惠聚"政策的实施纳入了女性平等参与的内容，建立了性别敏感的治理机制，始终将机会公平、规则公平、性别公平，多方参与，多主体协作的价值理念贯穿于治理的全过程，这也是该政策对公平、参与、协作"隐性"公共价值的拓展，其理念与新时期习近平总书记提出的"三个平等"妇女新发展理念不谋而合。

一是"访惠聚"通过加强基层党组织建设，以国家法律为手段，以柔性渐进的方式动摇甚至削弱了父权制文化，通过务实的措施保证新婚夫妇领取结婚证，严格遵守结婚年龄限制，允许年轻人自由恋爱，妇女开始对生育具有决定权、新建幼儿园使家庭劳动"社会化"，妇女在"再生产"领域拥有了更多公平的权利，初步达成了平等的家庭成员关系，妇女的家庭角色和地位发生了变化，这是该政策"公平"公共价值的体现。

二是"访惠聚"政策通过培训、项目引入，资金帮扶促进妇女走出家庭，参与社会劳动，越来越多的妇女拥有创造经济收入的能力，妇女在"生产"领域拥有了更多的公平参与的权利，妇女的社会角色和地位发生了变化，这是该政策"公平""参与"公共价值的体现。

三是政策实施的"嵌入式"特点，促成多方参与，通过各种形式的宣传（草根宣讲员、政府组织、文艺团体参与）、示范引领（"民族团结一家亲"活动、企业行动、政府打造）、生活中的帮扶（政府、企业、团体、个人）为妇女提供更多可参考、可学习的有关村庄和个人发展的新图景，一定程度改变了妇女的发展认知和期待，进一步促成了性别角色和地位的提高，一定程度上呈现出多主体构建的路径。

不过，"访惠聚"活动所设计的内容中，妇女地位相关的公共价值并没有经过多主体讨论的过程，而是由政府部门直接提出。伴随"访惠聚"活动的扶贫效率等显性公共价值的实现，妇女的参与协作机会、平等地位等隐性公共价值在某种程度上也得以实现，在一定程度上实现了家庭贡献和社会贡献的内在统一和总体价值。

5.1.3 高密度的"群众路线"促成性别平等意识

"访惠聚"驻村工作队从嵌入到融入的机制中，始终注重从性别视角将妇女作为农村社会治理和脱贫攻坚的主要力量，制定机制、明确目标、落实政策、组织活动。在基层组织建设、社会治理、脱贫攻坚、乡村振兴等工作中发挥性别敏感治理机制的作用，营造妇女自强、自信、自立的环境和氛围。通过生活中的帮扶、宣讲、培训、非农劳动、公共文化活动、村庄治理等内容纳入妇女的元素，将妇女参与的意义、性别平等之类的内容与最大范围的最多类型的群体进行互动并产生影响，在短期内促成多种理念碰撞，展现出以政府为主导、满足多方现实需求为启动，激发多方主动积极参与的高密度的"群众路线"治理框架，形成了与传统性别意识平行的新理念。

如果不是基于本土的"群众路线"，所谓的性别平等之类的话语就成了无本之木，如之前的女权主义理论和运动在第三世界国家的"无病呻吟"，大众成了被动的、"被落后化"的群体，类似阳春白雪的理念仅仅停留在创建这些理念的人群的想象中，远离真实生活，即使通过发展项目干预有短暂交叉，地方文化也会随着项目退出和干预方式变化而"回弹"到原地。

5.1.4 自主性变迁与干预性变迁的交织

自中华人民共和国成立，特别是改革开放以来，干预性变迁和自主性变迁实际上一直成为影响中国农村发展的两个重要力量。自主性变迁是由一个人（或群）自发倡导、组织与实行的制度变迁，是一种自下而上的、从局部到整体的制度变迁过程，通常是一个缓慢、渐进的过程。干预性变迁是由国家或政府等权力主体通过命令、法律等形式引入并强制实施的一种自上而下的制度变迁形式。当某种外部因素，特别是一个有目标、有计划的干预进入到中国乡村社会后，乡村社会将会在干预的刺激下发生变化，并会在干预的诱发下出现某种能导致自主性变迁的因素，从而使得乡村出现自主性的变迁（李小云等，2010）。

伴随"访惠聚"政策的实施，一是驻村工作队在帮扶村庄方面实施了农业种植结构调整、种养殖技术应用、田间管理推广等一系列活动，一定程度上重塑了地方的农业生产结构，并逐渐实现小农生产与大市场之间的对接。这些政策举措与实施在一定程度上增加了妇女的收入，其对家庭收入的贡献在增长，并降低了对丈夫的经济依赖；二是驻村工作队积极争取国家各项惠民政策的支持，在安居房建设、路灯安装、厕所改造、文化广场修建、村庄道路硬化等方面做了大量的工作，一定程度上提升了妇女的生活品质；三是通过组织培训、开展文娱活动、学习政策法规、组织参观学习等活动，增加了妇女参加村庄公共事务的机会；四是妇女发展的过程必须以改造私人领域为前提，政策纳入了家庭的考量，从"再生产"领域入手，通过影响力持续增大的行政系统（"访惠聚"重构的正式制度）撼动了父权制文化（非正式制度）影响下的家庭性别关系，同时，以家庭为抓手开展的生产经营（庭院经济、卫星工厂），使当地很难胜任外出务工的妇女，在保持家庭角色日常需求的同时，增加了收入，拓宽了公共场域。非正规就业与其个人生命历程及其家庭发展周期高度契合，妇女也愈发嵌入非正规就业体系中，形成组织秩序，从而继续发挥自己的劳动力价值，妇女的地位也随之得到提高。更多的妇女从私人领域走进公共生活。

尽管发生了一系列积极的变化，但是，无论是在家庭内部还是村庄层面，传统的父权制只可能在某些方面松动而不可能瓦解。在家务分工方面，女性依然是家务劳动的主要承担者，男性仅为协助的角色。在社区层面，村庄治理中参与较多的女性均为接受高等教育、语言表达能力强、具有异地学习和生活经历的年轻女性，大多数女性因为受教育水平低、语言表达能力弱、生产生活负担重、社会见识少等原因难以有效参与社区公共事务管理。总体而言，作为国家或政府干预性变迁的地方实践者，驻村工作队实施了的一系列惠民政策，提高了妇女的生活水平，提升了家庭地位，改善了参与社区事务的机会。但因为妇女自身存在诸多限制性条件，自身很难在短时间内撼动父权制文化。

5.2 促进南疆农村妇女平等地位改善的建议

"访惠聚"政策考虑了妇女在社区治理、家庭生计发展、孩子教育中承担的重要角色，纳入了性别敏感机制，促进了妇女的社会参与，妇女在家庭和社会中的角色发生了积极变化。同时，妇女的现实性需求获得了极大满足，在发展中的声音和平等地位等战略性别需求也有了一定程度的改善。但是，受区域、语言、经济、文化等多方面因素的影响，南疆农村妇女与中国东、中部省区的农村妇女相比，其对土地的依赖性更强、与市场接轨的能力更弱，接受现代文化的过程更加缓慢，表现出很强的亚文化结构特征（李小云，2018），脆弱性更强，妇女家庭角色和社会地位的提高依然面临挑战，这意味着政策制定者需要从元问题上思考治理逻辑：即本研究区域有关性别关系的文化传统仍然是女性社会地位与家庭地位的主要影响因素，因此，应持续稳定发挥政策的作用，改造造成男女不平等的社会结构，克服支撑这一结构的文化观念和社会习俗（李慧英，2014），将民族习俗、文化、传统作为发展的促进要素，通过制度形塑文化，促进妇女角色和地位的改变。具体而言就是要完善"访惠聚"政策的性别敏感机制，鼓励各类社会组织、公益组织参与南疆妇女发展工作，重点培养少数民族女干部，制定不同类型妇女差异化帮扶机制，鼓励妇女参与经济发展与乡村建设，建立农村文化娱乐的自发性鼓励机制5个方面。

5.2.1 完善"访惠聚"政策的性别敏感机制

"访惠聚"持续8年的帮扶，驻村工作队已经成为稳固地方政权、加强民族团结，推动脱贫攻坚、促进社会经济发展的关键力量。同时，"访惠聚"作为中间政策，在实施的过程中将女性的发展纳入了发展计划，出台了具有性别敏感的政策，成为鼓励和推动当地妇女教育、就业、社会参与和积极争取男女平等的重要支撑。调研发现，南疆被调查的219位妇女中有97%的妇女对现实生活表示满意，100%的妇女希望"访惠聚"驻村工作队留下来继续帮扶。然而，本研究发现"访惠聚"政策在性别敏感性上还存在一些盲点和工作弱项，虽然国家已将性别平等纳入宪法，但是政策的执行具有周期性和层次性，国家的宪法要经过中观政策和具体执行的政策才能落到实处，然而，在实际操作层面，不管是政策文本的规定还是政策执行人，往往都在遵从社会习惯和传统文化，一些"潜规则"操纵着社会权力，阻挡国家政策的落实（李慧英，2014），因此，建议"访惠聚"政策设计和工作队制度安排从以下几方面持续加大对妇女发展的支持力度。

一是完善和强化"访惠聚"性别敏感机制。"访惠聚"虽然在自治区层面的政策设计纳入了性别敏感政策和机制。但是，在可操作层面，每年的工作方案和行动计划中均没有专门针对妇女工作的要求，这就导致在"访惠聚"活动开展的整个过程中，妇女工作开展的深度、广度、影响力等政策效果在不同工作队、不同时期存在差异。因此，建议从制度层面强化"访惠聚"政策设计中的性别敏感机制，将"社会性别主流化"的战略贯穿于"访惠聚"活动的政策设计、制定、执行、监督和评估中，建立"访惠聚"妇女工作的监督、考核机制并成为"访惠聚"监督考核体系的重要内容。在"访惠聚"工作安排中，将妇女工作单独列入"访惠聚"年度工作方案，提出妇女工作的重点和要求并制度化，促使妇女工作的程序和方式有据可依。

二是提高"访惠聚"工作队员的性别意识。以维护社会稳定和长治久安为目标的"访惠聚"政策，更多关注的是社会稳定、基础组织建设、脱贫攻坚，艰巨的任务和考核指标的导向很难将"访惠聚"的性别敏感政策从上到下地贯彻，这也导致了工作队员对性别敏感的缺乏，具有性别敏感意识的队员不多，南疆农村妇女在"访惠聚"工作中的普遍参与，对于工作队员来说，并不是完全考虑对妇女的提升和发展，只是如何让自己更好地完成工作内容，没有将妇女发展作为社会治理和社会发展的重要内容统筹考虑，认为妇女问题不是主要问题，没有引起足够的关注。调研中，当问到驻村工作队员是否重视妇女工作时，多数队员的回答是：社会稳定、脱贫攻坚、基层组织建设等重要工作还忙不完呢，哪有时间关注妇女工作，妇女工作都安排在最后了……。全社会的妇女意识薄弱问题在驻村工作队员身上反映出来，反映出"访惠聚"妇女发展意识亟待加强。因此，建议各级党委政府要将培育全社会尊重妇女、重视妇女工作作为"访惠聚"活动主要工作之一，融入社会稳定和长治久安各项工作之中常抓不懈，营造男女平等的社会氛围。建议在开展全社会的法律意识教育的同时，将性别平等意识教育作为主要内容。

三是增加"访惠聚"工作中的性别统计数据。研究发现，无论是从国家统计年鉴、自治区、县市到乡村的统计年鉴还是村一级的工作资料中，分性别的统计内容和指标十分有限且缺乏系统性，难以呈现妇女发展的全貌及变化情况。而做好性别统计工作，对于准确把握妇女发展状况，制定精准的决策和提供服务具有重要的价值。因此，建议"访惠聚"性别敏感机制中将性别统计纳入制度设计，从村一级抓好性别统计工作。同时，建议自治区统计部门把性别统计纳入部门工作目标，作为自治区统计的特殊内容制度化推动，为妇女研究、妇女工作开展和妇女决策提供系统的信息支撑。

"窥一斑而知全豹"，"访惠聚"工作队中存在的问题和需要完善的工作制度，是中国减贫工作中普遍存在的问题。在全面进入乡村振兴建设的今天，构建农村性别平等文化，发挥好农村妇女的作用，有助于乡村振兴工作的开展。农村平等性别文化的构建，还需在全社会增强公共政策执行主体的社会性别意识。第一，统一提高全社会公务人员的性别敏感意识，无论从政策的制定还是执行中，具有性别敏感意识能增强他们对政策的性别分析能力。因为性别问题涉及生活、生产中的各方面，只有熟练运用性别分析工具，洞察性别的不同需求，获取性别相关的数据，才能在生产生活中更好的发挥妇女的作用。第二，应当在各级干部的培训课程中增加性别相关课程的培训，增强各级干部对性别认知的系统性。中国目前只在一些大学设立了性别平等、性别发展等课程，在党政干部的培训课中，性别平等课程的培训并没有引起足够的重视，未能成为领导干部必须掌握的课程。社会性别意识没有在党员干部中传播，政策执行过程中性别平等就无从谈起。因此，在党政干部中开设性别平等的课程对中国性别平等的实现具有重要意义。

5.2.2 协同各类组织发挥作用

研究发现，南疆农村地区妇女工作的开展高度依赖"访惠聚"驻村工作队的推动，各级妇联组织和社会工作组织、公益组织等在其中发挥作用有限。因此，建议要从制度层面强化妇女各类组织的作用。

一是"访惠聚"工作队与妇联组织加强联系，发挥妇联组织在妇女发展中的作用。在中国的国情下，妇联组织作为党委领导下的社会组织，政府支持是其发挥作用的基础。因此，建议从政策设计进一步完善和加强妇联、妇女儿童工作委员会的力量协调、与政府各部门的工作协调、工作整合和信息分享机制，充分发挥其在政策制定和监测、效果评估中的作用。妇联加强对政府决策的性别平等倡导，建议加强与各部门的联系与合作，从政策的立法和政策制定、实施的性别分析及评估方面进行倡导，逐步将性别平等纳入其议事日程。性别平等的宣传不仅要面向妇女，更要面向广大男性。建议成立社会性别专家咨询队伍，提供政策的性别分析和咨询，避免政策中的性别缺失。建议推动妇女小组作为农村妇女的民间组织，参与村民自治和社区管理，尝试在社区层面建立改善妇女地位与状况的具体目标和行动计划等。

二是鼓励社会工作组织和公益组织参与南疆妇女发展。由于新疆的特殊区位和区情，参与妇女发展的社会工作组织和公益组织较少，多元化的组织协作机制没有形成。因此，建议政策支持社会组织参与南疆妇女发展，制定相关政策鼓励、引进、吸引其来南疆做好妇女工作，建立法律法规体系规范其发展，力求通过社会组织的参与带来新观念、新理念和新方法，构建贫困地区民间组织与政府部门多主体共同参与机制，使社会组织成为南疆妇女发展的补充力量。

5.2.3 全面提高妇女综合素质和能力，着重培养妇女干部

研究发现，在南疆的社区公共治理参与方面，妇女愿意担当村妇女主任或干部的意愿增强、女性村干部逐渐增多。一方面，普通妇女，特别是年龄在40岁以上的，其自身素质受教育、语言、认知能力等因素的影响，很难在短时间内改变现状。她们对乡村公共事务的关注或参与仅局限在选举、监督等"访惠聚"反复强调让村民关注的方面。但是，妇女对村庄规划发展、社会管理等决策性公共事务的认知和主动参与的意愿较弱，能够真正参与到村庄公共事务的管理和决策仍存在困难。另一方面，在村干部队伍中妇女的人数大大增加，调查的4个村有村干部34人，其中女干部16人，占比47%，女干部已在村庄公共事务管理中发挥了主要力量。但是，通过进一步调查观察发现，在16名女性村干部中，担任村支部书记职务的仅有一人，而且是外调干部。女干部任副职多、正职少、虚职多、实职少、闲职多、要职少的"三多三少"现象依然没有得到根本改变。"村两委"班子成员是农村社会治理的"关键少数"，是党的神经末梢和传感器。南疆"村两委"班子人才短缺是一个现实问题，短时间内难以彻底改变，加强妇女干部的培养无疑是解决这一问题的有效措施。

因此，建议将"社会性别主流化"强化于农村社会治理和管理的全过程，从制度上保证妇女参政议政的权利和参与的积极性，加大政策力度对南疆长期实施三大"妇女培养行动计划"。①实施南疆农村基层妇女干部专培计划，对现有妇女干部和后备妇女干部实行专项培养培训计划。实施15~30天短期、1~3个月中期和3~6个月长期培训计划。②启动妇女专干和村级妇女干部挂职锻炼培训计划，组织南疆乡村妇女干部和村妇女主任等村级妇女骨干前往北疆、乌鲁木齐市或内地挂职锻炼1~2年。③启动南疆农村妇女人才进修提升行动计划，选拔乡村优秀妇女骨干和干部，特别是村级妇女

骨干和干部到区内外大专院校专班专项培养,利用1~3年的时间,全面提升综合素质和工作能力,并带动周围妇女积极参与到农村建设、社会治理和维护稳定中来,使她们成为乡村振兴的中坚力量。

5.2.4 制定差异化妇女帮扶机制,鼓励妇女积极参与乡村振兴建设

首先,研究发现,即使处于同一社区内,不同妇女受年龄、教育、职业、家庭背景等影响,其在社会认知、家庭观念、社会参与等方面的认识程度、行为规范都体现出差异性。如何帮扶和促进低学历、早结婚、多子女、以家庭为主的弱势妇女群体的改变,对于推进妇女发展十分重要。"访惠聚"活动虽然在妇女工作中将弱势群体纳入制度的帮扶对象。但是,从制度层面,还没有分类指导的政策依据。因此,建议改进"访惠聚"的性别敏感机制,增加针对弱势妇女群体在生活帮扶、学习教育、技能培训、非农就业等方面的分类指导的制度安排,将"访惠聚"妇女工作机制细化以增加政策的针对性、指导性和实效性。

其次,在脱贫攻坚向乡村振兴的过渡阶段,应当强化"访惠聚"驻村工作机制中做好妇女和青年"两个群体"工作的重要性和持续性,制度设计上将经济发展作为南疆妇女工作的重点内容,通过加强农民专业合作社、股份制企业、妇女合作社和妇女协作组织等平台建设,引导农村少数民族妇女走出家庭,参与社会生产劳动,提高家庭收入,体现妇女价值。

再次,"访惠聚"政策要将妇女社会参与主观能动性的培养制度化。驻村工作队在能源使用、垃圾分类、污水处理、土地整治、公共服务等方面不断改善村民基本生活条件。但是,在妇女参与的组织和号召等方面还没有将妇女全面地纳入。建议从制度层面鼓励、推动农村妇女以家园净化带动村庄美化,鼓励妇女以"美好家园""绿色村庄"建设目标引领,由爱家延伸到爱村,从自家庭院扩展到村庄街道,参与到乡村振兴建设中。发挥妇女在家庭中的重要作用,推进和谐家庭与和谐乡村建设。

最后,将广大农村淡化传统性别角色观念,树立新型性别角色理念,提倡男女共同承担家庭及社会的责任作为宣传教育的工作重点。使男女平等的基本国策深入人心。

5.2.5 建立农村自发性文化娱乐活动的鼓励机制

"访惠聚"活动开展了丰富多彩的文化活动,驻村工作队成为丰富南疆

农村文化生活组织和活动的主角，相对应的是南疆农村公共文化活动对于驻村工作队的依赖性越来越强，工作队举办公共文化活动之外，几乎没有村民自发性的休闲娱乐活动，妇女闲暇时的娱乐文化氛围没有形成。有学者提出，村庄应当成为"文化生产的场所"，仅靠"访惠聚"举办的文化活动或文艺巡回队的演出（涓滴效应）是不够的，农村文化只有扎根本土才有生命力（李慧英，2014）。因此，建议"访惠聚"工作在抓好文化润疆工程中转变思想观念和工作方式，制定鼓励群众自发开展娱乐文化活动的机制，将"送文化"变为"种文化"，出台政策鼓励乡村妇联和村干部组织妇女开展经常性的文化娱乐活动，让"热瓦普"欢快地弹唱和"麦西来普"热情的舞步经常回荡在乡村，像城市大妈热衷于广场舞一样成为一种集文化、娱乐、健身为一体的生活习惯。

参考文献

阿达莱提·图尔荪,2013. 疏勒县巴仁乡打工妹的社会角色和家庭地位转变研究 [D]. 乌鲁木齐: 新疆师范大学.

阿依努尔·萨吾尔,2016. 现代化进程中克州维吾尔族妇女社会地位调查研究 [D]. 乌鲁木齐: 新疆大学.

艾尼瓦尔·聂吉木,2005. 新疆维吾尔族人口离婚率变动趋势浅析 [J]. 新疆社会科学 (4): 54-59.

安东尼·吉登斯,2003. 这世界看起来不像预测的那样 [J]. 新经济杂志 (2): 74.

班涛,2016. 年轻夫妇"两头走"——乡村家庭权力结构变迁的新现象 [J]. 西北农林科技大学学报 (社会科学版), 16 (2): 87-92.

鲍静,2010. 政策过程与女性参政机会分析: 以社会性别为视角 [J]. 新视野 (5): 72-76.

蔡禾,朱建刚,2015. 广东劳工维权组织的现状与发展趋势——基于珠三角的调查报告 [J]. 社会发展研究, 2 (3): 109-127.

蔡弘,2019. 农业女性化研究: 回顾与展望 [J]. 山东农业大学学报 (社会科学版), 21 (3): 153-159.

蔡弘,陈思,黄鹂,2019. "男工女耕"下务农妇女生活满意度研究——基于安徽省1367个女性样本的分析 [J]. 农林经济管理学报, 18 (2): 244-254.

蔡生菊,2016. 精准扶贫视角下对农村妇女贫困问题的审视与思考 [J]. 社科纵横, 31 (12): 81-84.

蔡泳,2010. 优化我国财政支出结构的思考 [J]. 中国证券期货 (9): 81-85.

常亚轻,黄健元,2019. 农村"养儿防老"模式何以陷入窘境? [J]. 理论月刊 (3): 138-144.

陈爱武,姜巧玲,2010. 农村妇女维权状况实证研究——来自江苏省的调查与分析 [J]. 金陵法律评论 (2): 138-153.

陈方,2011. 性别与公共政策对话 [J]. 中华女子学院学报, 23 (3): 24-29.

陈华平，孟姝秀，2020. 基于公共价值"再创造"的精准扶贫战略与实践研究［J］. 江西理工大学学报，41（2）：107-114.

陈会广，2011. 分工演进与土地承包经营权股份化——一项土地股份合作社的调查及政策启示［J］. 财贸研究，22（3）：50-55.

陈宁，2020. 女性赋权与相对贫困治理［J］. 新视野（2）：41-47.

陈苇，冉启玉，2009. 构建和谐的婚姻家庭关系——中国婚姻家庭法六十年［J］. 河北法学，27（8）：43-49.

陈彦余，2020. 祖先崇拜及其社会价值［J］. 今古文创（15）：44-45.

陈义媛，李永萍，2020. 农村妇女骨干的组织化与公共参与——以"美丽家园"建设为例［J］. 妇女研究论丛（1）：56-66.

成珊娜，2010. 近代南疆维吾尔族社会生活研究（1884—1949）［D］. 西安：陕西师范大学.

程玲，2019. 可行能力视角下农村妇女的反贫困政策调适［J］. 吉林大学社会科学学报，59（5）：163-169.

程文侠，2020. 劳工化与生产动员：新民主主义革命中的妇女运动［J］. 江苏社会科学（3）：214-223.

程文侠，李慧，2019. 革命目标的裂变与群众路线的转向：1940年代中共妇女政策的温和化［J］. 社会，39（3）：210-240.

程雪阳，2019. 农村女性土地权益保护制度迷宫的破解及其规则再造［J］. 清华法学，13（4）：26-42.

程怡民，周歆，2010. 中国重复流产和流产后保健的现况［J］. 国际生殖健康/计划生育杂志，29（5）：324-326.

狄金华，尤鑫，钟涨宝，2013. 家庭权力、代际交换与养老资源供给［J］. 青年研究（4）：84-93.

迪丽努尔·麦麦提阿卜杜拉，2018. 新疆和田地区基层少数民族女性干部队伍建设研究［D］. 乌鲁木齐：新疆大学.

丁宏，2002. 伊斯兰教的妇女观［J］. 中国宗教（3）：25-26.

丁娟，2009. 回顾与前瞻：关于改革开放以来马克思主义妇女理论创新与发展的思考［J］. 中华女子学院学报，20（1）：5-10.

丁守庆，洪美云，2018. "访惠聚"驻村工作：缘起、部署及经验总结［J］. 实事求是（5）：22-28.

丁远朋，2018. 弹性化治理："工作组"机制的运行及治理逻辑探究［J］. 社会主义研究（1）：80-90.

董江爱, 2006. 农村妇女土地权益及其保障 [J]. 华中师范大学学报（人文社会科学版）(1): 8-15.

董江爱, 李利宏, 2010. 公共政策、性别意识与农村妇女参政——以提高农村妇女当选村委会成员比例为例 [J]. 山西大学学报（哲学社会科学版）, 33 (1): 111-116.

董磊明, 2010. 村庄公共空间的萎缩与拓展 [J]. 江苏行政学院学报 (5): 51-57.

杜芳琴, 1998. 华夏族性别制度的形成及其特点 [J]. 浙江学刊 (3): 47-52.

杜芳琴, 2011. 如何将父权制和社会性别理论引入中国历史研究——一个人的体悟与实践 [J]. 中华女子学院学报, 23 (2): 96-106.

杜芳琴, 王政, 2004. 中国历史中的妇女与性别 [M]. 天津: 天津人民出版社.

杜洁, 2021-11-09. 在经济社会高质量发展中撑起"半边天" [N]. 中国妇女报 (5).

杜玉洁, 郭力, 2021. 媒介性别视域中的网络女性主义 [J]. 学习与探索 (2): 155-160.

杜育红, 2020. 人力资本理论：演变过程与未来发展 [J]. 北京大学教育评论, 18 (1): 90-100.

恩格斯, 2018. 家庭、私有制和国家的起源 [M]. 北京: 人民出版社.

方金华, 丁国民, 2012. 农村妇女参与村民自治法律保障研究——以妇女参政为视角 [J]. 山东农业大学学报（社会科学版）, 14 (3): 66-71.

方菁, 2020. 25年来中国妇女健康回眸：成就与挑战 [J]. 人口与健康 (8): 18-21.

房绍坤, 任怡多, 2021. "嫁出去的女儿, 泼出去的水？"——从"外嫁女"现象看特殊农民群体成员资格认定 [J]. 探索与争鸣 (7): 106-120.

费孝通, 2001. 江村经济 [M]. 北京: 商务印书馆.

冯爱红, 2018. 女性家庭角色的现代变迁——从"贤妻良母"到"夫妻和睦" [J]. 太原理工大学学报（社会科学版）, 36 (4): 68-73.

冯敏, 罗凉昭, 2000. 凉山彝族生活环境改革与妇女的健康发展考察 [J]. 西南民族学院学报（哲学社会科学版）(10): 31-36.

付红梅，2006. 社会性别理论在中国的运用和发展［J］. 中华女子学院学报（4）：24-27.

傅广宛，2016. 政策参与中的社会性别：关注、方法及分布［J］. 中国行政管理（10）：100-104.

傅广宛，张继平，傅雨飞，2008. 政策制定中的公民参与：途径、偏好与绩效——基于社会性别主流化的视角［J］. 江汉论坛（2）：22-25.

高丽娟，2010. 社会性别视角下中小学教育的性别歧视［J］. 当代教育科学（18）：56-57.

高明，李小云，2020. 精准扶贫与农民政治参与中的性别差异［J］. 农村经济（10）：29-37.

高苏微，周常春，杨光明，2019. 不同视角下妇女反贫困问题的理论研究进展［J］. 中华女子学院学报，31（2）：54-60.

高小贤，1994. 当代中国农村劳动力转移及农业女性化趋势［J］. 社会学研究（2）：83-90.

高修娟，2016. 农村仪式性人情活动中的性别分工与性别关系——基于皖北农村葬礼的参与式观察［J］. 妇女研究论丛（3）：25-32.

耿鹏鹏，罗必良，2021. "竞争"抑或"继承"：农地产权如何影响农民生育性别偏好［J］. 经济评论（6）：34-48.

耿小娟，柳建平，2020. 贫困地区的农户农业女性化——基于甘肃省14个贫困村调查数据的研究［J］. 人口与经济（3）：75-85.

关爱萍，刘可欣，2018. 农村女性人力资本对家庭收入的影响——基于甘肃省贫困村的实证分析［J］. 人口与发展，24（4）：37-47.

桂华，2020. 论乡村振兴背景下的能人治村——动力、过程与后果［J］. 山西师大学报（社会科学版），47（3）：72-77.

郭君平，王春来，张斌，等，2016. 转型期农村妇女政治参与态度与行为逻辑分析——以苏、辽、赣、宁、黔五省（区）为例证［J］. 中国农村观察（3）：27-40.

郭魏青，张文杰，陈晓运，2019. "复杂问题"与基层干部的"办法"：以N区"外嫁女"问题为例［J］. 公共行政评论，12（3）：70-84.

郭夏娟，魏芃，2019. 从制度性参与到实质性参与：新中国农村女性的治理参与及其地位变迁［J］. 浙江社会科学（9）：15-25.

郭玉静，2020. 中国共产党领导的妇女动员实践研究（1949—1956）［D］. 大庆：东北石油大学.

海莉娟, 2019. 从经济精英到治理精英：农村妇女参与村庄治理的路径[J]. 西北农林科技大学学报（社会科学版）, 19（5）：48-56.

韩贺南, 2013. 试论性别文化之所以可能[J]. 云南民族大学学报（哲学社会科学版）, 30（1）：63-70.

何菲菲, 2021. 跨境事实婚姻的实证研究[D]. 昆明：昆明理工大学.

何林泓, 2020. 收买被拐卖的妇女、儿童罪研究[D]. 绵阳：西南科技大学.

何兴邦, 王学义, 周葵, 2017. 养儿防老观念和农村青年生育意愿——基于CGSS（2013）的经验证据[J]. 西北人口, 38（2）：31-38.

贺金林, 2018. 抗日根据地的变工互助运动[J]. 党的文献（2）：91-98.

胡桂香, 2022. 生亦或不生："三孩"政策对农村妇女的影响研究——基于湖南西村的田野调查[J]. 广州大学学报（社会科学版）, 21（1）：113-124.

胡敏中, 2008. 论公共价值[J]. 北京师范大学学报（社会科学版）（1）：99-104.

胡荣, 任重远, 宋阿沛, 2021. 少数民族女性的性别意识与政治效能感[J]. 山东女子学院学报（6）：1-9.

胡玉福, 2020. 非遗扶贫中受益机制的建立与完善——基于鲁锦项目的思考[J]. 中南民族大学学报（人文社会科学版）, 40（1）：52-57.

胡玉坤, 2012. 农村妇女问题——应对全球化挑战的国际政策干预[J]. 中国农业大学学报（社会科学版）, 29（3）：44-56.

黄家亮, 吴柳芬, 2015. 多元正义下的行动逻辑与纠纷解决——珠江三角洲"外嫁女"纠纷实证研究[J]. 广西民族大学学报（哲学社会科学版）, 37（4）：10-16.

黄馨茹, 2021. 新时代新女性形象的媒介呈现：趋向、动因与进路[J]. 中华女子学院学报, 33（3）：73-79.

黄志蓉, 万诚毅, 2006. 影响南疆维吾尔族女性受教育的原因及对策[J]. 新疆大学学报（哲学社会科学版）（3）：83-84.

黄祖辉, 宋瑜, 2005. 对农村妇女外出务工状况的调查与分析——以在杭州市农村务工妇女为例[J]. 中国农村经济（9）：33-41.

惠建利, 2018. 农村集体产权制度改革中的妇女权益保障——基于女性主义经济学的视角[J]. 中国农村观察（6）：73-88.

姬丽萍，宋慧娜，2022. 蔡畅与社会主义建设中妇女解放理论的发展［J］. 山东女子学院学报（1）：13-19.

吉志强，2013. 现代乡村治理视域中的农村妇女政治参与［J］. 中共山西省委党校学报，36（3）：61-65.

郏磊，2001. 将社会性别意识纳入公共政策之中——社会性别与公共政策专题研讨会综述［J］. 山西师大学报（社会科学版）（4）：123-126.

蒋燕，李萌，潘璐，2021. 成为青年女性农民：农村女性从事农业的过程与特征［J］. 中国农业大学学报（社会科学版），38（2）：73-81.

金一虹，2000. 父权的式微［M］. 成都：四川人民出版社.

金一虹，2001. 城市化——妇女发展的又一机遇与挑战［J］. 妇女研究论丛（6）：4-10.

金一虹，2010. 流动的父权：流动农民家庭的变迁［J］. 中国社会科学（4）：151-165.

金一虹，2015. 中国新农村性别结构变迁研究：流动的父权［M］. 南京：南京师范大学出版社.

金一虹，2016. 妇女贫困的深层机制探讨［J］. 妇女研究论丛（6）：10-12.

金一虹，2019. 嵌入村庄政治的性别——农村社会转型中妇女公共参与个案研究［J］. 妇女研究论丛（4）：10-27.

居马姑丽·阿布来孜，2018. 维吾尔族农村80后已婚妇女生育观研究［D］. 乌鲁木齐：新疆大学.

瞿同祖，1998. 法律在中国社会中的作用——历史的考察［J］. 中外法学（4）：1-12.

坎迪达·马奇，伊内斯·史密斯，迈阿特伊·穆霍帕德亚，2004. 社会性别分析框架指南［M］. 北京：社会科学文献出版社.

寇佳琳，2017. 社会性别视角下中国少数民族妇女参政研究［J］. 贵州民族研究，38（1）：55-58.

李春梅，师晓娟，2019. 藏区青年妇女政治参与的影响因素分析——基于双因素理论视角［J］. 当代青年研究（5）：11-17.

李海东，2019. 迈向现代：南疆工厂女工生活的民族志［D］. 石河子：石河子大学.

李慧英，2009. 知识女性参政意识的觉醒与政策倡导［J］. 山西师大学报（社会科学版），36（1）：34-36.

李慧英，刘澄，2014. 社会性别与公共政策［M］. 北京：中国社会科学出版社.

李建新，2007. 新疆穆斯林人口现状与家庭生殖健康服务的新模式［J］. 西北民族研究（1）：19-32.

李建新，常庆玲，2016. 新疆维吾尔族聚居地区人口婚育状况分析［J］. 西北民族研究（1）：118-128.

李建新，张春泥，2010. 中西部农村地区婚育人群的生育意愿研究［J］. 人口与经济（2）：87-92.

李进超，2019. 马克思主义妇女解放理论及其现实意义——基于《家庭、私有制和国家的起源》的女性主义研究［J］. 广西社会科学（9）：90-94.

李静雅，2017. 已育一孩职业女性的二孩生育意愿研究——基于生育效用感和再生育成本的实证分析［J］. 妇女研究论丛（3）：27-39.

李娟，2013. 儒家思想中的性别差异和角色定位［J］. 云南社会科学（1）：61-65.

李里峰，2010. 工作队：一种国家权力的非常规运作机制——以华北土改运动为中心的历史考察［J］. 江苏社会科学（3）：207-214.

李梦鹤，2020. 南疆农村女性就近非农就业研究［D］. 成都：四川省社会科学院.

李苗，齐顾波，戴健，2020. 基于文献与实证相结合的新疆南疆农村妇女多维度分析［J］. 新疆农业科学，57（12）：2332-2339.

李强，2019. 同伴效应对农村义务教育儿童辍学的影响［J］. 教育与经济（4）：36-44.

李强，叶昱利，姜太碧，2020. 父母外出对农村留守儿童辍学的影响研究［J］. 农村经济（4）：125-133.

李琴，陈治东，2010. 支持模式：农村妇女进村委——基于六种模式的比较与借鉴［J］. 当代经济管理，32（3）：54-57.

李文，2019. 70年中国妇女参政的发展与进步［J］. 中国妇运（10）：42-44.

李文，2021-10-20. 提升妇女参与决策和管理水平［N］. 中国妇女报（3）.

李文，张永英，2016. 资源、权力、责任——参政妇女的家庭地位考察

[J]. 中华女子学院学报, 28 (1): 50-56.

李小云, 陈邦炼, 宋海燕, 等, 2019. "妇女贫困"路径的减贫溢出与赋权异化——一个少数民族妇女扶贫实践的发展学观察 [J]. 妇女研究论丛 (2): 5-16.

李小云, 孙丽, 2007. 公共空间对农民社会资本的影响——以江西省黄溪村为例 [J]. 中国农业大学学报 (社会科学版) (1): 82-97.

李小云, 于乐荣, 齐顾波, 2010. 2000—2008年中国经济增长对贫困减少的作用: 一个全国和分区域的实证分析 [J]. 中国农村经济 (4): 4-11.

李晓东, 2013. 马克思主义妇女解放理论的现实意义 [J]. 妇女研究论丛 (3): 15-17.

李晓霞, 1996. 新疆汉族人口的性别年龄结构对其婚姻状况的影响分析 [J]. 新疆社会经济 (2): 73-77.

李欣, 李维青, 2009. 新疆农村人居环境对维吾尔族妇女权益保护的影响——以和田县罕艾日克乡霞村为例 [J]. 甘肃农业 (6): 77-79.

李亚妮, 2019. 农村妇女参政中家庭资源与性别身份的博弈——基于陕西H县的个案研究 [J]. 中华女子学院学报, 31 (3): 53-60.

李姚军, 王杰, 2021. 社会流动与传统性别意识——以"干得好不如嫁得好"为例 [J]. 社会学评论, 9 (2): 92-114.

李智环, 2011. 经济组织中的维吾尔族妇女 [M]. 北京: 中国社会科学出版社.

李智环, 2012. 人类学视野下中国女性研究综述 [J]. 山东女子学院学报 (2): 6-8.

梁栋, 吴惠芳, 2017. 农业女性化的动力机制及其对农村性别关系的影响研究——基于江苏、四川及山西三省的村庄实地调研 [J]. 妇女研究论丛 (6): 85-97.

梁理文, 2013. 拉链式结构: 父权制下的性别关系模式 [J]. 广东社会科学 (1): 242-250.

梁小燕, 2017. 马克思主义阶级与性别理论 [M]. 北京: 人民出版社.

林志斌, 李小云, 2001. 性别与发展导论 [M]. 北京: 中国农业大学出版社.

刘伯红, 2015. 社会性别统计: 促进性别平等的有力工具 [J]. 中国妇运 (12): 8-11.

刘继文，良警宇，2021. 生活理性：民族特色产业扶贫中农村妇女的行动逻辑——基于贵州省册亨县"锦绣计划"项目的经验考察［J］. 中国农村观察（2）：15-27.

刘建民，2022. 革命与性别：晋察冀抗日根据地妇女自卫队考察［J］. 中州学刊（1）：137-143.

刘灵辉，2019. 农地流转中妇女土地权益保护论略——基于"三权分置"和外嫁女性视角［J］. 湖南农业大学学报（社会科学版），20（3）：52-57.

刘平榆，1993. 新疆阿克苏地区育龄妇女特征及生育率分析［J］. 西北人口（2）：8-14.

刘筱红，2005a. 塘沽模式：将社会性别意识纳入村民自治主流——对"提高农村妇女当选村委会成员比例政策创新示范项目"的观察与思考［J］. 妇女研究论丛（5）：18-25.

刘筱红，2005b. 支持农村妇女当选村委会成员的公共政策分析［J］. 华中师范大学学报（人文社会科学版）（2）：33-37.

刘筱红，2006. 以力治理、性别偏好与女性参与——基于妇女参与乡村治理的地位分析［J］. 华中师范大学学报（人文社会科学版）（4）：2-6.

刘筱红，2020. 农村基本治理单元中的妇女参与：基于人类集团理论的分析［J］. 华中师范大学学报（人文社会科学版），59（1）：1-10.

刘筱红，2021. 性别、家庭、国家：印度农村妇女参与村庄治理的政治张力——基于印度村庄的田野调查［J］. 华中师范大学学报（人文社会科学版），60（4）：41-49.

刘筱红，赵德兴，卓惠萍，2012. 改革开放以来中国农村妇女角色与地位变迁研究［M］. 北京：中国社会科学出版社.

刘欣，2015. 近40年来国内妇女贫困研究综述［J］. 妇女研究论丛（1）：116-123.

刘义，2018. 伊斯兰教与女性主义：土耳其的性别政治问题［J］. 世界宗教文化（4）：39-47.

刘昱辉，2018. 公权力介入家庭暴力的法理思考［M］. 北京：中国人民公安大学出版社.

刘志扬，2004. 饮食、文化传承与流变——一个藏族农村社区的人类学田野调查［J］. 开放时代（2）：108-119.

卢飞，徐依婷，2018. 农村青年离婚"女性主导"现象及其形成机制——基于性别理论视角和四川S市5县（区）的考察［J］. 湖南农业大学学报（社会科学版），19（2）：43-48.

卢青青，2020. 农村女性择偶的家庭考量与现代化转型［J］. 宁夏社会科学（2）：115-120.

卢青青，2021. 半工半家：农村妇女非正规就业的解释［J］. 农林经济管理学报，20（3）：402-410.

陆海霞，2012. 论新农村建设中少数民族地区农村妇女的政治参与——基于广西11地市女村官的数据［J］. 云南行政学院学报，14（3）：143-147.

陆继霞，吴丽娟，李小云，2020. 扶贫车间对农村妇女空间的再造——基于河南省的一个案例［J］. 妇女研究论丛（1）：36-46.

陆薇薇，2021. 父权制、资本制、民族国家与日本女性——上野千鹤子的女性学理论建构［J］. 开放时代（4）：122-137.

吕芳，2013. 农村留守妇女的村庄政治参与及其影响因素——以16省660村的留守妇女为例［J］. 北京行政学院学报（6）：13-18.

吕莉敏，2017. 人力资本视角下农村留守妇女职业教育培训研究［J］. 职教通讯（4）：36-39.

吕小强，2021. 乡村振兴战略下的农村妇女培训体系构建路径［J］. 继续教育研究（2）：31-33.

罗小锋，2011. 父权的延续——基于对农民工家庭的质性研究［J］. 青年研究（2）：61-71.

罗玉峰，孙顶强，徐志刚，2015. 农村"养儿防老"模式走向没落？——市场经济冲击VS道德文化维系［J］. 农业经济问题，36（5）：22-30.

罗媛，李鹏程，2014. 受教育程度对回族女性生存与发展的影响——以甘肃省康乐县为例［J］. 山东农业工程学院学报，31（6）：101-103.

马桂芬，2011. 西北穆斯林妇女婚姻观之探究——基于甘肃省广河县的田野调查［J］. 甘肃社会科学（4）：239-243.

马克思，恩格斯，1995. 马克思恩格斯全集：第39卷［M］. 北京：人民出版社.

马蕾，2018. 我国农村土地承包经营权确权登记若干问题分析［J］. 东岳论丛，39（8）：109-117.

马亚萍,1994. 浅析伊斯兰教的婚姻观[J]. 西北民族学院学报(哲学社会科学版. 汉文)(2): 47-52.

马元春,2008. 关于我国高校内部"学者治教"模式的探索[J]. 河南教育(高校版)(4): 10-11.

马月莉,2016. 我国穆斯林人口发展状况及影响因素的统计分析[D]. 北京:中央民族大学.

玛丽艳木·艾尔肯,2009. 改革开放以来温宿县维吾尔族妇女婚姻家庭观念的变迁[D]. 乌鲁木齐:新疆师范大学.

买尼沙古丽·卡斯木,2016. 南疆农村维吾尔族妇女继承权问题实证研究[D]. 乌鲁木齐:新疆大学.

麦麦提明·赛麦提,2012. 新疆农村城镇化进程与社会文化变迁研究[D]. 乌鲁木齐:新疆大学.

满珂,2013. 社会性别研究中的"父权制"概念探讨[J]. 民俗研究(2): 5-11.

孟根达来,2021. 草场制度变迁与牧区集体的重构——以外嫁女承包权争议为例[J]. 中国农业大学学报(社会科学版),38(5): 102-110.

孟祥丹,丁宝寅,2020. "资本下乡"后留守妇女的生计变迁及其对性别关系的影响[J]. 中国农业大学学报(社会科学版),37(4): 124-133.

苗剑新,1988. 新疆农牧区少数民族婚姻家庭的一般状况及其对儿童发展的影响[J]. 喀什师范学院学报(1): 14-16.

闵杰,郭砾,2020. 乡村振兴背景下农村土地制度的性别审视[J]. 妇女研究论丛(3): 88-95.

莫洪宪,2007. 论我国立法中的社会性别意识[J]. 武汉大学学报(哲学社会科学版)(5): 669-673.

聂常虹,陈彤,王焕刚,等,2020. 新时代我国妇女脱贫问题研究[J]. 中国科学院院刊,35(10): 1282-1289.

努尔古丽·阿不都苏力,2009. 维吾尔族城乡女性比较研究[D]. 北京:中央民族大学.

潘萍,2007. 试论村民自治中的妇女参与[J]. 浙江学刊(6): 211-214.

潘萍,2008. 村民自治制度中的农村妇女参与[J]. 妇女研究论丛

（1）：10-14.

潘萍，2015. 父权制意识形态的超越与女性生活方式的革命［J］. 浙江社会科学（5）：108-113.

潘玥，李富玉，2020. 印度尼西亚伊斯兰女性的政治参与——以印尼两大伊斯兰妇女组织为例［J］. 南亚东南亚研究（5）：65-84.

裴志军，陈姗姗，2017. 家庭关系、政治效能感和女性村民选举［J］. 华南农业大学学报（社会科学版），16（2）：129-139.

齐顾波，2000. 扶贫实践中妇女性别需求变化的研究［J］. 妇女研究论丛（4）：64-68.

齐顾波，2003. 政策干预与性别公平——扶贫政策对性别公平的影响分析［J］. 贵州农业科学（3）：64-68.

乔晓春，2014. "单独二孩"政策的利与弊［J］. 人口与社会，30（1）：25-28.

秦中春，2017. 治疆逻辑［M］. 北京：中国发展出版社.

热伊麦·穆太力普，2017. 新疆农村维吾尔族家庭发展能力与妇女生存质量相关性调查研究［D］. 乌鲁木齐：新疆医科大学.

热依拉·艾合买提，2015. 维吾尔女性现代化发展研究［D］. 乌鲁木齐：新疆师范大学.

任大鹏，王俏，2019. 产权化改革背景下的妇女土地权益保护［J］. 妇女研究论丛（1）：10-22.

任红，马品彦，2016. 宗教极端主义在新疆传播发展的四个阶段［J］. 新疆社会科学（3）：72-75.

任守云，2013. 乡村工业化背景下的客厅工厂与农村妇女——基于对河北省李村的研究［J］. 妇女研究论丛（3）：96-105.

任守云，2017. 理性化的选择：客厅工厂中的农村妇女为何留守乡野？——以河北省李村为例［J］. 中国青年研究（7）：68-73.

荣维毅，2020. 消除一切形式对妇女的暴力——对近五年中国治理对妇女暴力行动的评估［J］. 山东女子学院学报（1）：45-56.

荣振华，2019. 三权分置法律构建过程中农村妇女土地权益保障之反思与构建［J］. 当代经济管理，41（4）：39-45.

山雪艳，刘筱红，2016. 社会性别预算在中国：点状探索、接受困境与推广策略［J］. 学习论坛，32（5）：64-68.

上野千鹤子，2020. 父权制与资本主义［M］. 邹韵，薛梅，译. 杭州：

浙江大学出版社.

沈奕斐, 2010. 个体化与家庭结构关系的重构 [D]. 上海：复旦大学.

沈智, 2004. 社会性别主流化的策略与途径——"社会性别与社会公共政策研讨会"综述 [J]. 妇女研究论丛 (2)：74-75.

施生旭, 游忠湖, 2020. 国内公共价值研究的特征述评与趋势——基于CSSCI（2000—2019 年）的文献计量 [J]. 学习论坛 (7)：75-81.

石伟, 2021. 家庭经营策略下的农村年轻女性家庭权力与角色嬗变 [J]. 当代青年研究 (2)：65-71.

舒也, 2011. 希伯来圣经性别结构批判 [J]. 中国人民大学学报, 25 (5)：149-154.

司马义·热西提, 2016. 当代乡村社会维吾尔族婚姻习俗的变迁——以鄯善县卡孜库勒村调查个案为例 [J]. 长江大学学报（社科版）, 39 (5)：86-89.

宋嘉豪, 郑家喜, 汪为, 2019. 养儿能否防老：代际互动对农村老年人的减贫研究——基于多维贫困视角 [J]. 人口与发展, 25 (6)：96-106.

宋嘉豪, 郑家喜, 吴海涛, 2019. "养儿防老"还是"养儿啃老"：男性子嗣对农村老年贫困的影响 [J]. 农业技术经济 (12)：131-142.

宋健, 张晓倩, 2019. 妇女地位：概念、测量与理论——全领域与家庭领域的观察 [J]. 妇女研究论丛 (4)：107-116.

宋少鹏, 2020. 价值、制度、事件："男女同工同酬"与劳动妇女主体的生成 [J]. 妇女研究论丛 (4)：108-128.

宋少鹏, 高小贤, 2021. "妇女/性别与发展"在中国：历史语境、组织实践、理论反思 [J]. 山西师大学报（社会科学版）, 48 (6)：76-89.

宋瑜, 2017. 中国农村妇女参政：能动性、权力分配与传承 [J]. 中华女子学院学报, 29 (6)：44-50.

苏海, 2021. 制度嵌入生活：农村贫困女性减贫的本土实践及反思——源于"扶贫车间"的案例考察 [J]. 云南民族大学学报（哲学社会科学版）, 38 (1)：73-80.

苏荟, 2016. 个人禀赋和家庭特征对少数民族女性劳动力转移就业的影响分析——基于新疆南疆地区的调查 [J]. 云南民族大学学报（哲学社会科学版）, 33 (4)：85-89.

苏世天，2021. 灵性景观、公共权威与空间生产——老挝乡村社会中的共同体精神［J］. 西北民族研究（3）：91-109.

苏映宇，吴宏洛，2021. 中国共产党女性劳动权益保障思想的百年回顾与经验启示［J］. 社会保障研究（5）：3-12.

孙浩，2016. 湖北土改时期的农村妇女翻身研究（1950—1952年）［D］. 武汉：华中师范大学.

孙建梅，曹艳荣，艾合买提，等，1999. 新疆少数民族女性普通中小学教育研究［J］. 新疆大学学报（哲学社会科学版）（4）：39-44.

孙嫱，2018. 南阳维吾尔族妇女性别角色重构［J］. 民族研究（2）：54-62.

谭三桃，2010. 改革开放以来少数民族妇女的政治参与：一个新制度主义的视角［J］. 学术论坛，33（1）：37-43.

唐丹丹，2017. 性别平等意识下乡：土改时期的妇女动员机制研究［J］. 中国农村研究（2）：5-26.

唐芳，2021. 对妇女的就业性别歧视界定与《妇女权益保障法》相关立法完善［J］. 中华女子学院学报，33（6）：32-39.

唐华容，何佩，2019. 贵州农村妇女参政现状的调查与分析［J］. 农村经济与科技，30（19）：246-249.

唐娅辉，2015. 治理理论视域下的女村干部能力建设［J］. 湖湘论坛，28（6）：107-111.

陶涛，2012. 中国农村妇女家庭重大决策参与权的影响因素研究［J］. 妇女研究论丛（5）：17-22.

田佳凝，2015. 当代沙特妇女就业问题探析［D］. 北京：北京外国语大学.

田先红，2010. 从维权到谋利——农民上访行为逻辑变迁的一个解释框架［J］. 开放时代（6）：24-38.

田雨，2006. 女权主义的划界、反思与超越［D］. 长春：吉林大学.

佟应芬，2001. 东南亚穆斯林妇女的状况［J］. 东南亚（1）：56-59.

汪超，刘涛，2017. 社会性别盲视：法治建设中女性政治贫穷化及其解释［J］. 甘肃社会科学（6）：171-176.

汪辉勇，2008. 公共价值含义［J］. 广东社会科学（5）：56-61.

汪金鹏，张文婕，王小丽，等，2021，2007—2018年新疆地区孕产妇死亡率变化趋势及影响因素分析［J］. 实用预防医学，28（6）：

688-691.

王爱君, 2013. 农村改革政策与妇女贫困——一种社会性别主流化视角 [J]. 中南财经政法大学学报 (3): 36-41.

王财玉, 尤磊, 2009. 社会性别视角下新型农村医疗合作制度实施中女性保障问题研究 [J]. 中国卫生事业管理, 26 (9): 624-625.

王春凯, 2019. 性别观念、家庭地位与农村女性外出务工 [J]. 华南农业大学学报 (社会科学版), 18 (4): 54-67.

王海霞, 2015. 维吾尔族女性的一生: 新疆一个绿洲社区的调查 [M]. 北京: 中央民族大学出版社.

王洪伟, 2010. "以身抗争"与"以法抗争": 当代中国底层社会抗争的两种社会学逻辑 [C] // "社会稳定与危机预警预控管理系统研究"论坛. 哈尔滨: 2010 年中国社会学年会.

王建军, 程波华, 周迪, 2014. 新疆妇女社会地位与受教育程度关系研究 [J]. 新疆财经 (1): 72-80.

王莉, 2010-09-18. "妇女与城市发展暨纪念第四次世界妇女大会十五周年论坛"在上海开幕 [N]. 人民日报 (2).

王莉莉, 岳谦厚, 2020. 从"解放妇女"到"妇女解放"——1949 年前后晋西北农村妇女分工变化之考察 [J]. 安徽史学 (5): 98-105.

王丽萍, 2015. 社会性别视角中的法治文化 [J]. 政法论丛 (3): 41-48.

王良健, 梁旷, 彭郁, 2015. 我国总和生育率的县域差异及其影响因素的实证研究 [J]. 人口学刊, 37 (3): 16-25.

王朋岗, 2013. 新疆人口生育水平的变化及其影响因素 [J]. 南京人口管理干部学院学报, 29 (3): 41-45.

王秋月, 2020. 社会性中介: 农民与市场的链接机制——基于郫都区 D 村经纪人经济行为的考察 [J]. 农林经济管理学报, 19 (2): 235-243.

王瑞, 2019. 女性公民公共政策参与研究 [D]. 山海: 上海师范大学.

王天宇, 彭晓博, 2015. 社会保障对生育意愿的影响: 来自新型农村合作医疗的证据 [J]. 经济研究, 50 (2): 103-117.

王维, 向德平, 2020. 从"嵌入"到"融入": 精准扶贫驻村帮扶工作机制研究 [J]. 南京农业大学学报 (社会科学版), 20 (1): 41-50.

王文斌, 2020. 精准扶贫背景下南疆英村劳动力转移的个案研究 [D]. 乌鲁木齐：新疆师范大学.

王小丽, 李霞, 李芝兰, 2015. 新疆南疆农村地区孕产妇保健现状与影响因素分析 [J]. 疾病预防控制通报, 30 (2)：71-73.

王小林, 高睿, 2016. 农村妇女脱贫：目标、挑战与政策选择 [J]. 妇女研究论丛 (6)：5-8.

王小映, 王得坤, 2018. 婚嫁妇女土地承包经营权的"权户分离"与权益保护 [J]. 农村经济 (11)：35-39.

王新生, 2011. 试论《古兰经》的妇女观 [J]. 西北民族大学学报（哲学社会科学版）(1)：3-8.

王亚奇, 2020. 民族贫困地区留守妇女"社会工作+"关爱服务体系构建——基于G省S县的调研 [J]. 贵州民族研究, 2 (41)：95-101.

王宇, 左停, 2016. 日常生活视角下的农村女性家庭权力研究 [J]. 人口与社会, 32 (2)：85-92.

王政, 1997. "女性意识""社会性别意识"辨异 [J]. 妇女研究论丛 (1)：14-20.

王志远, 2011. 论新疆少数民族人口发展和生育观的新变化 [J]. 新疆大学学报（哲学·人文社会科学版）, 39 (4)：65-67.

王卓, 罗江月, 2018. 扶贫治理视野下"驻村第一书记"研究 [J]. 农村经济 (2)：8-15.

韦妮妮, 邵志忠, 于清武, 2021. 近二十年社会性别视角下的国内乡村治理研究述评 [J]. 云南农业大学学报（社会科学）, 15 (4)：117-124.

魏甜鑫, 2019. 乡村振兴战略下农村妇女政治参与权益保障研究 [D]. 太原：山西财经大学.

翁堂梅, 李红阳, 2019. 婚后夺权？——农村青年女性的性别实践历程与权力重建 [J]. 河南社会科学, 27 (10)：113-118.

吴丽娟, 陆继霞, 2021. 疫情冲击下的扶贫车间女工：风险与应对——基于河南省的一个案例研究 [J]. 妇女研究论丛 (3)：9-21.

吴晓瑜, 李力行, 2011. 母以子贵：性别偏好与妇女的家庭地位——来自中国营养健康调查的证据 [J]. 经济学（季刊）, 3 (10)：869-886.

西爱琴, 单浩耘, 霍佳鑫, 等, 2020. 女性经济赋权：理论、实践与研究进展[J]. 中华女子学院学报，32（5）：100-112.

肖迪，1997. 人工流产对妇女生殖健康的影响[J]. 实用妇产科杂志（5）：14-16.

肖军飞，2012. 选举机制创新的诉求：广水性别两票制的多源流理论分析[J]. 云南行政学院学报，14（1）：132-134.

肖巍，2000. 生态女性主义及其伦理文化[J]. 妇女研究论丛（4）：37-41.

新华社，2018. 习近平同全国妇联新一届领导班子成员集体谈话并发表重要讲话[J]. 妇女研究论丛（6）：5-6.

邢雅贤，2008. 论伊斯兰教妇女观对当代新疆穆斯林妇女的影响[D]. 乌鲁木齐：新疆师范大学.

徐安琪，2004. 夫妻权力模式与女性家庭地位满意度研究[J]. 浙江学刊（2）：208-213.

徐安琪，2005. 夫妻权力和妇女家庭地位的评价指标：反思与检讨[J]. 社会学研究（4）：134-152.

徐安琪，茆永福，2001. 新疆维吾尔族聚居区高离婚率的特征及其原因分析[J]. 中国人口科学（2）：25-35.

徐文俊，2017. 农村教育机会获得的性别差异研究——基于多年CGSS面板数据[J]. 教育导刊（4）：25-30.

徐霞，1997. 新疆少数民族女性教育状况及对策研究[J]. 新疆大学学报（哲学社会科学版）（1）：17-23.

许琪，2016. 中国人性别观念的变迁趋势、来源和异质性——以"男主外，女主内"和"干得好不如嫁得好"两个指标为例[J]. 妇女研究论丛（3）：33-43.

许琪，2021. 性别公平理论在中国成立吗？——家务劳动分工、隔代养育与女性的生育行为[J]. 江苏社会科学（4）：47-58.

许庆，刘进，2015. "新农合"制度对农村妇女劳动供给的影响[J]. 中国人口科学（3）：99-107.

许文娟，贾燕，2005. 关注性别问题促进农村社会综合协调发展[J]. 沈阳农业大学学报（社会科学版）（2）：197-199.

薛宁兰，2021. 妇女权益保障地方立法的创新发展及启示——以四省区市《妇女权益保障条例》为例[J]. 中华女子学院学报，33（5）：16-23.

阎云翔，2017. 私人生活的变革［M］. 龚小夏，译. 上海：上海人民出版社.

阎云翔，杨雯琦，2017. 社会自我主义：中国式亲密关系——中国北方农村的代际亲密关系与下行式家庭主义［J］. 探索与争鸣（7）：4-15.

杨芳，2016. 驻村"第一书记"与村庄治理变革［J］. 学习论坛，32（2）：52-55.

杨华，王会，2017. 从归属到爱情：农村年轻女性婚姻逻辑的变迁——基于南方水村的调查［J］. 中国青年研究（10）：64-72.

杨菊华，卢瑞鹏，2021. 性别红利：理论意涵、基本特征与社会效应［J］. 山东社会科学（3）：51-59.

杨旻旻，2020. 仪式、认同与社会建构［D］. 成都：西南民族大学.

杨明光，2004. 后父权制社会——后现代女权主义的理想模式述评［J］. 山东大学学报（哲学社会科学版）（6）：64-69.

杨文彬，2006. 政治伊斯兰与中东国家妇女地位变迁［J］. 宁夏社会科学（5）：76-81.

杨雪燕，李树茁，2006. 西方社会性别概念及其测量的回顾与评述［J］. 国外社会科学（4）：60-66.

杨亚娟，2019. 土改时期江西农村妇女工作研究（1950—1952）［D］. 南昌：江西师范大学.

姚德超，汪超，2012. 农业女性化：农村妇女发展的机遇与挑战［J］. 农业展望，8（4）：32-35.

易燕，李峣，2014. 论少数民族农村离婚妇女的土地权益保护［J］. 贵州民族研究，35（6）：23-26.

殷浩栋，毋亚男，汪三贵，等，2018. "母凭子贵"：子女性别对贫困地区农村妇女家庭决策权的影响［J］. 中国农村经济（1）：108-123.

尹旦萍，2008. 新农村建设公共政策的社会性别分析——兼论社会性别主流化的实现途径［J］. 妇女研究论丛（3）：5-11.

于芳，2009. 中国妇女参政：问题、成因及对策［J］. 南昌大学学报（人文社会科学版），40（5）：17-22.

于佳，姜建成，2019. 坚持马克思主义的底线思维［J］. 群众（19）：42-43.

于建嵘，2004. 当前农民维权活动的一个解释框架［J］. 社会学研究

（2）：49-55.

余秀兰，2013. 教育与社会性别角色建构［J］. 南京社会科学（5）：131-136.

袁博，2020. 国家、性别与生活［D］. 济南：山东大学.

袁东振，1994. 拉美现代化进程中的社会公正问题［J］. 拉丁美洲研究（6）：36-42.

袁明宝，2021. 并家婚姻下的家庭权力变迁与家庭关系理性化——以苏南农村并家现象为例［J］. 兰州学刊（5）：168-180.

袁志广，1999. 维吾尔婚俗中的离婚现象及其原因探析——来自"田野"的报告与思考［J］. 西北民族研究（1）：124-136.

约翰·L. 埃斯波西托，达丽亚·莫格海德，2010. 谁代表伊斯兰讲话［M］. 晏琼英，王宇结，李维建，译. 北京：中国社会科学出版社.

约翰·斯图尔特·穆勒，1995. 妇女的屈从地位［M］. 汪溪，译. 北京：商务印书.

岳谦厚，王亚莉，2015，1980 年以来革命根据地女性婚姻研究述评［J］. 甘肃社会科学（1）：126-129.

张纯刚，贾莉平，齐顾波，2014. 乡村公共空间：作为合作社发展的意外后果［J］. 南京农业大学学报（社会科学版），14（2）：8-14.

张翠娥，陈子璇，2021. 家庭负担、性别分工与贫困劳动力就业——基于湖北 J 县易地扶贫搬迁户的调查［J］. 华中农业大学学报（社会科学版）（2）：32-39.

张栋，郑路，褚松泽，2021. 养儿防老还是养女防老？——子女规模、性别结构对家庭代际赡养影响的实证分析［J］. 人口与发展，27（3）：96-109.

张凤华，2006. 乡村转型、角色变迁与女性崛起——我国农村女性角色变迁的制度环境分析［J］. 华中师范大学学报（人文社会科学版）（4）：7-11.

张广利，2002. 制约女性发展的结构性因素［J］. 安徽大学学报（4）：85-90.

张浩淼，杨成虎，2021. 性别盲视、救助困境及其治理——基于成都市低保女户主家计调查［J］. 新疆农垦经济（10）：38-47.

张互桂，2011. 当代中国妇女的政治参与研究［J］. 青海社会科学（4）：10-16.

张欢欢，陶传进，2020. "赋权理论"视角下农村妇女参与乡村振兴的路径研究——以 S 公益项目为例［J］. 贵州社会科学（3）：161-168.

张晶晶，綦群高，张涛，等，2011. 南疆三地州农村文化建设现状实证分析［J］. 新疆财经大学学报（2）：55-59.

张丽梅，2008. 西方夫妻权力研究理论述评［J］. 妇女研究论丛（3）：75-81.

张勤，2018. 股份合作制下"外嫁女"土地权益纠纷的解决——以珠三角 S 区为中心的实证研究［J］. 江苏社会科学（2）：245-253.

张少云，2018. 影响新疆和田地区维吾尔族妇女就业的自身因素研究［J］. 和田师范专科学校学报，37（5）：76-82.

张韬，潘琦，2021. 当代中国女性社会地位变迁及性别角色重构［J］. 沈阳师范大学学报（社会科学版），45（3）：72-77.

张伟东，2014. 伊斯兰教伦理视阈下的女性观［J］. 赤峰学院学报（汉文哲学社会科学版），35（11）：61-62.

张晓京，郑佳，王涛，2021. 妇女解放视域下的妇女教育：中国共产党妇女教育研究述评［J］. 中国人民大学教育学刊（4）：138-150.

张笑寒，2020. 农村集体产权制度改革中妇女权益保护研究［J］. 山西农业大学学报（社会科学版），19（2）：32-37.

张义祯，2015. 嵌入治理：下派驻村干部工作机制研究——以福建省为例［J］. 中共福建省委党校学报（12）：36-43.

张再生，曲瑶，2018. 公共政策性别评估机制构建路径研究［J］. 天津大学学报（社会科学版），20（1）：41-46.

赵丁琪，2021. 新中国妇女解放运动历史回顾及若干问题辨析［J］. 思想理论教育导刊（12）：74-79.

赵金子，周振，2014. 农村女性文化贫困成因及其治理——以社会生态系统理论为视角［J］. 西北农林科技大学学报（社会科学版），14（5）：91-95.

赵静，2015. 推进农村经济发展 留守妇女素质教育要先行［J］. 农业经济（9）：51-53.

赵尚威，曹丽娜，徐世英，2017. 一带一路背景下我国西北地区穆斯林民族人口受教育状况分析［J］. 中央民族大学学报（自然科学版），26（3）：37-44.

赵兴红，2010. 夫妻权力关系实证研究综述［J］. 淮北职业技术学院学报,9(2):135-136.

郑丹丹,杨善华,2003. 夫妻关系"定势"与权力策略[J]. 社会学研究(4):96-105.

郑真真,2019,20世纪70年代妇女在生育转变中的作用——基于妇女地位、劳动参与和家庭角度的考察[J]. 妇女研究论丛(3):5-13.

周环,2017. 穆斯林女性地位的变迁研究——以乌鲁木齐为例[J]. 新西部(10):32-36.

周美珍,2004. 如何将社会性别意识纳入社会发展和决策主流[J]. 社会(7):46-48.

周亚成,2003. 维吾尔族妇女婚姻家庭生活及其变迁[J]. 西北民族研究(2):147-154.

朱春奎,2015. 社会性别主流化与国家治理现代化[J]. 中国行政管理(3):7-11.

朱庆,雷苗苗,2019. 农村妇女土地权益司法保障的应然选择——以"外嫁女"为研究对象[J]. 甘肃社会科学(5):134-139.

朱新武,谭枫,秦海波,2020. 驻村工作队如何嵌入基层治理?——基于"访民情、惠民生、聚民心"案例的分析[J]. 公共行政评论,13(3):84-101.

朱新武,王明标,2018. 共建共治共享的社会治理格局:理论阐释与体系构建[J]. 新疆大学学报(哲学·人文社会科学版),46(6):19-25.

邹咏梅,2019. 当前我国女性就业问题分析与思考[J]. 今日财富(21):198.

左际平,2002. 从多元视角分析中国城市的夫妻不平等[J]. 妇女研究论丛(1):12.

ANDERSSON U, FORSGREN M, HOLM U, 2002. The strategic impact of external networks: Subsidiary performance and competence development in the multinational corporation [J]. Strategic Management Journal, 23 (11): 979-996.

CHANT S, 2006. Re-Thinking the "Feminization of Poverty" in Relation to Aggregate Gender Indices [J]. Journal of Human Development, 7 (2): 210-220.

CHARMAINE E, 2010. Feminist Visions of Development: Gender Analysis and Policy - Edited by Cecile Jackson and Ruth Pearson [J]. Gender, Work and Organization, 15 (3): 303-304.

GRANOVETTER M, 1985. Economic action and social structure: the problem of embeddedness [J]. American Journal of Sociology, 91 (3): 481-510.

HALRYNJO S, JONKER M, 2016. Naming and framing of intersectionality in hijab cases-does it matter? An analysis of discrimination cases in Scandinavia and the Netherlands [J]. Gender, Work & Organization, 23 (3): 278-295.

JOLY D, WADIA K, 2017. Muslims and women in Britain and France. In: Muslim Women and Power [M]. Gender and Politics. London: Palgrave Macmillan.

KENWORTHY L, MALAMI M, 1999. Gender inequality in political representation: a worldwide comparative analysis [J]. Social Forces, 78 (1): 235-269.

MOSER, CAROLINE O N, 1989. Gender planning in the third world: Meeting practical and strategic gender needs [J]. World Development, 17 (11): 1799-1825.

MOSER C, MOSERA, 2005. Gender mainstreaming since Beijing: a review of success and limitations in international institutions [J]. Gender and Development, 13 (2): 11-22.

MUKHOPADHYAY, MAITRAYEE, 2014. Mainstreaming gender or reconstituting the mainstream? Gender knowledge in development [J]. Journal of International Development (26): 356-367.

NDESAMBURO J, FLYNN E, FRENCH S, 2012. Looking through an equity and inclusion lens in Tanzania: the experience of water aid [J]. Gender and Development, 20 (3): 453-465.

OHLAN R, 2020. Economic violence among women of economically backward Muslim minority community: the case of rural North India [J]. Future Business Journal: 429-440.

PARPART, JANE L, 2014. Exploring the transformative potential of gender mainstreaming in international development institutions [J]. Journal of International Development (26): 382-395.

TARIQ, MEMOONA, SYED, JAWAD, 2018. An intersectional perspective on muslim women's issues and experiences in employment [J]. Gender, Work and Organization, 25 (5): 495-513.

ZUKIN S, DIMAGGIO P, 1990. Structures of capital: the social organization of economy [M]. Cambridge M A: Cambridge University Press.

附录1 4个村庄基本信息

附表1 2021年4个村社会基本情况

项目	a村	b村	c村	d村
1. 总人口（人）	698	1 890	2 052	1 952
2. 常住人口（人）	584	1 447	1 632	1 696
3. 低保户	89	311	474	305
4. 脱贫监测户	10	53	9	107
5. 五保户	2	2	4	2
6. 残疾人	26	81	66	61
7. 女户主人数（人）	31	124	114	58
8. 村集体收入（元/人）	7.5	45	15	25
9. 年人均纯收入（元/人）	1.1	1.2	1.1	1.2

数据来源：4个村驻村工作队提供。

附表2 2021年4个村农业基本情况

项目	a村	b村	c村	d村
1. 耕地面积（亩）	3 288	3 443	4 600	3 450
2. 人均耕地（亩/人）	4.75	1.7	2.24	1.76
3. 种植业结构				
（1）棉花播种面积（亩）	1 338.7	—	500	—
（2）小麦播种面积（亩）	1 144.4	1 200	2 400	2 890
（3）正播玉米（亩）	120	260	1 000	—
（4）鲜食玉米（亩）	82	100	—	—
（5）谷子（复播）（亩）	—	—	—	2 191
（6）西瓜、甜瓜（亩）	152.9	1 100	—	68.5
（7）蔬菜（亩）	106	676	1 500	25
（8）苜蓿（亩）	10	—	—	—

数据来源：4个村驻村工作队提供。

附表3　2021年4个村女党员、在校女大学生、女村干部汇总　单位：人

项目	a村	b村	c村	d村
1. 党员	33	62	62	50
其中：女党员	8	16	11	11
2. 在校大学生	23	114	81	86
其中：女大学生	14	86	47	55
3. 村两委班子	6	8	10	10
其中：女干部	3	3	5	5

数据来源：4个村驻村工作队提供。

附表4　2021年4个村男女学历结构对比

项目		a村		b村		c村		d村	
		女性	男性	女性	男性	女性	男性	女性	男性
小学及以下	人数（人）	220	194	651	599	684	654	610	587
	占该村总人数比（%）	31.75	8.51	34.44	11.69	33.33	11.31	30.78	13.72
初中	人数（人）	83	139	195	261	235	342	231	308
	占该村总人数比（%）	11.98	20.06	10.32	13.81	11.45	16.67	11.65	15.54
高中	人数（人）	12	31	21	31	49	50	36	67
	占该村总人数比（%）	1.73	4.47	1.11	1.64	2.39	2.44	1.82	3.38
大专	人数（人）	5	4	14	7	7	9	37	22
	占该村总人数比（%）	0.72	0.58	0.74	0.37	0.34	0.44	1.87	1.11
本科	人数（人）	5	0	7	5	11	3	26	20
	占该村总人数比（%）	0.72	0.00	0.37	0.26	0.54	0.15	1.31	1.01

数据来源：4个村驻村工作队提供。

附表5　2021年4个村男女就业人数对比

项目		a村		b村		c村		d村	
		女性	男性	女性	男性	女性	男性	女性	男性
外出务工	人数（人）	30	69	82	209	137	203	104	302
	占该村总人数比（%）	4.33	9.96	4.34	11.06	6.68	9.89	5.25	15.24

（续表）

项目		a村 女性	a村 男性	b村 女性	b村 男性	c村 女性	c村 男性	d村 女性	d村 男性
本地就业	人数（人）	125	88	338	216	310	236	308	225
	占该村总人数比（%）	18.04	12.70	17.88	11.43	15.11	11.50	15.54	11.35
	其中，村委会人数（人）	7	7	6	3	32	28	88	82
	合作社人数（人）	14	5	10	3	31	35	52	32
	工厂人数（人）	4	0	28	0	36	27	42	15
	经商人数（人）	6	10	60	56	60	96	12	35
	一产人数（人）	94	66	234	154	151	50	114	61

数据来源：4个村驻村工作队提供。疏勒县一产就业标准为家中有5头牛或30只羊或者种植30亩地。

附表6　2021年4个村村民年龄结构

项目		a村 女性	a村 男性	b村 女性	b村 男性	c村 女性	c村 男性	d村 女性	d村 男性
分性别人数	人数（人）	325	368	888	903	986	1 058	940	1 004
	占该村总人数比（%）	46.90	53.10	46.98	47.78	48.05	51.56	47.43	50.66
其中：18岁以下人数	人数（人）	102	131	332	338	352	386	297	314
	占该村总人数比（%）	14.72	18.90	17.57	17.88	17.15	18.81	14.98	15.84
19~59岁人数	人数（人）	191	203	485	504	558	589	572	592
	占该村总人数比（%）	27.56	29.29	25.66	26.67	27.19	28.70	28.86	29.87
60岁以上人数	人数（人）	32	34	68	59	76	83	71	105
	占该村总人数比（%）	4.62	4.91	3.60	3.12	3.70	4.04	3.58	5.30

数据来源：4个村驻村工作队提供。

附表7　2021年4个村村民婚育现状

项目	a村 女性	a村 男性	b村 女性	b村 男性	c村 女性	c村 男性	d村 女性	d村 男性
初婚平均年龄（岁）	20.4	23.6	21.3	23.2	21	23	21	25
有离异史人数（人）	4	12	67	73	11	11	15	10
平均生育胎数（个）	3.2	—	3.66	—	3	—	3	—

数据来源：4个村驻村工作队提供。

附录2 妇女调查问卷

问卷编号：_____

为了准确全面地了解新疆南部农村的维吾尔族女性的现状，我们开展了针对妇女生活状况（生活态度、水平、条件、环境和家庭地位）、宗教认知与影响、社会地位与参与程度、国家观念与国民意识等实地调查。

此项调查采取匿名形式，完全用作社会学的研究。您的回答对我们非常的重要，麻烦您配合我们的工作，认真如实地告诉我们相关情况。衷心地感谢您对我们工作的大力支持。

填报人员要注意多选与单选问题，除了注明多选的题，其余都只选一个答案。请在您选择的答案下打钩。

调 查 地 点：_____村
被调查人姓名：_____
调 查 时 间：_____
调 查 员：_____
样 本 类 型：_____

一、被访者的基本情况

1. 您的年龄是？_____岁
2. 您丈夫的年龄？_____岁（离婚、丧偶不问）
3. 您结婚的年龄？_____岁（初婚年龄）
4. 您的婚姻状况？

a. 未婚　　　　b. 初婚　　　　c. 离异　　　　d. 丧偶
e. 一次再婚　　f. 二次再婚　　g. 三次再婚　　h. 三次以上

您的配偶是第几次婚姻？

a. 初婚　　　　b. 一次再婚　　c. 二次再婚　　d. 三次再婚
e. 三次以上

5. 您的学历？

A. 学历：

a. 文盲　　　　b. 扫盲　　　　c. 小学未毕业　d. 小学毕业
e. 初中　　　　f. 高中　　　　g. 中专　　　　h. 大专

i. 本科

B. 原因：初中及以下文化水平者回答未升学原因（多选）

a. 家境差　　　　　b. 无学校可上　　　c. 没考上　　　　　d. 病残
e. 结婚　　　　　　f. 父母不让上　　　g. 自己不想上　　　h. 其他

6. 您丈夫的学历？

a. 文盲　　　　　　b. 扫盲　　　　　　c. 小学未毕业　　　d. 小学毕业
e. 初中　　　　　　f. 高中　　　　　　g. 中专　　　　　　h. 大专
i. 本科

7. 家庭人口＿＿＿＿＿＿人。（户口上和经济生活上在一起的人员）

序号	与被调查者的关系	年龄	受教育状况	健康状况	婚姻状况
1					
2					
3					
4					
5					
6					
7					
8					

8. 作物种植情况（2015年）

作物	面积（亩）	总产量（千克）	收入（元）
小麦			
玉米			
棉花			
枣			
核桃			

耕地面积：＿＿＿＿＿＿＿亩

9. 养殖情况（2015年）

作物	只	重量（只）	收入（元）
羊			
鸡			
牛			

10. 收入和支出结构（2015年）

农业收入（元）		非农业收入（元）							总收入（元）
种植收入	养殖收入	外出务工收入（哪里、干什么）	工资收入（如教师等，请标明）	财产收入（土地租金、农机租金）	政府转移支付（补贴、低保等）	个体经营（小卖部、修理铺等，标明）	借款	其他（说明）	

生产支出（元）			生活支出（元）					总支出（元）
购买化肥等农资（袋或千克）	购买种畜、饲草料等	其他（说明）	食品	衣物	孩子上学	还款	其他（说明）	

二、基本生活现状

1. 您生育了几个孩子？ _____
2. 您平时日常都做什么？（多选）
   a. 做家务　　b. 照看孩子　　c. 照顾老人　　d. 种地
   e. 养殖　　　f. 经商　　　　g. 打工　　　　h. 上班（机构聘用）
   i. 逛巴扎　　j. 什么都干　　k. 什么都不干　l. 其他_____
3. 哪些是您自己最愿意干的？（选3项，排序从高到低标注1、2、3）

a. 做家务　　　b. 照看孩子　　c. 照顾老人　　d. 种地
e. 养殖　　　　f. 经商　　　　g. 外出打工　　h. 上班（机构聘用）
i. 逛巴扎　　　j. 参加各类活动如麦西来普　　k. 什么都不干
l. 其他_____

4. 您丈夫的日常都做什么？（多选）
   a. 种地　　　　b. 养殖　　　　c. 打工　　　　d. 经商
   e. 逛巴扎　　　f. 喝酒　　　　g. 上班（机构聘用）
   h. 做家务　　　i. 参加活动如麦西来普　　　j. 照顾老人孩子
   k. 什么都不干　l. 其他_____

5. 您希望您丈夫日常都能做哪些？（选3项，排序从高到低标注1、2、3）
   a. 种地　　　　b. 养殖　　　　c. 打工　　　　d. 经商
   e. 逛巴扎　　　f. 喝酒　　　　g. 上班（机构聘用）
   h. 做家务　　　i. 参加活动如麦西来普　　　j. 照顾老人孩子
   k. 什么都不干　l. 其他_____

6. 您的已婚子女对您是否有经济上的资助？（年轻人问是否对您的父母有经济上的资助）
   a. 经常给钱或生活用品　　　b. 有时给钱或生活用品
   c. 偶尔给钱和生活用品　　　d. 过节给钱或礼物、生活用品
   e. 没有资助

7. 您是否需要子女的经济支持？（孩子未成年的不问）
   a. 不需要　　　b. 需要　　　c. 无所谓

8. 您家每年花钱最多的地方是什么？（选3项，排序从高到低标注1、2、3）
   a. 小孩上学　　b. 家人看病　　c. 购买生产资料如种子、化肥、种羊等
   d. 赡养老人　　e. 日常生活开销　f. 给自己买衣服
   g. 请客聚会　　h. 看望亲戚

9. 您觉得供孩子上学困难吗？
   a. 没困难　　　b. 有点困难　　c. 很困难

10. 您家都有什么家用电器及通信设备？（多选）
    a. 电视　　　　b. 洗衣机　　　c. 冰箱　　　　d. 智能手机
    e. DVD机　　　f. 相机　　　　g. 计算机　　　h. 热水器
    i. 以上都没有

11. 您家的食物结构：

(1) 羊肉牛肉　　a. 天天吃　　b. 经常吃　　c. 偶尔吃　　d. 不吃
　　　　　　　　e. 其他_____

(2) 鸡、鸽子　　a. 天天吃　　b. 经常吃　　c. 偶尔吃　　d. 不吃
　　　　　　　　e. 其他_____

(3) 鸡蛋　　　　a. 天天吃　　b. 经常吃　　c. 偶尔吃　　d. 不吃
　　　　　　　　e. 其他_____

(4) 蔬菜　　　　a. 天天吃　　b. 经常吃　　c. 偶尔吃　　d. 不吃
　　　　　　　　e. 其他_____

(5) 水果　　　　a. 天天吃　　b. 经常吃　　c. 偶尔吃　　d. 不吃
　　　　　　　　e. 其他_____

(6) 茶　　　　　a. 天天喝　　b. 经常喝　　c. 偶尔喝　　d. 不喝
　　　　　　　　e. 其他_____

(7) 抓饭　　　　a. 天天吃　　b. 经常吃　　c. 偶尔吃　　d. 不吃
　　　　　　　　e. 其他_____

(8) 拉面　　　　a. 天天吃　　b. 经常吃　　c. 偶尔吃　　d. 不吃
　　　　　　　　e. 其他_____

(9) 馕　　　　　a. 天天吃　　b. 经常吃　　c. 偶尔吃　　d. 不吃
　　　　　　　　e. 其他_____

(10) 酸奶　　　 a. 天天吃　　b. 经常吃　　c. 偶尔吃　　d. 不吃
　　　　　　　　e. 其他_____

12. 您家做饭用什么燃料？（多选）

a. 木柴　　　　b. 煤气　　　　c. 沼气　　　　d. 煤
e. 其他

13. 您家冬天的取暖方式？（多选）

a. 炉子　　　　b. 火墙　　　　c. 自烧暖气　　d. 集中供暖

14. 您家用的是什么水？（多选）

a. 自来水　　　b. 自家压井水　c. 涝坝水　　　d. 渠水

15. 您家的厕所是？

a. 自家旱厕　　b. 自家水冲式　c. 公共厕所　　d. 没有厕所

16. 您是否参加了合作医疗保险？

a. 参加了　　　b. 没有参加

17. 您是否有养老保险？

a. 有 b. 没有
18. 您平时养殖或种植的技术是从哪学到的？
a. 自己的实践或父母 b. 亲戚、朋友、邻居
c. 村委组织的培训班 d. 农业专家现场指导
与男性相比，女性学习农业生产技术、经营技能等会遇到哪些困难？

19. 目前最担心的事？（选3项，排序从高到低标注1、2、3）
a. 自己或家人生病 b. 农产品卖不出去
c. 发生自然灾害，影响农业生产 d. 丈夫或家人参加宗教极端化活动
e. 孩子不听话学坏 f. 丈夫对我不好（打我）
g. 家庭收入不够花 h. 其他_____
20. 您认为您怎么样才能多挣点钱？（选3项，排序从高到低标注1、2、3）
a. 土地多一点 b. 技术多一点
c. 学习文化，学国家通用语 d. 多一点水，保证农业生产
e. 多一点市场信息，使农产品卖出好价格
f. 多一点资金，多一点致富的门路
g. 多一点劳动力 h. 其他_____
21. 目前最需要什么帮助？（选3项，排序从高到低标注1、2、3）
a. 组织外出打工 b. 技术和技能培训
c. 农业生产的指导 d. 帮助将农产品卖出去
e. 解决家人生病的资金
f. 教育好丈夫和孩子远离宗教极端化
g. 帮助发展庭院经济
h. 驻村工作组不要走，继续帮扶
i. 其他_____

三、社会、家庭中的地位和作用

1. 您认为您在家里有地位吗（是领导吗）？
a. 是，有地位。丈夫（没丈夫的家庭其他共居男性也可，如弟弟）、孩子和家人都听我的
b. 不是，地位低。丈夫、长辈说了算
c. 有一定地位。家庭生活和教育孩子方面我说了算
d. 我和丈夫共同商量决定家庭事务

e. 没有地位。丈夫经常打我
2. 您每年为家里挣钱多吗？
   a. 多，我干农活、外出打工、养羊养鸡
   b. 不多，丈夫挣得多
   c. 与丈夫共同挣钱
   d. 不知道
3. 您家的农活主要谁来干？（多选，排序从高到低标注1、2、3）
   a. 我自己　　　　b. 丈夫　　　　c. 长辈　　　　d. 子女
   e. 其他
4. 您下地干农活的意愿是？
   a. 自愿干。这是我应该干的
   b. 被动干。家庭劳动力不够，忙不过来
   c. 强迫干。丈夫很懒，不得不下地
   d. 其他
5. 您家的家务主要谁干？（多选，排序从高到低标注1、2、3）
   a. 我自己　　　　b. 丈夫　　　　c. 父母　　　　d. 公婆
   e. 子女　　　　　f. 其他人
6. 您的丈夫会和您一起做家务吗？
   a. 很乐意帮助我做　　　　b. 很少做　　　　c. 不做
   d. 全部都由他做
7. 您喜欢为家里做什么事？（多选，排序从高到低标注1、2、3）
   a. 做家务，照顾孩子　　　　b. 干农活　　　　c. 外出打工
   d. 管理庭院种植　　　　　　e. 做手工艺等　　f. 其他
8. 在下列家庭事务中的决定，通常听谁的？（单身者不用回答）
（1）购买家庭吃穿用等生活品：a. 丈夫或其他共居男性　　b. 妻子
　　　　　　　　　　　　　　 c. 共同商量
　　　　　　　　　　　　　　 d. 自己花自己的
（2）购买大件商品如电瓶车　　a. 丈夫或其他共居男性　　b. 妻子
　　　　　　　　　　　　　　 c. 共同商量
（3）买房、盖房：　　　　　　a. 丈夫或其他共居男性　　b. 妻子
　　　　　　　　　　　　　　 c. 共同商量
（4）农业生产或经营：　　　　a. 丈夫或其他共居男性　　b. 妻子
　　　　　　　　　　　　　　 c. 共同商量

（5）货款：　　　　　　a. 丈夫或其他共居男性　　b. 妻子
　　　　　　　　　　　　c. 共同商量

（6）孩子上学和教育：　a. 丈夫或其他共居男性　　b. 妻子
　　　　　　　　　　　　c. 共同商量

（7）孩子结婚：　　　　a. 丈夫或其他共居男性　　b. 妻子
　　　　　　　　　　　　c. 共同商量

（8）家人去世：　　　　a. 丈夫或其他共居男性　　b. 妻子
　　　　　　　　　　　　c. 共同商量

9. 您出去打过工吗？
A. 去过
a. 在哪里？_____
b. 干什么？
摘棉花；工厂打工；餐厅服务员；餐厅后厨；建筑工地打工；其他_____
B. 没去过

10. 您计划再去打工吗？
A. 去；
B. 不再去　不再打工的主要原因？（选3项，排序从高到低标注1、2、3）
a. 打工太辛苦　　　　　　b. 挣不到钱
c. 文化低，找不到合适的事做　d. 不能及时拿到工资
e. 年纪大了或身体不好　　f. 钱挣够了
g. 有父母需要照顾　　　　h. 有孩子需要照顾
i. 家里比外面好　　　　　j. 夫妻两地分居，怕影响感情
k. 女人就应该在家里照顾家庭　l. 其他_____　　m. 不知道

11. 您心目中最理想的职业是？
a. 家庭主妇　　b. 农民　　c. 经商　　d. 外出打工
e. 国家工作人员　f. 其他_____

12. 您心目中丈夫的理想职业是什么？
a. 照顾家庭　　b. 农民　　c. 经商　　d. 外出打工
e. 国家工作人员　f. 其他_____

13. 您觉得阻碍女性外出就业的主要因素是什么？（选3项，排序从高到低标注1、2、3）
a. 当地女性不就业的环境和习俗　b. 不懂国家通用语，自身能力不足

c. 家庭影响　　　　　　　　　　d. 政府的扶持力度不强
　　e. 穆斯林妇女不该就业的思想　　f. 丈夫不愿意
　　g. 不知道　　　　　　　　　　　h. 其他_____

14. 您认为男女应该一样，出去工作挣钱，共同照顾家庭吗？
　　A. 应该
　　B. 不应该，为什么？（多选）
　　a. 穆斯林妇女不该出家门
　　b. 男人就该外出挣钱，女人就该在家操持家务
　　c. 周围的人都认为男女有别
　　d. 老人告诉我们的规矩
　　e. 不清楚
　　C. 不知道

四、婚姻观念

1. 您是怎么认识您丈夫的？（强调第一次婚姻）
　　a. 父母包办　　　　　　　　　b. 自由恋爱
　　c. 亲朋好友介绍认识　　　　　d. 参加活动认识
　　e. 通过网络认识　　　　　　　f. 其他_____

2. 您和丈夫的关系怎么样？
　　a. 好　　　　b. 一般　　　　c. 不好　　　　d. 说不清

3. 您父母和你们如何相处？你们和儿女如何相处（和成家的儿女住在一起的老人以这种方式问）（多选）
　　a. 一起做家庭决策　　　　　　b. 承担很多家务和农活
　　c. 什么都不干　　　　　　　　d. 不干预儿女的生活
　　e. 父母说了算

4. 您对这种相处方式满意吗？
　　a. 满意　　　　b. 不满意，为什么？_____

5. 您认为您的丈夫的什么毛病是您最不能忍受的？（选3项，排序从高到低标注1、2、3）（没丈夫也可以问对未来或之前的丈夫的看法）
　　a. 不愿意干农活　　　　　　　b. 酗酒，不爱回家
　　c. 一周做5次礼拜，不干事　　d. 打老婆
　　e. 骂老婆　　　　　　　　　　f. 不管孩子，不照顾老人
　　g. 婚外情　　　　　　　　　　h. 不去清真寺做礼拜
　　i. 不能挣钱　　　　　　　　　j. 其他

6. 您希望您的丈夫什么样？（没有丈夫的也可以问）（选 3 项，排序从高到低标注 1、2、3）

  a. 能干农活   b. 勤劳能吃苦
  c. 对我好，不打我   d. 对老人孩子好
  e. 帮我干家务   f. 不喝酒
  g. 不找其他女人   h. 能挣钱
  i. 身体好   j. 长得好看
  k. 能当官   l. 爱国守法
  m. 是虔诚的伊斯兰教徒   n. 不参加非法宗教
  o. 不知道

7. 您对离婚的看法是什么？（多选）
  a. 离婚不是好事，不要离婚
  b. 离婚是正常的事，过不到一起就离婚
  c. 男人通常是提出离婚的主导者，女人没有决定权
  d. 女人也可以提出离婚
  e. 离婚对孩子不好

8. 您认为什么是最幸福的婚姻状态？

五、生活意愿及愿景

1. 您对现在的生活满意吗？
  a. 满意   b. 一般   c. 不满意

2. 生活中不满意的主要方面是什么？（选 3 项，排序从高到低标注 1、2、3）
  a. 挣钱难，家里钱不够花
  b. 家里劳动力少，农活太多太累
  c. 丈夫对我不好
  d. 家务就自己一个人做，要照顾孩子老人，太累
  e. 家人身体不好
  f. 要做的事多，没有时间与朋友家人见面聚会
  g. 非法宗教活动影响了大家的正常生活
  h. 婆媳关系不好
  i. 邻里关系不好
  j. 语言不通，外出打工难

k. 没有文化，没有上学或学习的机会

l. 女人在社会和家庭中没有地位

m. 其他_____

3. 生活中满意的主要方面是什么？（选3项，排序从高到低标注1、2、3）

a. 孩子健康听话，学习好

b. 丈夫对我好，家庭和睦

c. 家中老人身体好，负担小

d. 国家政策减轻我们的经济负担，如小孩从入幼儿园到高中毕业全免费，还提供免费营养餐；提供补助资金帮我们盖富民安居房等

e. 政府关心社会稳定，派驻村工作组帮助我们抓坏人、解决我们的困难，我们可以安心地生产生活

f. 发放了多种农业生产的补贴，种地收成稳定

g. 政府鼓励我们外出打工，可以挣到更多的钱

h. 家人是虔诚的穆斯林，没有违法乱纪的

i. 盖了新房子，有医疗保险，喝上自来水，有电视和电瓶车，日子越来越好

j. 驻村工作组免费为我们提供了葡萄苗、化肥，帮助我们清理了庭院，发展庭院经济

k. 其他

4. 您现在最想做的事情是什么？（选3项，排序从高到低标注1、2、3）

a. 出去打工挣钱

b. 参加一个技术培训，如缝纫、烹饪、美容美发等

c. 出国朝觐

d. 就像现在一样过日子

e. 帮助丈夫种地，有个好收成

f. 照顾好老人孩子，做好家务

g. 出去与朋友家人聚会，逛巴扎

h. 在家休息，什么也不做

i. 回娘家看望父母

j. 去乌鲁木齐看看

k. 合法地学习宗教知识

l. 不知道

5. 您认为女性有自己的想法（独立的思想）重不重要？

a. 重要　　　　　　　　　　b. 不重要，丈夫的思想最重要

c. 无所谓

6. 您认为女性一生主要的责任是：（选 3 项，排序从高到低标注 1、2、3）

a. 生儿育女，做个好妻子、好母亲

b. 赡养老人，做个好儿媳、好女儿

c. 遵纪守法，做个好公民

d. 远离非法宗教

e. 协助丈夫种好地，做个好农民

f. 学国家通用语学技术，进城务工，做个好市民

g. 找个有钱的丈夫，享受荣华富贵

h. 读好书，上好学，当国家干部

i. 其他

7. 您认为男性一生主要的责任是：（选 3 项，排序从高到低标注 1、2、3）

a. 养儿育女，做个好丈夫、好父亲

b. 赡养老人，做个好儿子、好女婿

c. 遵纪守法，做个好公民

d. 远离非法宗教

e. 种好地，做个好农民

f. 学国家通用语学技术，进城务工，做个好市民

g. 能挣钱，享受荣华富贵

h. 读好书，上好学，当国家干部

i. 其他

8. 您认为（上学）学校教育在女性一生成长中：

a. 重要　　　　b. 一般　　　c. 不重要

9. 您认为（上学）学校教育在男性一生成长中：

a. 重要　　　　b. 一般　　　c. 不重要

10. 您认为妇女有了知识（上了大学）有什么好处？（选 3 项，排序从高到低标注 1、2、3）

a. 参加工作　　　　　　　　b. 到城市去生活

c. 教育好孩子　　　　　　　d. 做个好妻子

e. 种好地　　　　　　　　　f. 挣很多钱

g. 开阔眼界　　　　　　　　h. 当乡村领导

i. 没有好处　　　　　　　　j. 不知道

k. 其他_____

11. 您认为男性有了知识（上了大学）有什么好处？（选 3 项，排序从高到低标注 1、2、3）

  a. 参加工作　　　　　　　　b. 到城市去生活

  c. 教育好孩子　　　　　　　d. 做个好丈夫

  e. 种好地　　　　　　　　　f. 挣很多钱

  g. 开阔眼界　　　　　　　　h. 当乡村领导

  i. 没有好处　　　　　　　　j. 不知道

  k. 其他_____

12. 如果给您一次重新求学的机会，您希望取得什么样的学历？

  a. 初中　　　　b. 高中　　　　c. 大学以上　　　d. 上到能找到工作

  e. 不知道

13. 您希望您的女儿取得什么样的学历？（　）或者您理想的您女儿的学历？（　）

  a. 初中　　　　b. 高中　　　　c. 大学以上　　　d. 随她们自己

  e. 不知道

您平时和女儿经常交流么？交流什么内容？孩子遇到什么困难会找您商量？

14. 您希望您的儿子取得什么样的学历？或者您理想的您儿子的学历？

  a. 初中　　　　b. 高中　　　　c. 大学以上　　　d. 随他们自己

  e. 不知道

您平时和儿子经常交流么？交流什么内容？孩子遇到什么困难会找您商量？

15. 您女儿现在的职业？（　　）您理想的您女儿的职业？（　　）

  a. 家庭主妇　　　　b. 农民　　　　c. 经商　　　　d. 外出打工

  e. 国家工作人员　　f. 学生　　　　g. 其他

16. 您儿子现在的职业？（　　）您理想的您儿子的职业？（　　）

a. 什么都不干　　b. 农民　　　c. 经商　　　d. 外出打工

e. 国家工作人员　f. 学生　　　g. 其他

17. 您认为生男孩好还是生女孩好？为什么？

A. 生男孩好，因为（选3项，排序从高到低标注1、2、3）：

a. 男人比女人重要　　　　　b. 传宗接代

c. 养老　　　　　　　　　　d. 是好劳力

e. 大家都喜欢　　　　　　　f. 传统观念

g. 丈夫喜欢　　　　　　　　h. 家中的长辈要求

i. 不知道

B. 生女孩好，因为（选3项，排序从高到低标注1、2、3）：

a. 懂事听话　　　　　　　　b. 可以帮助干家务

c. 学习好，以后可以找到好工作

C. 男女都一样

18. 如果您有儿子，您会让儿子干家务活吗？

a. 会　　　　b. 不会　　　c. 没想过

19. 您认为对自己的（思想）观念影响大的是：（选3项，排序从高到低标注1、2、3）

a. 父母　　　b. 老师　　　c. 丈夫　　　d. 宗教信仰

e. 朋友　　　f. 书籍　　　g. 不知道

为什么？（或举例）

20. 您最喜欢的娱乐活动是什么？（选3项，排序从高到低标注1、2、3）

a. 逛巴扎　　　　　　　　　b. 与朋友聚会

c. 去亲戚家玩　　　　　　　d. 看电视

e. 麦西来普（广场舞）　　　f. 玩手机

g. 参加体育锻炼　　　　　　h. 上网

i. 其他_____

21. 是否看电视？

A. 不看

B. 看　您喜欢什么电视节目？（选3项，排序从高到低标注1、2、3）

a. 农业知识　b. 新闻　　　c. 法律知识　d. 教育子女的节目

e. 娱乐节目　f. 电视剧　　g. 生活常识　h. 宗教

i. 很少看电视　　　j. 其他_____

22. 您喜欢读书吗？哪类书刊？（选3项，排序从高到低标注1、2、3）

A. 不喜欢

B. 喜欢读：

a. 农业生产（农业科技）　　　b. 教育孩子

c. 故事　　　　　　　　　　　d. 法律知识

e. 宗教类　　　　　　　　　　f. 不看书

23. 您曾经去过的最远的地方是哪儿？_____

a. 本乡　　　b. 本县　　　c. 邻县（市）　d. 乌鲁木齐

e. 内地　　　f. 国外

24. 您想到城市里工作生活吗？（选3项，排序从高到低标注1、2、3）

A. 想去，为什么：

a. 多挣钱　　　　　　　　　　b. 生活条件好

c. 孩子可以受到好教育　　　　d. 有独立的人格

e. 增加家庭收入　　　　　　　f. 有自己的社交圈

g. 增加生活质量　　　　　　　h. 其他_____

B. 不想去，为什么？

六、社区认知与参与

1. 村里组织集体文化活动吗？

a. 经常组织

b. 偶尔组织

c. 从来没有组织过

d. 驻村工作组来了以后，才常组织活动

e. 不知道

2. 村里都有什么集体文化活动？

a. 看电影　　　　　　　　　　b. 麦西来普

c. 体育活动（摔跤、打篮球等）　d. 其他_____

3. 您喜欢参加村里的集体文化活动吗？

a. 喜欢　　　　　　　　　　　b. 不喜欢，为什么？

c. 无所谓　　　　　　　　　　d. 有时间可以参加

4. 您希望村里经常有集体文化活动吗？（多选）

a. 希望经常有　　　　　　　　b. 一个月一次就好

c. 过年过节有就好　　　　　　d. 不希望

e. 无所谓

5. 您觉得集体文化活动能带给您什么？（多选）

a. 繁忙后放松身心，愉悦快乐

b. 可以见到朋友，加深友谊

c. 通过参加政府组织的活动可以了解国家的农村政策、法律知识和现代文化知识

d. 加深与村民的交流和感情

e. 传播维吾尔族的传统文化，对冲宗教极端化

f. 提高妇女的参与意识和交际能力

g. 扩大社交范围，认识更多的朋友

h. 不知道

6. 您喜欢参加的活动是？（选3项，排序从高到低标注1、2、3）

a. 文化科学知识学习

b. 农业技术培训

c. 技能培训如缝纫、烹调、家政、刺绣等

d. 体育活动

e. 文娱活动如麦西来普

f. 参加现代生活和去极端化宣讲活动

g. 外出学习参观活动

h. 茶聚会（维吾尔族妇女聚会）

i. 同学聚会

j. 国家政策宣传活动

k. 其他_____

l. 不知道

7. 您愿意当村或者小队的妇女主任吗？

A. 愿意

B. 不愿意，为什么？（选3项，排序从高到低标注1、2、3）：

a. 家里事多　　　　　　　　　b. 管别人，容易得罪人

c. 穆斯林妇女不该外出工作　　d. 丈夫不同意

e. 没有文化，干不好　　　　　f. 事情多，好处不多

g. 村里人会说闲话

C. 没有想过

8. 您参加过村里哪些环境治理活动？（多选）

    a. 改路   b. 改厕

    c. 改水   d. 改厩

    e. 改灶   f. 住宅和畜禽圈舍分离

    g. 处理污水垃圾   h. 其他

    i. 都没参加过

9. 你们村召集村民开会（或升旗仪式）时，您家谁去的次数多？（选3项，排序从高到低标注1、2、3）

    a. 我   b. 丈夫   c. 我和丈夫   d. 爸爸

    e. 妈妈   f. 公公   g. 婆婆   h. 儿女

    i. 不知道

10. 您认为每周一的升旗仪式让您有什么收获吗？您有什么建议吗？

11. 您最关心村里面哪些事？（选3项，排序从高到低标注1、2、3）

    a. 村民选举

    b. 三务公开（党务、村务、财务）

    c. 村民补助的发放

    d. 灌溉水分配

    e. 村干部的素质如公心、公平、公正、公开和服务水平

    f. 农业生产安排

    g. 妇女卫生与计划生育工作

    h. 组织文化活动

    i. 调解各类纠纷

    j. 扶贫计划与组织实施

    k. 社会维稳与治安管理

    l. 去宗教极端化的宣传

    m. 驻村工作组的工作

    n. 出义务工的情况

    o. 组织妇女技能培训

    p. 不关心

12. 您觉得村里最不好的风气是什么？（选3项，排序从高到低标注1、2、3）

    a. 懒惰，怕受累

b. 等、靠、要的思想严重

c. 存在不尊敬老人的现象

d. 对宗教极端化思想的危害认识不足

e. 以脏、乱、差为荣，不注重个人仪表和卫生

f. 男人不干家务

g. 男人打老婆

h. 一天做五次礼拜，不好好干活

i. 只关心自己，不关心集体

j. 村领导不听村民的意见，自己说了算

k. 村里的事情不公开

l. 妇女不让参加公共活动

m. 妇女没有信教不信教的自由

n. 没有不好的风气

o. 不知道

13. 村两委组织的活动您经常参加吗？

A. 经常参加　　　　B. 有时参加　　C. 偶尔参加

D. 不参加，为什么？（选3项，排序从高到低标注1、2、3）

a. 干活多，很累　　　　　　b. 丈夫不让去

c. 家里长辈不让去　　　　　d. 自己不感兴趣

e. 穆斯林妇女不该出头露面　f. 组织的活动不吸引人

g. 男人女人在一起活动不好　h. 多数妇女都不去

i. 自己想去，怕别人说闲话　j. 没有理由

E. 不清楚

14. 您和邻里的关系？

a. 很好，有事互相关照　　　b. 一般，不怎么往来

c. 经常有矛盾　　　　　　　d. 看不惯他的行为

e. 经常吵架　　　　　　　　f. 说不清

15. 三年来政府提供的最大帮助是什么？（自己提，开放问题）

16. 您觉得村里最需要政府帮助解决什么问题？（自己提，开放问题）

17. 希望妇女组织（妇联）为您做些什么事？（选3项，排序从高到低标注1、2、3）

a. 维护合法权益，杜绝家庭暴力
b. 国家通用语和技能培训，提高外出打工的能力
c. 开展宗教知识教育，提高辨别非法宗教的能力
d. 减少妇女的劳动强度，提高妇女生活质量
e. 组织保健知识学习和体检，提高妇女卫生保健水平
f. 组织经常性的文体活动，保证妇女的身心健康
g. 及时解决家庭纠纷，减少妇女的离婚率
h. 提高有效的措施，解决孩子外出上学的经济困境和大病致贫的问题
i. 不知道

18. 您知道你们村有"访惠聚"驻村工作组吗？
 a. 知道　　　　　　b. 不知道

19. 您知道驻村工作组在你们村做了什么吗？（多选）
 a. 争取项目修建防渗渠、修路、打井或安装路灯等
 b. 免费提供良种、良苗、肥料等
 c. 支持发展庭院经济，庭院种植葡萄、蔬菜和养羊、牛、鸡等
 d. 组织各类宣讲和文化活动，对冲宗教极端化，丰富村民文化生活
 e. 帮扶老、弱、病、残，解决日常生活的实际困难
 f. 开展农业技术培训，提高农业生产水平
 g. 帮助和监督村两委班子为村民服务，提高他们的思想意识和服务水平
 h. 搞活动请大家吃饭
 i. 组织妇女参加各项活动
 j. 鼓励妇女学知识、技术、技能，外出打工，脱贫致富
 k. 不知道

20. 您希望村里长期有驻村工作组吗？
 a. 希望　　　　　　　　　　b. 不希望，为什么？
 c. 无所谓　　　　　　　　　d. 不知道

七、政治认知与参与

1. 您的政治面貌是：
 a. 群众　　　　　b. 共青团员　　c. 共产党员　　d. 民主党派

2. 您认为村民委员会的选举重要吗？
 a. 重要，为什么？　　　　　　b. 不重要，为什么？

3. 您知道中国共产党吗？

a. 知道，请说明什么是中国共产党？
b. 不知道

4. 您知道你们村谁是党员吗？
a. 知道，说2~3位党员的名字　　b. 不知道

5. 您认为你们村的党员带头帮助别人，为村民做事吗？
a. 是的　　　　　b. 不是　　　　　c. 不知道

6. 您是否有以下行为？
（1）要求参加中国共产党：
a. 没有　　　　　b. 有过　　　　　c. 想过
（2）给村委会提建议：
a. 没有　　　　　b. 有过　　　　　c. 想过
（3）与其他人一起组织公共活动：
a. 没有　　　　　b. 有过　　　　　c. 想过
（4）参加妇女主任的选举：
a. 没有　　　　　b. 有过　　　　　c. 想过
（5）学国家政策、法律、妇女保护文件等：
a. 没有　　　　　b. 有过　学到什么？哪里学的？
c. 想过
（6）做草根宣讲员：
a. 没有　　　　　b. 有过　　　　　c. 想过
（家里有大学生的，创业成功的，种地好的，参加过宗教极端化的）

7. 近三年有没有因为个人问题上访过有关部门？
a. 有　　　　　　b. 没有

8. 如果您的权益受到侵害您会采取什么行为？（依次选）（选举权、社会保障参与权、扶贫资金、告知权……）
a. 自己或家人出面解决　　　b. 向村委会反映
c. 上访　　　　　　　　　　d. 采取法律途径
e. 其他

9. 您认为村妇女主任发挥作用情况怎么样？
a. 好　　　　b. 一般　　　c. 不好　　　d. 不清楚
为什么？

10. 你们村的重大事务决策时，您参加过吗？

a. 参加过　　　　　　　　　　　b. 没参加过

11. 如果给您机会竞选村干部，您会不会参选？

a. 会参加　　　　　　　　　　　b. 会考虑

c. 不会，为什么_____　　　d. 想参选但有顾虑

12. 您对妇女参加村干部竞选的看法？妇女当村干部好不好？（多选）

a. 男女平等，都可以竞选

b. 支持妇女当村干部，体现妇女的地位

c. 征得丈夫和家人的支持后可以竞选

d. 穆斯林妇女就该待在家里，不要当干部

e. 妇女家中事多，当领导后顾不了家，最好不要当

f. 自己的事，想竞选就去

g. 无所谓

13. A. 您认为自己是一个好妻子吗？（可以照顾好家和农业生产）

　　a. 是　b. 不是

B. 您认为自己有能力和信心担当妇女主任或村干部吗？a. 是　b. 不是

C. 您认为自己是一个传统的维吾尔族妇女吗？a. 是　b. 不是

D. 您认为自己是一个虔诚的穆斯林吗？a. 是　b. 不是

E. 您认为自己是一个现代妇女吗？（喜欢时尚的东西）a. 是　b. 不是

F. 您认为自己由于没有文化，很多想法没有实现吗？a. 是　b. 不是

G. 您认为自己十分希望外出打工吗？a. 是　b. 不是

H. 您认为自己喜欢学习各种技能吗？a. 是　b. 不是

I. 您认为自己坚信中国共产党能够领导各族人民过上好日子吗？

　　a. 是　b. 不是

14. 您是中国公民吗？

A. 不是，您是哪国公民？　　　　B. 不知道

C. 是，您爱您的国家中国吗？a. 爱　b. 不爱，为什么？　　c. 不知道

八、国家及民族认同

1. 您认为国家对您重要吗？

A. 重要

B. 不重要，为什么？a. 国家与我没关系　b. 我是哪国人都一样 c. 国家太大，我的生活很小　d. 其他

C. 不知道，不知道什么是国家

2. 您知道世界上哪些国家是信仰伊斯兰教为主的国家？

a. 美国　　　　　b. 德国　　　　c. 日本　　　d. 法国
　　e. 俄罗斯　　　　f. 巴基斯坦　　g. 土耳其　　h. 沙特阿拉伯
　　i. 塔吉克斯坦　　　　　　　　　j. 吉尔吉斯斯坦
　　k. 哈萨克斯坦　　　　　　　　　l. 叙利亚
　　m. 伊拉克　　　　　　　　　　　n. 伊朗
　　o. 不知道　　　　　　　　　　　p. 其他＿＿＿＿＿＿＿
　3. 维吾尔族是我国唯一信仰伊斯兰教的民族吗？
　　A. 是
　　B. 不是，还有哪些民族信仰伊斯兰教？a. 回族　b. 哈萨克族　c. 柯尔克孜族　d. 塔吉克族　e. 乌孜别克族　f. 其他
　　C. 不知道
　4. 您认为维吾尔族是一个优秀的民族吗？
　　A. 是，为什么？维吾尔族有优良习俗（多选）a. 尊敬赡养老人　b. 崇尚节俭　c. 多做好事善事　d. 能歌善舞　e. 热情好客　f. 勤奋　g. 与人（邻）为善　h. 帮助别人　i. 追求诚信　j. 其他＿＿＿＿＿＿＿
　　B. 不是，为什么？
　　C. 不知道
　5. 您认为维吾尔族是不是中国的一个民族？
　　a. 是　　　　　　　　　　　　b. 不是，为什么？
　　c. 不知道
　6. 您如何看待其他民族，如哈萨克族、塔吉克族、回族、俄罗斯族、柯尔克孜族、汉族？（多选）
　　a. 与维吾尔族一样优秀　　　　b. 不如维吾尔族优秀
　　c. 容易和睦共处　　　　　　　d. 都有自己的文化
　　e. 各过各的生活，来往很少　　f. 不知道
　7. 作为维吾尔族妇女，您感到自豪吗？
　　a. 感到自豪　　　　　　　　　b. 不自豪，为什么？
　　c. 不知道
　8. 您认为加强各民族团结重要吗？
　　a. 重要，为什么？　b. 不重要　　c. 不知道
　9. 您认为国家对您的帮助和支持大吗？
　　a. 大　　　　　b. 比较大　　c. 可以
　　d. 一般　您知道有哪些帮助和政策？教育、农业生产、社会保障等方面

e. 不大　　　　　　f. 不知道

10. 您作为维吾尔族妇女在家族中家人尊重您吗？什么叫尊重？

　　a. 有　　　　　　　　　　　　b. 没有，为什么？

　　c. 不知道

11. 您知道"对口援疆"吗？（国家各个省市对口支持新疆建设的国家政策）

　　a. 知道　　　　　　　　　　　b. 不知道

12. 您知道民族团结进步年吗？

　　a. 知道，是什么意思？为什么搞？

　　b. 不知道

填表须知：

1. 被访问人员分为8类：
（1）普通女性；
（2）边缘女性（a. 寡妇，b. 受家暴女性，c. 丈夫被抓的女性）；
（3）女性本人以前受极端思想蛊惑或参与活动的；
（4）女性宗教人员，如 buwi（清真寺的女洗尸员）；
（5）伊玛目（kushnax）的家庭女性；
（6）女能人（有手艺或农业技术好，有经营能力的女性）；
（7）女村干部或党员；
（8）知识女性（幼儿、小学或中学教师）

2. 每份问卷都需要编号，编号顺序按村庄（7、9、10、15）—贫困（贫困0，非贫1）—类别（1~8）—序号（1~200多）—性别（标注男0，女1）

3. 如果没有特殊说明，数据都以2015年为准。

附录3　村干部访谈问卷

编号：
调查时间：_____　　调查地点：_____
被访者姓名：_____　被访者联系方式：_____
调查员姓名：_____　记录人：_____

1. 请简要介绍村庄的耕地情况、人口情况、劳动力情况等（参考村庄年度总结），村委会人员分工，尤其是是否有妇女参与。村委会有哪些主要职能？本村有哪些宗教活动？

2. 村民的受教育程度如何？近年来，读大学的年轻人是否有变化？当地结婚有哪些习俗（近10年有哪些变化）？嫁到本村的妇女与村民一般怎么认识？她们都来自哪些地方（关注通婚圈的远近）？结婚时，是否需要彩礼？结婚以后一直在本村居住，还是也有外出务工现象？

3. 村庄的主要经济活动是什么？种植业活动有哪些？养殖业活动有哪些？哪些是妇女的工作？哪些是男人的工作？现在面临哪些困难或挑战？

4. 村民外出务工的主要工作是什么？妇女如果想外出务工，面临哪些困难？外出经历对于男性/女性有哪些影响？有哪些优势或劣势？会对生计产生什么影响？有外出经历与没有外出经历会有哪些不同？

5. 妇女在照料子女/父母的过程中存在哪些困难？是否存在压力？如果存在，如何去解决？家里的家务如何分工，一般由谁处理，如何参与？家庭日常事务家庭中谁更有实权？如何决定？当代在遗产如何方面，有哪些地方习俗？这些是否都是正常的？近10年是否有变化？

6. 村民在遇到困难时，通常获得的帮助来自哪个群体？妇女与娘家人的联系多不多？有哪些联系？她们具体会获得娘家人的什么帮助？村委会会提供哪些服务或帮助？

7. 最近5年，村庄是否开过村民大会？村庄组织了哪些公共活动？是否有村委会换届选举？妇女的参与状况如何？是否有专门针对妇女开展的活动？本村是否有男性外出务工，如果有，对于妇女参与村庄事务有哪些影响？

8. 近5年，村庄的精准扶贫政策实施，对妇女更好地参与村庄公共事务有哪些影响？妇女现在参与公共事务面临哪些问题？

附录4 "访惠聚"驻村干部访谈问卷

编号：
调查时间：_____　　调查地点：_____
被访者姓名：_____　　被访者联系方式：_____
调查员姓名：_____　　记录人：_____

1. 请简要介绍村庄的耕地情况、人口情况、劳动力情况等（参考村庄年度总结），村委会人员分工，尤其是是否有妇女参与。村委会有哪些主要职能？本村有哪些宗教活动？

2. 村民的受教育程度如何？近年来，读大学的年轻人是否有变化？当地结婚有哪些习俗（近10年有哪些变化）？嫁到本村的妇女与村民一般怎么认识？她们都来自哪些地方（关注通婚圈的远近）？结婚时，是否需要彩礼？结婚以后一直在本村居住，还是也有外出务工现象？

3. 村庄的主要经济活动是什么？种植业活动有哪些？养殖业活动有哪些？哪些是妇女的工作？哪些是男人的工作？现在面临哪些困难或挑战？

4. 村民外出务工的主要工作是什么？妇女如果想外出务工，面临哪些困难？外出经历对于男性/女性有哪些影响？有哪些优势或劣势？会对生计产生什么影响？有外出经历与没有外出经历会有哪些不同？

5. 妇女在照料子女/父母的过程中存在哪些困难？是否存在压力？如果存在，如何去解决？家里的家务如何分工，一般由谁处理，如何参与？家庭日常事务中谁更有实权？如何决定？当代在遗产如何分配方面，有哪些地方习俗？这些是否都是正常的？

6. 村民在遇到困难时，通常获得的帮助来自哪个群体？妇女与娘家人的联系多不多？有哪些联系？她们具体会获得娘家人的什么帮助？村委会会提供哪些服务或帮助？

7. 最近5年，驻村工作队在当地开展了哪些活动？效果如何？是否有专门针对妇女开展的活动？本村是否有男性外出务工，如果有，对于妇女参与村庄事务有哪些影响？近5年，村庄的精准扶贫政策实施，对妇女更好地参与村庄公共事务有哪些影响？妇女现在在参与公共事务面临哪些问题？

附录5 村民访谈问卷

编号：
调查时间：_____ 调查地点：_____
被访者姓名：_____ 被访者联系方式：_____
调查员姓名：_____

1. 个人基本情况与家庭组成情况。您是哪年出生的？您和丈夫都是什么学历？身体状况如何？家里有几口人？您是哪一年结婚的（结婚时多大？初次婚姻由谁决定？怎么和丈夫认识的，别人介绍的、自己找的或外出打工认识的？）现在有几个孩子？分别男孩还是女孩？现在上学还是工作？现在您是否分家？（居住在男家/女家/独立门户/其他）关注：婚姻自主程度、婚龄与生育行为以及婚后的居住模式。

2. 生计与收入情况。您现在主要在做什么工作获取收入？您是否有务工经历、丈夫是否务工？为什么外出务工/为什么没有外出务工？家里的种植情况，耕地面积，作物类型，劳动过程与销售，农事劳动过程中是否存在困难或问题，女性从事农业生产与男性有哪些差异，存在哪些分工；养殖情况，牛羊类型，草场情况，养殖过程与牛羊销售；养殖劳动过程中是否存在困难或问题，女性从事农业生产与男性有哪些差异，存在哪些分工；其他收入状况。丈夫是否外出务工，如果外出，丈夫从前的农业生产活动是否由自己承担？

3. 家务的决定与参与。家中是否有孩子（子女或孙辈等）/需要照料？在照料的过程中存在哪些困难？是否存在压力？如果存在，如何去解决？

   做饭、洗碗、洗衣服、收拾屋子、做卫生、日常家庭采购、照料孩子、辅导孩子功课、买煤（煤气、柴）等力气活，一般由谁处理，如何参与？对家务劳动的满意度如何？家庭日常开支、购买高档商品/大型农机具、是否要孩子、孩子的升学/就业、买房、盖房、从事什么生产、投资或贷款、家庭中谁更有实权？如何决定？

4. 社会关系网络。遇到困难时，通常获得的帮助来自哪个群体（父母、丈夫父母、亲友、丈夫的亲友、已婚儿子、已婚女儿）或组织（村支部、宗教组织或其他组织）。具体会获得什么帮助？

5. 家庭财产与其他事务处理。住房登记（家里的住房登记在谁的名下）、购买个人用高档商品（电器或家具等）的做主情况、资助自己父母的情况、外出学习或打工做主情况、存款登记情况，等等。

6. 休闲活动与公共事务。您没事的时候一般在做些什么？是否参与村庄组织的集体活动？是否参加过一些村庄的公共事务（政治事务与经济活动），例如选举、村民大会、技能培训、宗教活动等？关注村庄的哪些事务？希望参与村庄的哪些事务？希望村庄组织哪些活动？是否与其他村民发生纠纷，如果有，是如何处理的？在精准扶贫政策的实施过程中，自己有哪些具体的参与？对个人成长有哪些改变？

附录6 半结构访谈对象一览表

序号	时间	地点	访谈主题	访谈对象	记录编码
1	2016年7月11日	a村	对村庄发展的看法	阿尔祖古丽·艾散	20160711
2	2018年8月21日	c村	妇女的困难被解决后的感受	阿孜古丽·达吾提	20180821
3	2019年7月21日	c村	"民族团结一家亲"活动的开展对亲戚起到的帮助作用	卡德尔·买买提	20190721
4	2017年12月12日	b村	听完性别敏感的专题讲座后妇女的感想	阿依古丽·买买提明	20171212
5	2021年5月4日	c村	家居环境改善后妇女的感受	阿孜古丽·卡德尔	20210504
6	2017年3月12日	a村	村民第一次过春节后的感受	阿不来提·达吾提	20170312
7	2018年7月13日	b村	参加村里举办的烹饪大赛后的收获	古力娜扎·麦麦提明	20180713
8	2021年5月6日	d村	一位妇女回忆村中婚礼形式的变化	图罕·胡达拜尔迪	20210506
9	2021年4月27日	d村	妇女对婚姻变化的切身感受	妇女访谈小组	20210427
10	2017年3月3日	a村	一位生育过7个孩子的妇女的感受	热孜亚大婶	20170303
11	2021年4月27日	d村	妇女对村里医疗保险的变化的感受	妇女小组访谈	20210427
12	2021年5月4日	a村	一位村委会女干部谈在家中丈夫会帮忙做家务的情况	海热姆古丽	20210504
13	2021年4月30日	d村	男性在外打工,女性在合作社上班的家庭,男性会帮助妇女做家务	霍加·奥布力	20210430
14	2021年4月30日	d村	一位年长男性谈即使妻子出去打工不在家自己也不做家务的情况	艾尼·艾比布拉	20210430
15	2021年5月1日	d村	丈夫不在家的家庭女性的劳动情况	拜海提古丽	20200501
16	2021年4月27日	d村	妇女回忆了二十多年前的生育环境	妇女访谈小组	20210427
17	2021年5月4日	乡	乡卫生院的女医生谈村里妇女对妇科病的重视程度的变化	古丽波斯姆·阿卜拉	20210504

(续表)

序号	时间	地点	访谈主题	访谈对象	记录编码
18	2021年4月29日	d村	计生专干谈孕产妇保健的状况	阿依古丽·图拉克	20210429
19	2021年5月4日	a村	建安居房时工作队与村民的互动	W领队	20210504
20	2019年7月8日	b村	妇女谈建安居房过程中工作队对她的帮扶	麦尔妮莎·努尔	20190708
21	2019年7月21日	d村	安居房建成后村里的变化和村民的感受	四位村民	20190721
22	2021年5月7日	各个村	妈妈生育观念的变化	参与式观察	20210507
23	2019年7月21日	a村	家居条件改善后村里的变化和村民的感受	三位村民	20190721
24	2019年7月21日	c村	驻村工作队员谈家居条件改善后对妇女带来的好处	G队员	20190721
25	2018年12月13日	c村	村民谈煤改电后的使用感受	阿力木·阿卜杜莫敏	20181213
26	2021年5月4日	a村	妇女谈学习蔬菜大棚种植技术后给自己餐桌带来的变化	海日古丽·图尔荪	20210504
27	2019年8月18日	c村	"民族团结一家亲"活动的开展对家庭餐桌潜移默化的影响	张老师亲戚	20190818
28	2016年7月12日	a村	当工作队厨娘后做饭水平的变化	D总领队	20160712
29	2019年7月9日	c村	家庭电器的丰富给村民带来的变化	祖丽菲亚·艾比不拉	20190709
30	2021年4月29日	d村	推进小米种植的过程	D书记	20210429
31	2021年4月29日	d村	男性缺位的家庭对种植业结构调整过程中的困难和进程	阿依木古丽	20210429
32	2021年4月28日	d村	一位女工作队员谈自己在村里的工作,对村民的帮扶	P老师	20210428
33	2021年4月28日	d村	一位女性在工作队帮扶下参加蔬菜合作社后的变化	热沙·吐尔逊	20210428
34	2018年6月12日	b村	一位男性村民对参与庭院经济做出的努力和对家庭分工的窥见	艾尔肯·加拉木丁	20180612
35	2018年6月12日	a村	总领队谈庭院经济给村庄带来的变化	Z总领队	20180612
36	2018年6月12日	b村	一位妇女谈工作队对自家庭院经济发展的帮扶,从中对家庭分工的窥见	艾比白·麦麦提	20180612

(续表)

序号	时间	地点	访谈主题	访谈对象	记录编码
37	2018年6月12日	b村	不同养殖场景的性别劳动分工	买买提·依明、吉丽妮萨	20180612
38	2018年6月5日	村	总领队谈幼儿园的发展情况	Z总领队	20180605
39	2019年7月8日	b村	妇女谈在家门口就业的好处	阿卜杜拉	20190708
40	2018年4月13日	c村	鼓励妇女勇敢、努力学习新技术参与非农就业	Z书记	20180413
41	2019年6月30日	c村	一位妇女在卫星工厂打工的情况	米日古丽·阿西木	20190630
42	2021年5月3日	a村	一位开凉皮店的妇女谈感受	玛妮莎古丽	20210503
43	2021年5月3日	a村	一位女干部谈村里妇女地位的变化、家暴情况减少	布艾加尔书记	20210503
44	2021年5月4日	a村	村里事业型女性代表谈自己的小生意	海日古丽	20210504
45	2021年4月28日	d村	一位妇女开了烤鱼店后家庭劳动分工和地位的变化	阿伊木古丽	20210428
46	2021年4月28日	d村	妇女们悉数驻村工作队办的好事，村里的变化	妇女访谈小组	20210428
47	2021年4月28日	d村	一位妇女小队长谈自己的变化和现在的工作	海日古丽·图尔荪	20210428
48	2019年6月30日	c村	一位妇女谈自己教育观念的变化	海日古丽·阿西木	20190630

附录7 村庄活动记录一览表

序号	时间	地点	活动主题	活动内容	活动编号
1	2016年7月11日	a村	升旗仪式	升旗、宣讲	HD201601
2	2016年	c村	项目引入	修防渗渠	HD201604
3	2016年	b村	项目引入	道路硬化	HD201605
4	2016年	a村	重点帮扶	解决孤寡老人的后顾之忧，将老人送入养老院养老	HD201617
5	2016年	c村	重点帮扶	调节家暴	HD201618
6	2016年	a村	项目引入	高标准棉田建设	HD201606
7	2016年	a村	重点帮扶	扩展养殖规模	HD201619
8	2018年	a村	培训示范 项目引入	种植业结构调整、机械化的推广	HD201808
9	2016年	d村	基层组织建设	增设妇女小队长	HD201611
10	2017年	c村	技能培训	参加培训的妇女在非农岗位上就业	HD201711
11	2016年3月8日	a村	娱乐活动	婚姻法知识竞赛	HD201621
12	2019年9月2日	c村	宣传引导	驻村第一书记在年轻人的婚礼上普及领结婚证的重要性	HD201908
13	2018年4月18日	c村	专题宣讲	孕产妇健康保健知识	HD201802
14	2018年	b村	重点帮扶	帮助贫困妇女学习技术就业	HD201819
15	2018年	c村	宣传引导	升旗仪式上引导男性多干家务，女人也能就业	HD201801
16	2016年	b村	入户走访	了解村情解决村民实际问题	HD201608

致　　谢

感谢中国农业大学齐顾波教授和新疆农业科学院戴健研究员在研究方向和理论探讨中给予的帮助和支持；

感谢新疆农业科学院农业经济与科技信息研究所戴俊生所长对此项研究的支持和鼓励；

感谢新疆农业科学院"访惠聚"驻村工作队、村委会和村民对此项研究实地调查的持续帮助。是你们，一个个鲜活的生命、生动的故事、感人的事迹，构成了本书的灵魂。

感谢所有帮助我开展实地调查和撰写此书的人。

本研究同时获得了新疆维吾尔自治区科技厅自然科学基金软科学项目"南疆农村少数民族妇女观念及社会影响调查研究"和新疆农业科学院自主培育项目"公共政策实施与南疆农村妇女参与研究"的资助。